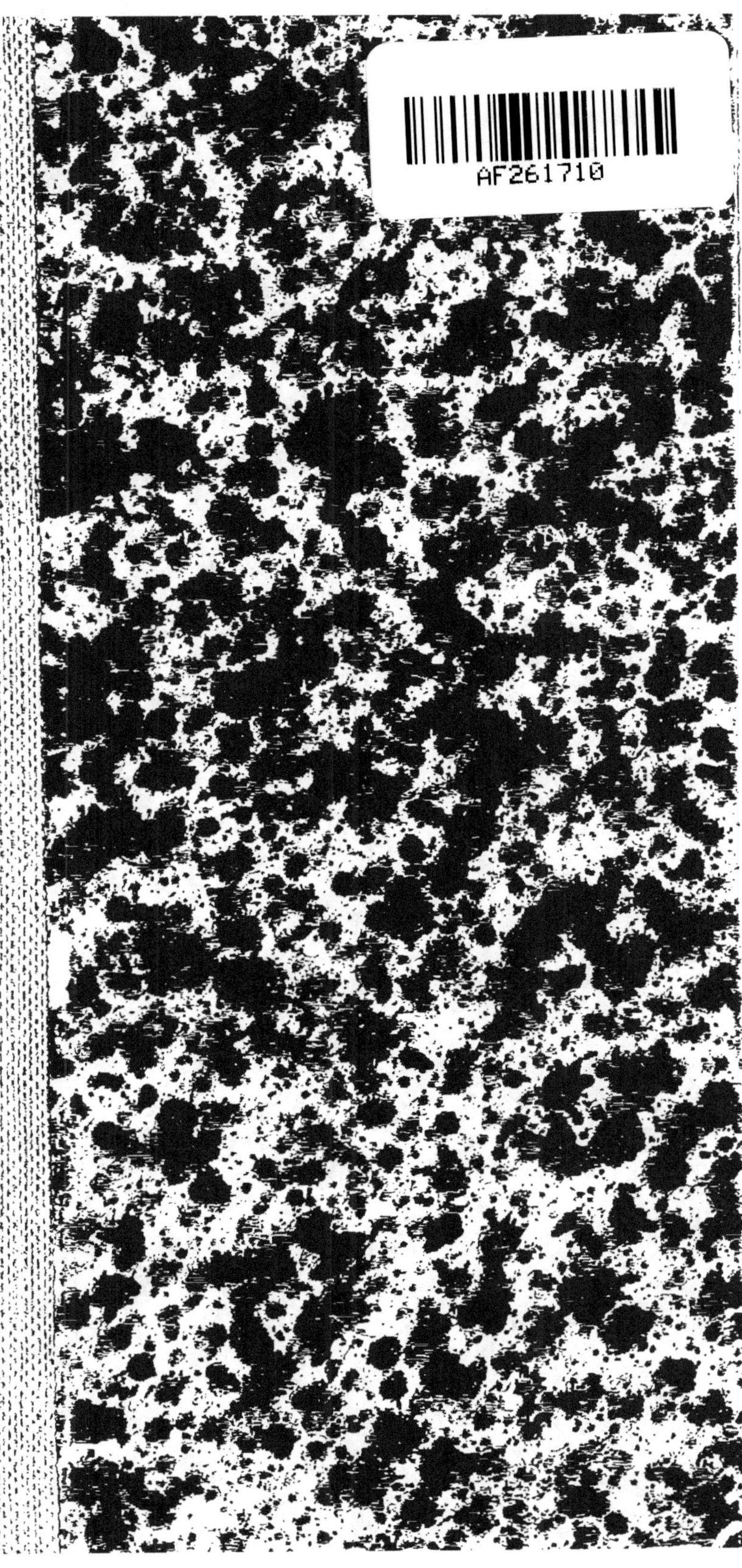

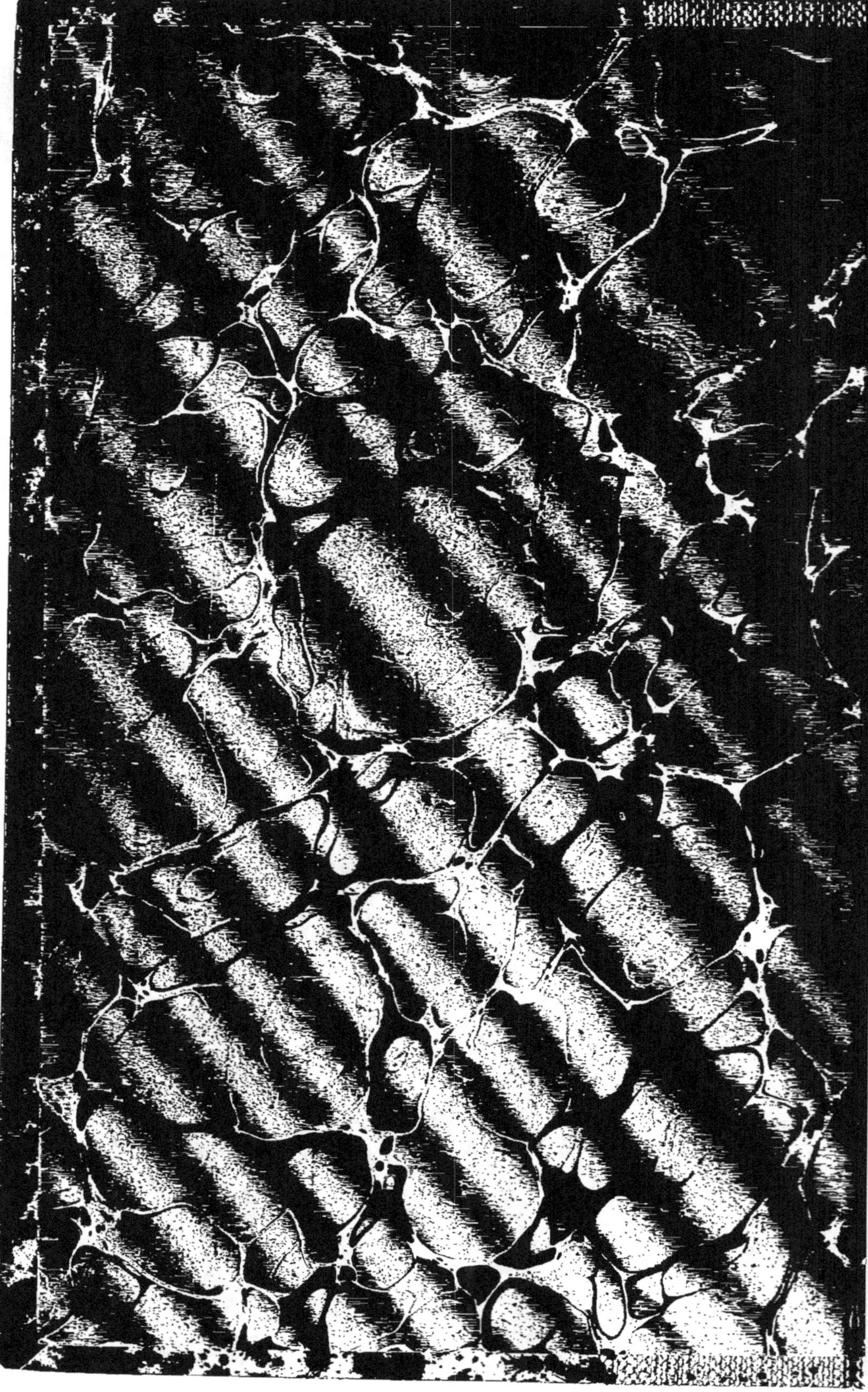

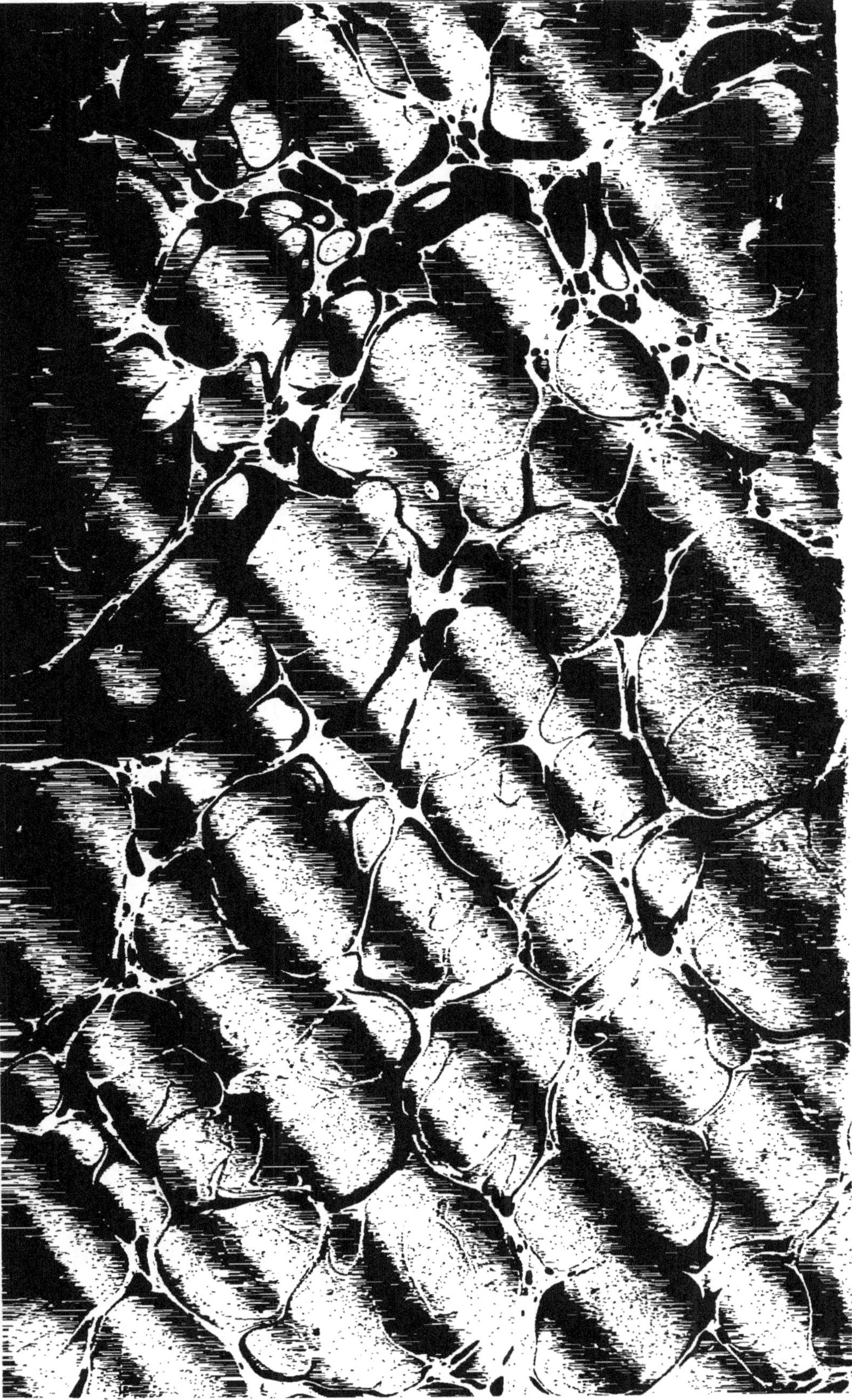

# LA CAMPAGNE DU NORD

# OPÉRATIONS

DE

## L'ARMÉE FRANÇAISE DU NORD

### (1870-1871)

AVEC CARTES D'ENSEMBLE ET PLANS DE BATAILLE

PARIS

CHEZ TANERA, LIBRAIRE

6, RUE DE SAVOIE, 6

1873

LA

# CAMPAGNE DU NORD

AMIENS. — IMP. T. JEUNET.

# LA CAMPAGNE DU NORD

# OPÉRATIONS

DE

## L'ARMÉE FRANÇAISE DU NORD

### (1870-1871)

AVEC CARTES D'ENSEMBLE ET PLANS DE BATAILLE

PARIS

CHEZ TANERA, LIBRAIRE

6, RUE DE SAVOIE, 6

1873

# AVANT-PROPOS

---

Voici l'histoire de ce petit volume :

Pendant la campagne du Nord, en 1870-1871, M.***, officier de l'armée française, adressait régulièrement à sa famille, après chaque affaire, le récit des événements auxquels il avait pris part.

Ces lettres, qui remontent aujourd'hui à plus de deux années, seraient restées enfouies au fond d'un tiroir, si l'auteur de cet *Avant-Propos*, amené, par une circonstance fortuite, à relire la correspondance du capitaine ***, n'y avait remarqué, plus encore qu'à première lecture, une narration intéressante, des détails précis et des observations judicieuses.

Tout le monde sait que, soit en France, soit en Allemagne, il n'a été publié que quelques pages sur la campagne dont les quatre départements de la Somme, de l'Aisne, du Pas-de-Calais et du Nord, ont été le théâtre. Or, en livrant à l'impression, sous notre responsabilité propre, des lettres à nous adressées, voici quel a été notre but :

Opposer à des relations parfois incomplètes ou erronées un historique des faits, écrit sur les lieux, en dehors de tout esprit de coterie, sans aucun parti pris, par un témoin parfaitement libre.

Sans aucun doute, certaines assertions, certains jugements de M.*** rencontreront des contradicteurs; mais nous croyons que tout lecteur impartial rendra justice à ses sentiments élevés, à son vif désir d'être équitable, à sa consciencieuse sincérité.

L'ÉDITEUR.

*Paris, 25 Février 1873.*

---

# ERRATA

—

Page 106 ligne 10, au lieu de : *une seconde ligne,* lisez :
une *ligne plus avancée.*

— 127 ligne 14, lire 1,000 prisonniers au lieu de 3,000..

— 242 On a, par erreur, fait un double emploi des 1er, 2e,
3e bataillons (Amiens), et des 5e, 6e bataillons
(dans les baraques) et aussi du 7e bataillon..
(Pont-de-Metz et Salouel). — Tous ces bataillons
sont indiqués dans le détail des brigades.

— 246 *(In fine).* A la note commençant par : *le chef*
*d'état major général,* ajoutez : Note VIII.

— 226 Sixième ligne, lisez: 19 janvier au lieu de 10 janvier. .

— 247 Lisez : Note VIII, au lieu de Note VII.

— 255 Lisez : Note IX au lieu de Note VIII.

— 269 Lisez : Note XII au lieu de Note XI.

— 270 Lisez : Note XIII au lieu de Note XII.

— 271 Lisez : Note XIV au lieu de Note XIII.

— 272 Lisez : Note XV au lieu de Note XIV.

— 272 Lisez : Note XVI au lieu de Note XV.

— 273 Lisez : Note XVII au lieu de Note XVI.

— 274 Lisez : Note XVIII au lieu de Note XVII.

— 274 Lisez : Note XIX au lieu de Note XVIII.

— 276 Lisez : Note XX au lieu de Note XIX.

— 276 Lisez : Note XXI au lieu de Note XX.

— 277 Lisez : Note XXII au lieu de Note XXI.

— 277 Lisez : Note XXIII au lieu de Note XXII.

— 278 Lisez : Note XXIV au lieu de Note XXIII

— 279 Lisez : Note XXV au lieu de Note XXIV.

— 306 Lisez : Note C, effacez : *65e de marche.*

# TABLE DES MATIÈRES

# APPENDICE

FIN DE LA TABLE DES MATIÈRES.

# LA CAMPAGNE DU NORD

## CHAPITRE PREMIER

1° Formation du triumvirat Fourrichon - Glais-Bizoin - Crémieux. — 2° Arrivée à Tours de M. Gambetta qui se met à la tête du ministère de la Guerre. — 3° Origine et commencement de l'Armée du Nord. — Son organisation. — 4° Travaux de défense autour d'Amiens.

Peu de jours avant l'investissement de Paris par les Prussiens, le gouvernement de la défense nationale crut devoir charger le ministre de le justice, M. Crémieux, de le représenter dans les départements avec lesquels la capitale allait cesser d'être en communication. Arrivé à Tours, le 13 septembre, M. le garde des sceaux y publiait immédiatement une proclamation dont voici quelques passages :

« ..... Le gouvernement de la défense nationale, livré,
« dans ce moment suprême, aux travaux que lui impose la
« capitale à sauver, n'a pas voulu, dans l'isolement où il va
« se trouver momentanément, que sa légitime influence
« manquât à nos patriotiques populations des départements.
« Pendant qu'il dirige sa grande œuvre, il a remis tous ses
« pouvoirs au garde des sceaux, ministre de la justice,
« le chargeant de veiller au gouvernement du pays que
« l'ennemi n'a pas foulé. Entouré des délégations de tous

« les ministères, c'est aux sentiments de tout notre peuple de
« France que j'adresse ces dernières paroles.......

« J'appelle tous les départements libres à nous soutenir de
« leur patriotique appui. Souvenons-nous que nous étions,
« il y a deux mois à peine, le premier peuple du monde. Si
« le plus odieux, le plus inepte des gouvernements a fourni·à
« l'ennemi les moyens d'envahir notre territoire, malgré les
« prodiges d'héroïsme de nos armées, qu'il était impuissant
« à conduire, souvenons-nous de 92 et, dignes fils des soldats
« de la révolution, renouvelons, avec le courage qu'ils nous
« ont transmis , leurs magnifiques victoires; comme eux
« refoulons l'ennemi et chassons-le du sol de notre Répu-
« blique. »

Quelques jours plus tard, (24 septembre) M. Crémieux, de concert avec M. Glais-Bizoin qui l'avait accompagné à Tours (1), et avec M. l'amiral Fourrichon qu'ils s'étaient adjoint, adressait au peuple français cette autre proclamation :

« Avant l'investissement de Paris, M. Jules Favre a voulu
« avoir une entrevue avec M. de Bismarck pour connaître les
« dispositions dont l'ennemi était animé.

« Voici la déclaration par laquelle l'ennemi a répondu à
« cette ouverture :

« La Prusse veut continuer la guerre et réduire la France
« à l'état de puissance de second ordre.

« La Prusse veut la cession par la France de l'Alsace et de
« la Lorraine jusqu'à Metz, par droit de conquête.

« La Prusse, pour consentir à un armistice, ose de-
« mander la reddition préalable des forteresses de Strasbourg,
« de Toul et du Mont-Valérien. Paris, exaspéré de pareilles
« exigences, s'ensevelirait plutôt sous ses ruines.

« A d'aussi insolentes prétentions, on ne répond que par
« une lutte à outrance.

« La France accepte cette lutte, et compte, pour la sou-
« tenir, sur le patriotisme de tous ses enfants. »

(1) En qualité de membre de la défense nationale.

Malgré tous les efforts de la délégation de Tours, les populations de nos provinces, découragées par les premiers désastres, médiocrement flattées de la perspective d'une guerre à outrance et habituées, dès longtemps, à placer le culte de leurs intérêts au-dessus de toute chose, écoutèrent plus que froidement l'appel fait à leur patriotisme, au nom de la République. A qui s'en prendre, d'ailleurs, si ce n'est à ceux qui, depuis vingt ans, n'avaient cessé de travailler à la perte de l'esprit militaire en France ? Il faut ajouter que les délégués de Tours n'étaient point faits pour rétablir la confiance. Ils parlaient, mais ils n'agissaient point (1). On le comprit à Paris; aussi, M. Gambetta se décida-t-il à monter en ballon. Echappé, comme on sait, des murs de la ville assiégée, il se rendit à Tours, et, sans s'effrayer d'une tâche immense, il prit immédiatement la direction du gouvernement de la délégation.

Le fougueux député de Paris, plein des traditions républicaines de 92, s'imaginait que tout citoyen pouvait faire un soldat, et il comptait sur les vertus guerrières que la proclamation de la République et de la liberté avaient dû développer au cœur de la nation : il n'avait point encore fait la cruelle expérience de la réalité !

A peine installé, le gouvernement de Tours reçut la nouvelle de la capitulation de Metz. Un pareil désastre mettait le pays, sans ressources, sans armée, à la merci du vainqueur. Les puissances neutres nous conseillèrent alors de traiter; leurs journaux s'effor-

---

(1) Ces critiques, bien entendu, ne concernent en rien l'amiral Fourrichon.

çaient de nous démontrer « que la résistance était désormais une inqualifiable folie ».

Si, à cette époque, une Assemblée nationale avait été réunie, il est probable qu'en présence de la nécessité, elle se serait résignée à signer l'abandon de l'Alsace et d'un coin de la Lorraine. Mais MM. Jules Favre et Gambetta, imitant le vaincu d'Annibal, à la Trébie, ne voulurent point *désespérer de la patrie*. Certes, si nous avions eu une armée, il eût été beau de dire : « nous ne traiterons pas tant que l'ennemi foulera le sol de la patrie. » Mais nous n'avions que des bandes à opposer aux bataillons victorieux de l'Allemagne. Nos hommes d'État, avocats avant tout (1), ne se doutaient nullement des premiers principes d'organisation militaire. Ils se figuraient qu'avec leur éloquence il leur serait facile de faire lever la nation tout entière et de la jeter en masse sur l'armée prussienne. Sans doute les armes manquaient, la discipline était inconnue ; mais le peuple était saisi d'enthousiasme, et sous ses épais bataillons les troupes Allemandes seraient certainement écrasées ! Cela posé, M. Gambetta sut faire vibrer la fibre populaire, en disant que la France avait été trahie et en montrant l'Alsace et la Lorraine qui lui tendaient les bras.

En même temps, il expédiait partout des dépêches, encourageant les uns, réprimandant les autres, créant des camps d'instruction sans soldats, (dans le seul but de faire croire à des réserves), imaginant des succès remportés sur les Prussiens, publiant des lettres de Paris de tous points favorables à nos armes.

(1) Quand un pays est vermoulu, dit Sardou, les avocats s'y mettent.

La formation de l'armée du Nord, comme celle de l'armée de la Loire, fut poussée avec énergie ; M. Gambetta se proposait de la jeter, à un moment donné, sur les communications de l'ennemi avec l'Allemagne. Certes, c'était là un plan bien conçu ; mais il ne fut point malheureusement exécuté. La place de Lille avait été choisie comme base principale d'opérations, avec Amiens, Arras, Douai et Cambrai comme bases secondaires. Lille possède, en effet, des fabriques considérables, des fonderies, des arsenaux. On y trouve, en grand nombre, des ouvriers intelligents, actifs, exercés. En outre, les immenses ressources de cette cité devaient être, à tout prix, conservées à la France. Toutefois, ne possédant aucun ouvrage avancé, la ville ne pouvait résister à un bombardement, et l'on comptait sur l'armée du Nord pour en éloigner l'ennemi.

Pendant ce temps, M. Léon Gambetta créait, dans les provinces, des commissaires-généraux de la défense nationale. Dans la région du Nord, le docteur Testelin fut investi de cette fonction. Le colonel du génie Farre, homme intelligent et de nature conciliante, devint le délégué-adjoint du docteur, et, à cette occasion, on lui conféra le grade de général de brigade. Le général Bourbaki devait commander en chef l'armée de Nord.

La première pensée à laquelle on s'arrêta ce fut de mettre rapidement Amiens en état de défense.

Les autorités de la ville, du reste, montraient un vif désir de résister à l'ennemi, et déjà de grands travaux avaient été exécutés pour la mettre à l'abri d'un coup de main et pour repousser les tentatives audacieuses des cavaliers allemands. Le conseil municipal avait fait construire, à l'entrée des rues, du côté du sud, des barricades crénelées. Amiens se trouva bientôt entouré, à environ 1 kilomètre 1/2 de distance, d'une ceinture de retranchements et d'ouvrages en terre. Malheureusement, les travaux étaient dirigés et les plans fournis par un comité de défense, que présidait le *général de cavalerie* Paulze d'Ivoy, mais où l'élément civil dominait. C'est dire que les travaux exécutés étaient mal conçus.

A ce propos, le général Farre, tout en déclarant, par courtoisie, que les retranchements avaient été établis « *dans de bonnes conditions* (1), reconnut qu'ils étaient néanmoins incomplets, et que leur profil lui semblait faible, etc., etc. »

Il suffisait, en effet, d'avoir vu une seule fois les ouvrages en question, ouvrages que le général Farre, accablé par le travail si lourd de l'organisation de l'armée, n'avait probablement pas eu le temps de visiter à fond, avant la bataille, pour être convaincu de l'inexactitude de l'appréciation qui précède : les positions choisies étaient loin d'être bonnes, notamment du côté de la ferme de Grâce et du village de Dury. Ce dernier n'était pas retranché, grave négligence qui devait amener de funestes conséquences; et, quant aux profils, que le général Farre trouvait incomplets, ils n'étaient au contraire que trop considérables; plusieurs même les trouvaient démesurés ! Là, où il suffisait d'une simple tranchée-abri, on avait perdu un temps précieux à faire des redans

(1) Brochure du général Faidherbe.

avec fossés de trois et quatre mètres de largeur, sur trois de profondeur, mais qui n'étaient pas formés à la gorge. Une dizaine de redoutes en terre, bien placées (1), auraient mieux valu que cette ligne continue, et eussent exigé moins de défenseurs. Quant au plan général des ouvrages, nous ne sommes ici qu'un écho, en répétant qu'il était mal conçu ; il n'y avait, dans l'armée, qu'une voix, à cet égard, et les Prussiens, maîtres d'Amiens, n'hésitèrent pas à faire niveler ces travaux qu'ils trouvaient par trop défectueux.

La citadelle, qui est un véritable fort, pouvait résister un certain temps, bien que dominée de plusieurs côtés (2). Quelque anciens et imparfaits que soient des ouvrages, ils constituent toujours des obstacles redoutables, et, malgré nos critiques, il est certain que ceux qui existaient à Amiens, pouvaient arrêter l'ennemi *pendant un certain nombre de jours* (3).

Or, une courte résistance aurait suffi pour que l'armée du Nord vînt dégager la place, soit en exécutant une marche directe et rapide, soit en manœuvrant dans la vallée de la Somme, sur le flanc de l'ennemi, dans le cas où il se serait montré par trop nombreux. Malheureusement, l'armée du Nord pré-

(1) Je dis *bien placées*, parce que celles qu'on avait fait construire ne l'etaient pas : d'abord, on les avait établies en arrière des crêtes, et, en second lieu, elles se trouvaient trop rapprochées de la ville pour pouvoir la préserver d'un bombardement.

(2) Le fort d'Issy, dans les deux récents sièges de Paris, quoique dominé et écrasé par de formidables batteries Krupp, résista, comme on sait

(3) Amiens eût reçu, sans doute, beaucoup d'obus.

féra livrer bataille et se fit battre par les Prussiens qui, du même coup, s'emparèrent d'Amiens et se débarrassèrent de l'armée de secours dont la seule présence, aux environs, leur aurait rendu impossible l'investissement.

# CHAPITRE II



M. Gambetta était persuadé qu'à sa voix allaient accourir en foule des volontaires semblables à ceux qu'une poëtique tradition a faussement transformés en d'incomparables soldats. Les illusions de M. Gambetta sur la puissance des levées en masse, sur la possibilité de lutter, avec des gardes nationaux mal armés et nullement exercés, contre des troupes régulières, rompues aux grandes manœuvres de la guerre, soumises aux lois d'une discipline de fer, disposant d'une artillerie formidable et perfectionnée, ces illusions feront certainement l'étonnement de nos neveux.

Il faut reconnaître, toutefois, qu'à la présomption naturelle aux hommes de notre temps, M. Gambetta devait unir une certaine énergie de caractère, pour avoir osé se mettre, en un pareil moment, à la tête du gouvernement des provinces et des affaires militaires !

Rien de plus pénible et aussi de plus difficile que la tâche que s'imposait le gouvernement de Tours. Si les préfets (1), les sous-préfets, nommés par lui, faisaient preuve d'un zèle impétueux et d'un entrain parfois gênant, en revanche, les populations restaient froides et presque indifférentes. La France, il le faut avouer, avait une confiance médiocre dans l'habileté et dans les aptitudes militaires des délégués. Les Allemands s'étaient moqués, dès l'origine, de MM. Crémieux et Glais-Bizoin. L'apparition à Tours de M. Gambetta ne les effraya point. Cependant, l'activité dévorante, la fermeté, l'énergique décision du ministre de la guerre ne tardèrent pas à se faire sentir. Mais la majorité des hommes d'expérience voyait, avec douleur, le pays se précipiter dans un gouffre de dépenses folles et prolonger une lutte qu'ils croyaient absolument inutile.

Le décret du 2 novembre 1870, sur la mobilisation de tous les citoyens valides, de 20 à 40 ans, mariés ou veufs, avec ou sans enfants, jeta le trouble dans les villes et dans les campagnes. Dans la région du Nord, grand nombre d'individus, qui devaient tomber sous le coup du décret, se sauvèrent honteusement en Belgique. Bientôt après, paraissait un second décret portant création de camps d'instruction pour les gardes nationaux mobilisés, etc., etc.

Voici dans quels termes un publiciste distingué du département de l'Aisne appréciait ces mesures :

(1) Nous devons à M. Lardière, préfet de la Somme, cette justice qu'il fit tout son possible pour aider de son influence l'autorité militaire; c'est lui qui demanda qu'on donnât des lorgnettes aux officiers, etc., etc.....

« Est-ce bien là  la force qui sauvera la patrie? Est-ce là
« une organisation militaire, à laquelle les esprits sérieux
« et *vraiment amis du pays* puissent avoir  confiance? Sont-
« ce là des soldats, ou seulement des hommes qu'on va jeter,
« sans instruction, sans discipline, sans confiance en leurs
« chefs  ni en eux-mêmes, en pâture au fléau d'une guerre,
« guerre pour laquelle l'ennemi est si bien préparé? »

Parmi les officiers échappés de Sedan et de Metz,
peu se faisaient illusion sur la valeur des gardes nationales mobilisées. Quelques uns cependant avaient
pris au sérieux les fameuses paroles de M. Gambetta :
« La République ne capitulera pas! » Mais la majorité se demandait, avec inquiétude, de quelle force
inconnue disposait le célèbre avocat, et s'ils pouvaient espérer se tirer honorablement de la lutte
nouvelle qui allait s'engager dans des conditions
aussi désastreuses.

Le général Bourbaki, homme d'expérience, savait
mieux que personne ce qu'il en était, et il ne voyait
pas, assurément, sans amertume et sans une crainte
secrète pour son honneur militaire, approcher le
moment de se mesurer avec Manteuffel. Aussi, le
docteur Testelin lui imputait-il à crime son manque
d'enthousiasme : «....... La confiance dans l'efficacité
de la prolongation de la défense, disait-il, manque
au général...... » Ces paroles se trouvent dans la
récente brochure du général Faidherbe qui, probablement, ne fut pas rassuré non plus à la vue des
débris de régiments et des bataillons de mobiles et
mobilisés, mal armés, à peine vêtus, qu'il avait mission d'opposer aux troupes allemandes, si supérieures
par le nombre, la discipline et l'organisation.

*
* *

C'est le 22 octobre que le général Bourbaki était venu prendre le commandement supérieur de la région du Nord. A l'encontre de ses efforts, des difficultés presque insurmontables s'étaient tout d'abord dressées devant lui. Si quelques mois peuvent suffire, à la rigueur, pour instruire et former à peu près des soldats, il est impossible d'improviser, en si peu de temps, des cadres ayant une valeur réelle. D'un autre côté, des préventions existaient, dans le Nord, contre le général Bourbaki, bien qu'il eût, dans une proclamation aussi franche que loyale, protesté de son dévouement à la République.

Le général fut hué par la populace et sa voiture couverte de boue à son passage à Douai (1).

Cette effervescence populaire se manifestait, du reste, dans d'autres départements où l'on criait aussi niaisement à la trahison. A Tours, vers le même temps, le peuple, ameuté par des meneurs, demandait la démission de M. Crémieux et celle de tels et tels généraux contre lesquels avaient été répandues les plus odieuses calomnies.

En butte, plus que tout autre, à des accusations dont la violence égalait la sottise, le général Bourbaki fit preuve d'une abnégation et d'un patriotisme vraiment admirables, en continuant l'œuvre si difficile d'organiser l'armée du Nord, malgré les insultes de la presse et les injustes préventions de M. le docteur Testelin.

Une proclamation du ministre de la guerre, délégué

---

(1) Malgré les ordres formels du général, sa proclamation, on ne sait par quel concours de circonstances malheureuses, n'avait pas été affichée à Douai!

à Tours, était venue, à propos de la capitulation de Metz, déchaîner, en quelque sorte, les passions de la basse démocratie. Voici ce document que l'histoire devra juger :

« Soldats, *vous avez été trahis,* non déshonorés! Depuis
« trois mois, la fortune trompe notre héroïsme. Vous
« savez aujourd'hui à quels désastres l'*ineptie* et la *trahison*
« peuvent conduire les plus vaillantes armées. Débarrassés
« de ces chefs indignes de vous et de la France, êtes-vous
« prêts, sous la conduite de chefs qui méritent votre con-
« fiance, à laver dans le sang des envahisseurs l'outrage
« infligé au vieux nom Français?

« En avant! vous ne luttez plus pour l'intérêt et les
« caprices d'un despote, vous combattez pour le salut même
« de la patrie, pour vos foyers incendiés, pour vos familles
« outragées, pour la France, notre mère à tous, livrée aux
« fureurs d'un implacable ennemi. Guerre sainte et nationale,
« mission sublime pour le succès de laquelle il faut, sans
« jamais regarder en arrière, nous sacrifier tous et tout
« entiers.

« D'indignes citoyens ont osé dire que l'armée avait été
« rendue solidaire de l'infamie de son chef. Honte à ces
« calomniateurs qui, fidèles au système des Bonapartes,
« cherchent à séparer l'armée du peuple, les soldats de la
« République! Non! j'ai flétri, comme je le devais, la trahison
« de Sedan et le crime de Metz, et je vous appelle à venger
« votre propre honneur qui est celui de la France!

« Vos frères d'armes du Rhin ont déjà protesté contre ce
« lâche attentat, et retiré avec horreur leurs mains de cette
« capitulation à jamais maudite. A vous de relever le drapeau
« de la France qui, dans l'espace de quatorze siècles, n'a
« jamais subi une pareille flétrissure.

« Le dernier des Bonapartes et ses séïdes pouvaient seuls
« amonceler sur nous tant de honte en si peu de jours! Vous
« ramènerez la victoire; mais sachez la mériter par la pra-
« tique des vertus militaires, qui sont aussi les vertus répu-
« blicaines, le respect de la discipline, l'austérité de la vie, le
« mépris de la mort.

« Ayez toujours présente l'image de la patrie en péril.

« N'oubliez jamais que faiblir devant l'ennemi, à l'heure où
« nous sommes, c'est commettre un parricide et en mériter le
« châtiment ; mais le temps des défaillances est passé, c'est
« fini des trahisons. Les destinées du pays vous sont con-
« fiées, car vous êtes la jeunesse française, l'espoir armé de
« la patrie ; vous vaincrez, et, après avoir rendu à la France
« son rang dans le monde, vous resterez les citoyens d'une
« République paisible, libre et respectée !

« Vive la France !

« Vive la République !

« Le membre du Gouvernement, ministre de<br>« l'Intérieur et de la Guerre,

« Léon GAMBETTA.

« *Tours, le 1ᵉʳ Novembre 1872.* »

Cette proclamation parut à Lille, dans les premiers
jours de novembre, au moment où arrivaient les
officiers évadés de Metz. Le général Bourbaki en
retint un certain nombre auprès de lui. Mais comme
l'armée de la Loire venait de remporter un brillant
succès et semblait avoir plus d'avenir que celle du
Nord, bon nombre de nos camarades allèrent rejoindre le général d'Aurelles de Paladines.

Le général Bourbaki retint néanmoins deux cent
quarante ou deux cent cinquante officiers (1), avec un
certain nombre de sous-officiers qui venaient, eux
aussi, de faire à l'armée du Rhin un rude apprentissage de la guerre.

C'est grâce à ce noyau d'hommes du métier,
d'hommes de cœur et d'expérience, qu'une petite

---

(1) Tous ces officiers, malgré les avantages que présentait l'armée
de la Loire, restèrent à Lille par affection et par dévouement pour le
général Bourbaki.

armée put se constituer dans les trois départements du Nord, du Pas-de-Calais et de la Somme. Là se trouvaient de nombreux dépôts. C'était déjà un commencement d'organisation. On rencontra parmi les sous-officiers quelques bons éléments pour faire des officiers. Les dépôts se composaient de douze à quinze cents recrues, n'ayant en général pour instructeurs qu'un ou deux sous-lieutenants inexpérimentés, sortis de Saint-Cyr après un an d'école.

On se figure aisément quelle devait être la discipline de ces troupes longtemps privées de chefs et, partant, sans surveillance! Elles étaient exposées aux influences de clubs désorganisateurs, qui leur enseignaient la haine de l'obéissance, le mépris de tous les devoirs militaires, et les invitaient à se défier de leurs officiers, « ces traîtres qui, disaient-ils, avaient, à Metz et à Sedan, *vendu leurs soldats* ! » Vers le milieu du mois de novembre, une réunion soi-disant démocratique fut convoquée à Amiens par billets d'invitation, distribués à la garnison. Les cartes d'entrée portaient que les *troupiers seuls*, à *l'exclusion de tout chef*, seraient admis dans la salle des délibérations, au café de la Hotoie.

Plusieurs de ces réunions eurent lieu, sans que l'autorité militaire en fût informée, ou du moins sans qu'elle y mît le moindre obstacle. D'après les idées républicaines, aucune réunion publique ne devait être interdite : mais bientôt l'esprit d'insubordination fit de tels progrès, qu'un jour plusieurs compagnies de dépôt du 43e forcèrent la porte du quartier et se mirent en route, avec armes et bagages, sous prétexte d'aller secourir Paris qu'on abandonnait, leur avait-on dit. On eut toutes les peines du monde à les faire rentrer dans l'ordre. (1)

Les soldats évadés de Sedan, où l'indiscipline avait été à l'ordre du jour, étaient souvent les instigateurs de ces coupables menées. Beaucoup d'entre eux erraient à l'aventure, très peu pressés de rentrer dans les rangs. Ivrognes, lâches, indisciplinés, un certain nombre s'en allaient de ville en ville, proclamant la trahison des chefs, étalant, pour se concilier la pitié publique, des uniformes en lambeaux et toutes sortes de vêtements d'une malpropreté repoussante. Plusieurs portaient un bras en écharpe, sans avoir reçu aucune blessure, abusant effrontément de la crédule charité des populations. Bien d'autres escroqueries, bien d'autres excès se commirent, et il n'en pouvait être autrement au milieu du désarroi et de la désorganisation où nous avaient précipités nos désastres !

Quant à la classe ouvrière, surexcitée par des menées démagogiques, elle témoignait beaucoup d'hostilité et une grande méfiance aux officiers de l'armée régulière, qu'elle insultait en pleine rue. Les masses ignorantes leur appliquaient à tous l'épithète de *traître* si imprudemment employée par M. Gambetta, après Sedan et Metz.

C'est avec de tels éléments et dans de telles circonstances que se formèrent les nouveaux bataillons de ligne de l'armée du Nord. On ne saurait se figurer ce qu'il fallut aux officiers d'énergie et de

---

(1) Le major du 43ᵉ de ligne, M. Fradin de Lignères, eut besoin, ce jour là, de toute son énergie pour mettre fin à la sédition.

persévérance pour détruire ce mauvais esprit, et pour rétablir l'ancienne discipline. On y parvint pourtant, grâce à la jeunesse de la plupart des soldats que l'esprit révolutionnaire n'avait pas eu le temps d'infecter.

Le 12 novembre, on mobilisa d'abord, dans chaque dépôt des régiments de ligne ou des bataillons de chasseurs, un bataillon de cinq compagnies comptant, chacune, de cent vingt à cent cinquante hommes. Un second bataillon devait être formé, autant que possible, dans quinze jours ou un mois au plus tard. L'artillerie et le génie donnèrent beaucoup plus de peine à nos organisateurs, car, outre le matériel et les attelages, il fallait trouver des ouvriers capables et des soldats suffisamment exercés aux travaux de fortification, à la manœuvre des pièces et au pointage.

Dès le 20 novembre, neuf batteries, dont trois de 12, étaient en mesure d'entrer en campagne. Vers le même temps, une bonne partie des troupes de ligne et des chasseurs avait été habillée, munie de sacs, de couvertures, etc.

Néanmoins, malgré la grande activité qui régnait dans les magasins de Lille, un nombre relativement considérable d'objets de campagne, en particulier de marmites et de bidons, ne put arriver à temps (1). Les souliers manquaient aussi, ou bien ils étaient de détestable qualité.

Quant aux mobiles, et surtout à ceux qui appartenaient aux départements du Midi, et qui, par conséquent, se trouvaient trop éloignés de leur dépôt pour

_______________

(1) Voir pièces justificatives, note VII, dépêche du 25 Novembre, Intendance.

pouvoir s'y procurer ce dont ils avaient besoin, ils manquaient de tout, et leur aspect misérable inspirait la pitié. Beaucoup d'entre eux avaient pour vêtements des blouses de toile bleue, ou des vareuses faites avec des étoffes sans trame, dont la durée ne dépassait pas de beaucoup un mois. L'armée du Nord eut à supporter de grands froids et l'on peut se figurer aisément si les blouses de toile protégeaient suffisamment ces malheureux contre la gelée ! Il va sans dire que la discipline existait à peine parmi ces mobiles. Aussi les militaires expérimentés ne faisaient-ils que peu de fond sur de tels auxiliaires dont les cadres avaient été choisis, sous l'empire, plutôt en vue des exigences électorales que pour se procurer des chefs vraiment capables.

Cependant, malgré tout, M. Gambetta conservait toutes ses illusions. Quant aux familiers du ministre de la guerre, ennemis-nés des armées permanentes, ils triomphaient chaque fois qu'ils voyaient passer, hurlant la Marseillaise, les épais bataillons de mobiles et de mobilisés, qui, selon le général Faidherbe, « avaient acquis une plus grande valeur depuis qu'ils étaient *émancipés par la révolution* (1). »

Cependant, les agents les plus dévoués du ministre de la guerre, malgré leur active propagande, parvenaient difficilement à faire partager au public leur enthousiasme. Danton a dit : « Un peuple dont tous les bras sont armés et exercés ; dont toutes les âmes sont aguerries ; dont tous les esprits *respirent la fureur de combattre,* un tel peuple n'a rien à craindre du *courage froid et mercenaire de soldats*

(1) Brochure du général Faidherbe, note O.

*étrangers*. Le plus faible de deux partis que la guerre civile mettrait aux prises, serait toujours assez fort pour *détruire les automates* à qui la discipline ne tient pas lieu de vie et de feu ! »

Ces paroles purent bien griser un instant quelques bataillons, en 92, mais l'expérience du passé et surtout celle des derniers événements ont suffisamment mis à nu le vide et le danger de ces théories sur l'enthousiasme substitué à la discipline, ou, en d'autres termes, sur la garde nationale substituée à l'armée régulière (1).

Le 18 novembre, le travail d'organisation et de formation était très-avancé, du moins sur le papier. Trois brigades mixtes étaient formées. Chacune d'elles, sauf la troisième (2), comptait quatre bataillons réguliers , et trois bataillons de mobiles , ce qui portait leur effectif à cinq mille hommes environ, y compris les batteries de 4, attachées à chacune d'elles. La réserve d'artillerie se composait de trois batteries de 12.

On était, en outre, parvenu à former deux compagnies de génie et un parc de six voitures.

La cavalerie consistait en deux escadrons de gendarmes et en deux escadrons de dragons du Nord.

Quant aux cadres, ils étaient au complet dans les régiments de mobiles ; mais, naturellement, ils laissaient beaucoup à désirer.

---

(1) Si la Commune n'était pas venue éclairer le public sur la valeur de la garde nationale, cette dernière aurait eu tous les honneurs de la défense de Paris, tandis que l'armée eût été accusée d'avoir manqué à tous ses devoirs ! Il est démontré que c'est le contraire qui eut lieu.

(2) Elle comptait un bataillon régulier de moins que les deux autres.

Les régiments de ligne et les bataillons de chasseurs n'avaient pas leurs cadres remplis, tant s'en faut. D'abord, les régiments, composés de trois bataillons de corps différents, quelquefois même d'armes différentes, (un bataillon d'infanterie de marine avait été réuni à deux bataillons de ligne du 43ᵉ pour former le 69ᵉ de marche), d'abord ces régiments n'avaient, en général, ni colonels, ni lieutenants-colonels, ni adjudants-majors, ni enfin le personnel administratif indispensable, c'est-à-dire l'officier payeur, l'officier d'habillement, etc. En outre, faute de sujets, le quart des places de sous-officiers restait vacant dans les compagnies. Malgré tout ce qui lui manquait, l'armée du Nord se flattait d'opposer une vigoureuse résistance à l'ennemi et de lui faire payer chèrement ses succès. Elle se montrait pleine d'ardeur, d'autant plus qu'un petit avantage venait d'être obtenu aux environs d'Amiens, par l'un de ses corps détachés.

Le chemin de fer d'Amiens à Rouen était gardé, dans le voisinage de Formerie, par un bataillon de chasseurs, trois de mobiles du Nord et une batterie de quatre. Le chef de bataillon Boschis, du 2ᵉ chasseurs, avait le commandement de la colonne. Le 27 octobre, cette petite troupe occupait les villages de Formerie, Poix et Grandvilliers. Outre son rôle de gardienne des communications entre Amiens et Rouen, elle avait à remplir une mission secrète. Elle devait se montrer, à jour donné, se jeter sur Beauvais (1), dont la faible garnison se considérant

(1) Voir aux pièces justificatives, note III, les notes soulignées.

comme tout à fait à l'abri d'un coup de main de la part des Français, ne prenait pas, pour se garder, les précautions habituelles (1). Le général Bourbaki attendait, pour exécuter l'entreprise, que l'armée du Nord se fût formée et fût en état de tenir la campagne.

Cependant, les Prussiens, après quelques jours d'escarmouches, arrivèrent en nombre afin de couper la ligne de Rouen à Formerie et, par conséquent, d'isoler complétement Amiens, par terre, du reste de la France. Le combat fut assez vif et les chasseurs, secondés par les mobiles, tinrent bon et repoussèrent vaillamment l'ennemi qui, après des pertes sensibles, dût se retirer et incendia le village de Bouvresse.

*<br>* *

Le général Bourbaki avait conçu le projet de s'établir, avec le 22e corps, aussitôt qu'il serait formé, au sud d'Amiens, le long du chemin de fer de Rouen, puis de se porter rapidement sur Beauvais et Creil. L'armée du Nord, maîtresse de ces deux points, aurait pu se joindre à l'armée de Rouen ou conserver ses communications avec elle.

Ce plan, à notre avis, était excellent; mais il fallait, pour l'exécuter, attendre, comme nous venons de le dire, que l'armée du Nord fût complétement constituée. Le général Bourbaki le comprenait fort bien ; aussi cherchait-il à entretenir, le plus longtemps possible, les Prussiens dans cette erreur que le 22e corps était une chimère, un épouvantail inventé par les Français.

---

(1) M. de Kerhué, lieutenant-colonel de cavalerie, qui commandait alors les dragons du Nord, avait déjà reçu l'ordre de se tenir prêt à se jeter sur Beauvais.

Quinze.jours de patience encore, et l'armée du Nord se serait trouvée sur un pied respectable, prête à se joindre peut-être à l'armée de Rouen !

Cependant, le général Bourbaki, ayant mené à bien, dans la limite du possible, son œuvre d'organisation, avait cru devoir céder aux pressantes sollicitations de la délégation, et, le 20 novembre, il écrivait au ministre de la guerre : « Mes troupes sont prêtes à marcher; j'ai avec moi de l'artillerie et de la cavalerie. Je suivrai vos instructions. Pas de Prussiens entre Amiens, Beauvais, Chantilly et Gisors (1) ».

Mais c'est précisément alors que le général fut appelé à Tours (2) et qu'on lui donna pour remplaçant intérimaire, dans son commandement, le général du génie Farre.

Les troupes rassemblées dans le Nord apprirent, avec autant de surprise que de regret, le 20 novembre, la disgrâce de leur général. Les officiers sans exception en furent attristés, car, malgré les bruits perfidement répandus, on avait la plus grande confiance dans la vieille expérience militaire, dans la bravoure et dans l'honnêteté du général Bourbaki.

La cause de ce départ n'a jamais été bien connue;

(1) Dans sa brochure le général Faidherbe dit que Manteuffel menaçait Amiens, et que c'est là ce qui décida le général Farre à préparer la défense de cette ville. C'est là une erreur, car Manteuffel, depuis quinze jours, n'avait pas fait un seul mouvement sur Amiens; quelques petits corps s'en étaient seuls approchés. La dépêche du général Bourbaki en est la confirmation :« Pas de Prussiens entre Amiens, Beauvais, Chantilly et Gisors. »

(2) Le général Bourbaki reçut à Tours, de M. Gambetta, le commandement du 18ᵉ corps qui devait servir de noyau à l'armée en formation à Nevers.

mais, lorsqu'il s'effectua, on supposa, généralement, que Bourbaki, fatigué d'un contrôle peu militaire, avait fait entendre d'assez vives protestations à ce sujet.

Intelligent, actif, parfaitement honnête et désin-téressé, nous nous plaisons à le reconnaître (1), M. Testelin était appelé à remplir un *rôle purement administratif*. Mais, comme ses prédécesseurs, les anciens commissaires de la Convention nationale, il affichait la prétention de se mêler de toutes choses concernant l'armée (2). Le général Bourbaki ne pouvait donc manquer d'être sacrifié.

Voici, du reste, l'ordre du jour d'adieu, adressé par le général à l'armée qu'il venait d'organiser avec un admirable dévouement et à laquelle on l'enlevait au moment où il s'apprêtait à la mener à l'ennemi :

« Par décision ministérielle en date du 18 novembre, qui
« m'est notifié aujourd'hui, je suis appelé au commandement
« du 18e corps d'armée à Nevers. J'ai l'ordre de remettre le
« service, par intérim, à M. le général Farre.

« En quittant les gardes nationales, la garde mobile, les
« corps francs, les corps de toutes armes de l'armée du Nord,
« j'éprouve le besoin de dire à tous combien mes regrets sont
« grands, de remercier chacun du concours qu'il m'a
« prêté, comme de celui qu'il se proposait de me donner ulté-
« rieurement.

« Depuis que j'ai été investi du commandement supérieur

(1) M. Testelin refusa d'accepter du Gouvernement aucun traitement malgré les fonctions importantes qu'il remplissait et qui devaient lui occasionner des frais considérables.

(2) Nous en avons eu sous les yeux la preuve dans quelques dépê-ches impératives adressées par M. Testelin au général Farre, au mo-ment de la bataille de Villers-Bretonneux.

« de la région du Nord, j'ai pu, grâce au zèle des divers ser-
« vices, armer les places de cette contrée et les mettre en état
« de défense. J'étais fier de ces résultats, fier du dévouement
« et de la confiance qui m'ont facilité l'accomplissement d'une
« tâche laborieuse. J'adresse donc aux officiers de tous
« grades, aux sous-officiers et aux soldats de tous les corps
« de la région du Nord, mes félicitations pour l'excellent
« esprit dont ils sont animés.

« En leur faisant mes adieux, je leur promets de ne point
« les oublier. De loin, comme de près, je suivrai, avec le plus
« vif intérêt, les efforts qu'ils tenteront pour résister coura-
« geusement à l'ennemi et j'applaudirai de tout cœur aux
« succès que je leur souhaite.

« Sur tous les points de notre chère patrie, les cœurs doi-
« vent battre à l'unisson, la même pensée doit nous animer
« tous : lutter contre l'étranger. »

« Au quartier général de Lille, le 19 septembre 1870.

Le général commandant supérieur de la<br>région du Nord,<br><br>C. Bourbaki.

Le général Faidherbe, nommé à la place du général Bourbaki, ne vint prendre son comman_dement que le 1er décembre (1). En attendant, la direction des opérations échut au général du génie Farre, que M. Testelin s'était choisi pour adjoint. Le 21, les ordres de marche étaient expédiés, et, le 22, à quatre heures du matin, le mouvement de concentration dans la vallée de la Somme s'exécutait sur toute la ligne (2).

(1) Voir sa proclamation. note U.
(2) Voir note V.

Sept bataillons de mobiles du Nord avaient été chargés de la défense d'Amiens, conjointement avec deux mille gardes nationaux sédentaires, qui s'y étaient organisés depuis longtemps et avaient même transformé, à leurs frais, une partie des anciennes armes en fusils se chargeant par la culasse. La garde nationale, outre une batterie de douze, possédait une mitrailleuse belge.

Le général Paulze d'Ivoy avait sous ses ordres huit mille combattants environ, dont le rôle devait se borner à la défense des ouvrages construits en avant d'Amiens et qu'on avait armés de douze pièces lisses de position de différents calibres (1). En examinant l'organisation des bataillons d'infanterie de ligne et de chasseurs à pied, il était facile de se convaincre que la composition de l'armée du Nord était tout autre que celle des armées du Rhin. Celles-ci, en effet, comptaient dans leurs rangs des hommes aguerris, disciplinés et complétement façonnés au métier militaire. Dans l'autre, au contraire, se trouvaient, en majorité, de jeunes hommes de 17 à 20 ans, nouvelles recrues sans instruction aucune et qui entraient en campagne sans avoir jamais brûlé une cartouche.

Quant aux cadres de ces dernières troupes, ils étaient composés d'officiers revenus, en assez grand nombre, des armées de Bazaine et de Mac-Mahon, après des évasions qui témoignaient d'une certaine trempe de caractère. Jeunes, pour la plupart, ils étaient dévorés

---

(1) Ces canons, par une négligence incroyable, ne furent point mis sur affût à l'exception de deux, croyons-nous, et ils ne purent point servir par conséquent à la défense d'Amiens, le 27 novembre.

du désir de se signaler, afin d'effacer les fâcheuses impressions qu'avaient fait naître, dans un pays toujours disposé à voir partout des traîtres, les lamentables capitulations de Sedan et de Metz.

Tous ces hommes, habitués aux privations et à la vie de campagne, aguerris par des combats gigantesques, éclairés par de cruels revers, formèrent comme le noyau de nouveaux régiments solides et pleins de feu.

Malheureusement, nous l'avons dit plus haut, l'armée du Nord, « plutôt réunie qu'organisée », fut envoyée à l'ennemi, avant d'être prête. On renouvelait, dominé qu'on était par les circonstances, la faute qui nous avait coûté si cher au commencement de la campagne. Il eût été possible, cependant, d'attendre au moins une quinzaine de jours, car les Prussiens ne menaçaient pas sérieusement Amiens, puisque, le 20, il n'y en avait point entre cette ville, Beauvais et Creil (1), et que, d'un autre côté, Manteuffel ne croyait nullement à la prochaine entrée en campagne de l'armée du Nord.

A propos de la concentration de cette armée, nous ne croyons pas inutile de rappeler ici ce qui se passa au début de la campagne du Rhin. On se rappelle qu'aussitôt après la déclaration de guerre, le gouvernement impérial avait jeté à la frontière près de deux cent cinquante mille hommes sur le pied de paix, et cela en quelques jours. Cette rapide concentration aurait certainement offert, au point de vue

(1) On a dit que Rouen était menacé en ce moment. C'est une erreur, car les Prussiens n'avaient fait encore de ce côté aucune démonstration sérieuse.

stratégique, de grands avantages, si nos opérations avaient pu commencer immédiatement contre les Allemands dont la plupart des régiments n'avaient pas encore quitté leurs garnisons.

Mais notre intendance n'était pas prête, et, disons-le, ce n'était pas tout-à-fait sa faute. Les magasins qu'on espérait trouver à la frontière n'existaient pas, de sorte que, les trains ayant été presque tous employés au transport des troupes, il fallut attendre longtemps le matériel, longtemps les vivres, avant d'entrer en campagne. Par suite d'une pareille agglomération, la confusion et le désarroi furent tels que les troupes ne purent être pourvues des choses les plus nécessaires.

Les Allemands nous donnèrent, à cette époque, une leçon dont les délégués de Tours auraient dû profiter. Sachant parfaitement que, du côté des Français, l'administration serait en défaut, soit par sa faute, soit par celle du commandement, soit par manque de prévoyance de la part du gouvernement impérial, les Allemands ne s'effrayèrent nullement de notre rapide concentration, et, au lieu de diriger précipitamment leurs régiments vers un point donné, ils aimèrent mieux les organiser dans leurs garnisons respectives, *où ils pouvaient se procurer facilement et sans retard* tout ce qui leur était nécessaire.

« En fait, les détachements sortis subitement de leurs « garnisons auraient pu obtenir des succès momentanés, a « dit M. de Moltke, mais *ils n'auraient pas été organisés* « *de manière à supporter les alternatives d'une guerre* « *sérieuse,* et ce que nous eussions gagné au début (1) « pouvait s'expier durement dans la suite. »

(1) Par une concentration analogue à celle des Français.

Nos désastres auraient dû faire comprendre à tous la haute sagesse des observations qu'on vient de lire ; mais non : l'armée du Nord, comme celle du Rhin, était mise en mouvement avant que son matériel et ses approvisionnements ne fussent *suffisants*, avant que l'instruction des troupes ne fût même ébauchée. L'issue de la lutte ne pouvait donc être douteuse : à des régiments nombreux, bien disciplinés, pourvus de tout, l'armée du Nord opposait des bataillons à peine organisés, mal équipés, mal armés, manquant de tout. Le désastre de Villers-Bretonneux devait être la conséquence d'une préparation aussi précipitée et aussi incomplète. (1).

(1) Voir note V, composition de l'armée du Nord.

# CHAPITRE III



Le 11 novembre, des uhlans avaient paru aux environs de la Fère. Comme cette ville, dominée de tous côtés, ne pouvait opposer qu'une courte résistance à l'ennemi, on avait arrêté que son matériel de guerre serait évacué sur les places fortes du Nord. Mais l'opération ne fut exécutée qu'en partie, et, quand la place, après quarante-huit heures de bombardement, ouvrit ses portes aux Prussiens, ceux-ci y trouvèrent des vivres pour plusieurs mois et d'importantes ressources en poudre, munitions d'infanterie, etc.

Que si l'on demandait pourquoi l'on avait accumulé tout d'abord tant d'approvisionnements et de munitions dans une ville qui ne pouvait tenir que quelques jours, la réponse serait celle ci : M. Gambetta l'avait ordonné, sans s'inquiéter s'il était possible ou non de défendre la place *à outrance*.

L'officier, récemment investi du commandement de La Fère, était M. Planche, capitaine de frégate.

Sa proclamation, où se manifestait la ferme volonté d'obéir aux instructions du gouvernement de Tours, fit grand bruit dans le public :

« Tant qu'il me restera une gargousse et un morceau de « biscuit, disait l'énergique commandant, je ne me rendrai « point ; je ne me laisserai arrêter par aucune considération « d'intérêt particulier..... La place peut se trouver exposée « au danger d'un bombardement..... mais nous serons forts, « énergiques, et nous prouverons que l'ère des *lâches capi-* « *tulations est passée.* »

Lorsque le commandant Planche connut mieux la place et l'insuffisance de ses moyens de défense devant l'artillerie ennemie qui occupait de formidables positions, il regretta sans doute le ton de sa proclamation. Le brave marin put alors se convaincre qu'une ville, parce que ses murs sont à l'abri de l'escalade, ne saurait se défendre à outrance comme un bâtiment de guerre. Au jugement de tout militaire de quelque expérience, La Fère était absolument intenable, et l'on s'en pouvait convaincre au premier coup d'œil.

Le 16 novembre, au point du jour, la place était en grande partie investie. Les Allemands occupèrent Charmes, Andelain, Danizy, Fressancourt, Monceau-les-Leups. Un corps de cinq mille hommes avait mission de garder l'embranchement de Tergnier.

Les Prussiens ne commencèrent le bombardement que le 25. Trente-six pièces de gros calibre, placées les unes au polygone, d'autres, en plus grand nombre, au coin du vieux parc de Danizy, à douze ou treize cents mètres, vomirent sur la ville, sans sommation préalable, une grêle de projectiles, bombes et obus qui venaient de notre arsenal de Soissons (1).

L'incendie s'alluma bientôt dans la ville. Les habitants s'étaient retirés dans les caves, avec les mobiles auxquels on n'avait pas eu le temps de ménager des casemates sur les remparts.

Depuis plusieurs semaines, le génie entourait les portes de palissades, d'abatis, de petits piquets, de chevaux-de-frise, de trous de loups, de croix de St-André, etc ; mais il avait un peu négligé, paraît-il, les casemates ! Il advint donc que la garnison fit irruption dans les caves des habitants, et, de là, un encombrement indescriptible, des maladies en grand nombre, et la démoralisation

Une seule batterie de la place, servie par de vieux artilleurs-volontaires, répondit efficacement au feu de l'ennemi.— Des milliers d'obus écrasèrent la ville. Le lendemain, la Fère était obligée de capituler ; selon l'usage presque général dans notre pays, on cria à la trahison. Le bruit se répandit aussi, à Lille et dans tout le Nord, que les habitants de La Fère, affolés par le bombardement, avaient violenté le commandant Planche, et que, sur son refus de se rendre, ils l'avaient assassiné ! (2)

La possession de La Fère était importante pour les Prussiens. Elle leur garantissait la sécurité des convois arrivant d'Allemagne et leur livrait l'embranche-

(1) Les Prussiens avaient pris Soissons quelques jours auparavant

(2) C'était un des nombreux *cancans* que l'on faisait courir si facilement alors. Le commandant Planche fit bravement son devoir et ce. n'était point sa faute si La Fère était sans ouvrages avancés pour se défendre contre un bombardement.

ment très-important de Tergnier. Quant aux Français, l'occupation de la ville par l'ennemi leur fermait la route de Châlons, où ils comptaient faire des excursions pour enlever des convois, couper des chemins de fer, etc., etc...

*
* *

Cependant Manteuffel s'était arrêté dans sa marche vers Beauvais ; et, malgré les annonces officielles, rien encore dans ses mouvements ne faisait supposer qu'il s'apprêtât à marcher sur Amiens. Plusieurs journaux de départements partageaient cette opinion, et ils soutenaient que l'ennemi, après le succès d'Aurelles de Paladines, avait autre chose à faire que de venir s'engager dans les marais de la Somme ou dans le réseau des places fortes du Nord. Ces appréciations n'étaient certes point dénuées de fondement ; mais on avait tort assurément de trop compter sur les forteresses où l'on n'avait presque rien fait pour rendre la défense sérieuse. En effet, au lieu de construire des ouvrages à trois kilomètres *au moins*, en avant des villes, pour les préserver du bombardement, on s'était contenté, comme si l'on n'avait pas l'expérience des faits récents, d'élever quelques batteries ou de creuser des tranchées à cinq ou six cents mètres au plus, c'est-à-dire à une distance trop rapprochée pour qu'elles pussent être utiles. Douai, Arras, Cambrai, Lille, n'auraient pas résisté à un bombardement de deux jours ; et c'était pourtant nos points d'appui essentiels, notre réduit pour ainsi dire. Là, comme à La Fère, les abatis, les palissades, les petits piquets, etc..., avaient été prodigués ; mais l'on ne s'était presque pas occupé des *abris* ni des ouvrages avancés ; il semblait qu'on n'eût pris des dispositions que contre l'escalade, comme si l'invention des nouvelles armes ne la rendait pas impraticable !

Vers le milieu de novembre, commencèrent à s'organiser sérieusement les gardes mobilisées, sous les auspices du colonel Robin, plus tard général. Mais, cruelle déception pour M. Gambetta, devant le peu d'empressement du pays quelques adoucissements durent être apportés aux rigueurs du décret du 2 novembre. Les hommes mariés, ou veufs avec enfants, furent exemptés du service militaire, malgré les périls suprêmes de la situation ; et les vrais patriotes ne virent pas, sans quelque honte, ces privilégiés regagner leurs foyers, tandis que, chez les Allemands, célibataires ou non, jeunes gens ou pères de famille, tout le monde était sous les armes ! Il est vrai que ce n'était pas les hommes qui nous manquaient, mais bien les armes, l'organisation, les cadres. etc... !

Au milieu de cette espèce d'affaissement moral, l'activité de M. Gambetta ne faiblit point : ses proclamations, ses notes se succédaient sans interruption, et quelques-unes donnent une idée exacte des extrémités auxquelles il est capable de se laisser entraîner par une ardeur excessive ! Ainsi, un jour, le journal officiel de la délégation crut devoir fulminer une sorte d'anathème contre une proclamation de la mairie française de Soissons, qui, très-justement, avait qualifié d'assassinat un coup de feu tiré dans la ville, pendant la nuit, sur une sentinelle prussienne, plusieurs jours *après la capitulation de la place.* Au nom de la municipalité indignée, le *Progrès de l'Aisne* se crut obligé de protester contre la note officielle : « *Le Français,* disait ce journal, *tue ou se fait tuer sur le champ de bataille, mais il n'assassine pas, n'en déplaise au pamphlétaire du Moniteur.* » La leçon était rude, mais méritée. Les honnêtes gens ne sauraient admettre, en effet, qu'après avoir capitulé, les habitants d'une ville puissent se croire le droit de soudoyer ou même d'approuver de tels attentats. Les lois de la guerre s'y opposent, aussi bien que l'honneur militaire. Ceci, du reste, n'est qu'un exemple entre mille !

L'*alter ego* de M. Gambetta, le commissaire de la défense nationale dans le Nord , M. le docteur Testelin, non moins énergique que son chef, exerçait la plus sévère police sur les manifestations de la pensée. Imposant silence à ses principes sur la liberté de la presse, il suspendait un journal pour tout un mois. Le *Mémorial de Lille,* par exemple, fut accusé d'avoir commis un acte de véritable trahison, pour avoir annoncé que le conseil de guerre avait décidé que Saint-Quentin ne serait pas défendu ! Ici, la sévérité paraissait, jusqu'à un certain point, justifiée; mais le mot trahison ne dépassait-il pas la mesure ? La vérité c'est que les Prussiens, profitant de l'indiscrétion du *Mémorial de Lille,* s'étaient empressés d'occuper Saint-Quentin. De telles indications, de la part des journaux, il faut le reconnaître, n'ont que trop souvent compromis, chez nous, le succès de la défense nationale (1).

*<br>* *

Tandis que ces choses se passaient, la situation des populations rurales devenait intolérable. Depuis Sedan, les Prussiens, maîtres absolus du pays, grâce aux expéditions hardies de leur cavalerie, dominaient les campagnes par la terreur. Ils faisaient, à la moindre tentative de révolte, de sanglantes exécutions. De leur camp partaient des colonnes incendiaires, qui brûlaient des maisons, souvent même des villages entiers, s'emparaient des grains et des bestiaux et s'autorisaient de quelques attaques de francs-tireurs pour traiter en ennemi tout Français qu'ils rencontraient dans les campagnes.

Les paysans, obligés de vivre dans les villages pour garder leurs maisons, continuaient à cultiver la terre, au milieu de ces horribles scènes, et c'est parmi eux que les Prussiens, en exploitant la misère et la crainte, recrutaient la plupart de leurs espions. Partout, les Allemands se livraient à des brigandages auxquels leurs officiers eux-mêmes ne restaient point toujours étrangers. Ils arrêtaient les voitures privées, fusillaient, sous les prétextes les plus frivoles, pillaient les caisses publiques, levaient des contributions écrasantes et brûlaient des villages à la moindre apparence d'hostilité.

Dans les villes, la discipline prussienne se montrait

____

(1) Personne ne mit en doute les intentions du MÉMORIAL DE LILLE mais il est un exemple, entre mille, du tort que peuvent faire aux armées les indiscrétions des journaux.

plus sévère : on ne pillait pas précisément, on se contentait de faire d'*énormes réquisitions*, et de lever des contributions de guerre. Ne pouvant occuper militairement tout le pays, les Allemands y maintenaient leur influence par la crainte qu'ils inspiraient. Deux uhlans suffisaient pour jeter l'épouvante dans une ville et à plusieurs lieues à la ronde. Non seulement les officiers prussiens étaient très forts sur leur métier, mais ils étaient aussi très au courant des affaires municipales.

Les maires, au contraire, pour la plupart nouvellement nommés (car bon nombre des anciens s'étaient enfuis), les maires, étrangers aux habitudes de la vie municipale, ne voulaient endosser aucune responsabilité sérieuse et n'osaient adopter aucun parti. Dans certaines localités les notables se réunirent pour prendre quelques décisions générales.

Devait-on, oui ou non, payer à l'ennemi les sommes qu'il exigeait? Telle était la question principale. Si on la résolvait négativement, il fallait se lever en masse, résister, s'organiser en guérillas, comme les Espagnols contre Napoléon Ier, et se résigner à subir la violence et la ruine.

Les Prussiens ne manquaient pas de faire valoir aux notables réunis à la mairie, que, s'ils se décidaient à financer, cette contribution forcée, cette réquisition en argent, imposée par le vainqueur, serait considérée comme une sorte d'assurance pour préserver sa vie et sa sécurité et garantir ses biens. Les maires finissaient, la plupart du temps, par se décider et convoquaient en assemblées les habitants de leur commune, pour les consulter. Presque partout, les populations se résignèrent à payer, faisant ainsi preuve de prudence plutôt que de patriotisme. Ici, on fit un emprunt; là, on établit une contribution forcée; presque partout, on convint que le maire percevrait, par l'intermédiaire de l'instituteur, toutes les contributions d'octobre et de novembre, multipliées par trois, et qu'un premier versement se ferait sans retard dans la caisse communale. Les Prussiens n'avaient qu'à se présenter, tout était prêt : résultat admirable de leur habileté !

*<br>* *

Pendant ce temps, les Allemands, toujours prévoyants, agissaient en véritables possesseurs de la France : « L'Autorité allemande, disait l'une de leurs proclamations, désirait que l'instruction publique et, surtout, l'instruction primaire reprissent leur cours régulier. Elle était disposée à protéger les écoles. » Les préfets prussiens annoncèrent même qu'ils recevraient avec plaisir « les communications de MM. les maires et des délégués de l'instruction primaire. » On voit quel vif intérêt nos vainqueurs daignaient prendre aux progrès de l'instruction publique et, surtout, à ceux de l'instruction primaire en France ! M. de Bismarck ne voulait pas qu'on l'accusât d'*entraver les progrès de la civilisation en France !* D'un autre côté, le *Moniteur* prussien, publié à Reims, défendait aux maires et aux commissions municipales d'obéir aux ordres du gouvernement de Tours et de Paris. Sur l'observation, faite par les autorités locales, qu'on les exposait, dans le présent et pour l'avenir, aux poursuites des deux gouvernements qui fonctionnaient à Tours et à Paris, le *Moniteur* prussien répondit que tous les traités du siècle, (traité de Paris, 30 mai 1814, traité de Prague, 1866), contenaient des stipulations spéciales qui *garantissaient tous les citoyens contre les poursuites au sujet de leur attitude durant la guerre.* Sans être tout-à-fait rassurés par ces promesses diplomatiques, les paysans, sous le coup de la crainte, préférèrent, en général, obéir aux envahisseurs qu'à l'autorité nationale. Mais ces malheureux, quoi qu'ils fissent, étaient destinés à être tour à tour ruinés par les Allemands et par leurs compatriotes. Le maire de Rozoy, par exemple, avait levé la somme de vingt-quatre mille francs, exigée comme réquisition par les Prussiens. Or, le soir même de ce paiement, se présentait chez le fonctionnaire, avec six cents douaniers, un officier décoré du titre de commandant du bataillon d'avant-garde de l'armée du Nord, et qui força le maire à lui remettre, sous peine d'être fusillé, les vingt-quatre mille francs, levés pour les Prussiens dans le canton !

On le voit, les Prussiens entendent les affaires aussi bien que la guerre : tout, chez eux, se fait avec ordre ; le pillage, l'incendie et le meurtre sont toujours parfaitement organisés !

# CHAPITRE IV



Le 20 Novembre, nos troupes s'étaient mises en marche pour se masser dans la vallée de la Somme et prendre une position qui indiquait des projets d'offensive. Ce mouvement eut pour résultat de donner l'éveil à l'ennemi et de l'attirer sur l'armée du Nord, encore à l'état de formation et parconséquent nullement prête pour la lutte.

Le général Farre avait, certainement, résisté longtemps aux tracasseries des impatients qui demandaient qu'on entrât immédiatement en campagne, afin d'empêcher, disaient-ils, les Prussiens de resserrer davantage le cercle dont ils avaient entouré Paris. La raison voulait qu'on fermât l'oreille à ces imprudentes clabauderies populaires; mais, à certaines époques de révolution, ce sont des avocats, des médecins, des journalistes, et non des hommes de guerre, qui dressent les plans de campagne. Ainsi advint-il à l'armée du Nord, qui reçut l'ordre de se mettre en marche. Manteuffel avait encore, le 24, son quartier général à Compiègne. Averti du mouvement de concentration que nos troupes exécutaient dans la vallée de la Somme, prévoyant l'offensive clairement indiquée par la position des Français, le général prussien prit la résolution de les attaquer avant qu'ils n'eussent le temps de devenir redoutables. On a prétendu que, dès le 20, un corps prussien considérable, en marche sur Amiens, occupait Montdidier : cela n'est point exact, car c'est le 25 seulement qu'un corps de trois mille Allemands, avec huit cents chevaux, vint se loger dans la cité (1). Jusque-là, il n'avait paru à Montdidier que des petites troupes sans importance et qui n'avaient fait que traverser la ville.

Le 21 Novembre, les emplacements de combat et les cantonnements furent assignés aux troupes de la garnison d'Amiens, qui devaient défendre la ligne marquée par les villages de Dury, Salouël et Pont-de-Metz, extrême droite.

Quant à l'armée du Nord proprement dite, elle prolongeait la ligne de défense d'Amiens, par Fouencamps, Bôves, Cachy, Gentelles, jusqu'à Villers-Bretonneux et Bray, extrême gauche. En seconde ligne, des troupes avaient été cantonnées à Saint-Acheul, Camon, Rivery, Daours, Bussy, Querrieux, Pont-Noyelles, Hamelet, Corbie, Vaux-sous-Corbie (2).

Il était facile de voir combien était défectueuse une semblable ligne de bataille. Beaucoup trop étendue,

---

(1) Brochure du général Faidherbe. Voir à la fin du volume aux pièces justificatives, note 49.

(2) L'Armée du Nord fut toujours cantonnée dans les villages.

elle se reliait mal aux retranchements d'Amiens et, chose encore plus grave, elle s'adossait à une rivière qui ne présentait, entre Daours et Amiens, qu'un seul point de passage (pendant environ douze kilomètres).

On s'est demandé pourquoi le général Farre n'avait pas pris position derrière la Somme, au lieu de se la mettre à dos. Protégée par le canal et par de vastes marais, l'armée française aurait été inabordable, d'autant plus que les hauteurs de la rive droite dominent constamment celles de la rive gauche, notamment dans la région de Saint-Colette près Corbie.

Une autre considération d'ailleurs aurait dû faire adopter de préférence cette ligne Amiens-Daours-Corbie, que longe le chemin de fer de Lille et d'Arras : c'est qu'elle est protégée, dans son parcours, par le canal jusqu'à Lamotte. Ce choix aurait rendu beaucoup plus rapide et beaucoup plus sûre la marche des convois sur la ligne de bataille et aurait permis de recevoir rapidement des munitions ou des renforts sur un point quelconque. Dans cette position, le général eût pu tirer un grand parti. des inextricables et dangereuses tourbières de la Somme, qui s'étendent, sans interruption, de Péronne à Amiens. Mais il n'en fit rien; et, en s'établissant dans les positions de Bôves-Villers-Bretonneux, en choisissant, pour combattre, une position en l'air, sans point d'appui à gauche, avec une rivière et des marais à dos, il encourut de graves reproches de la part d'un certain nombre d'officiers. Toutefois ( nous reproduisons fidèlement ses paroles),

le général opposait aux critiques la réponse suivante : « La position derrière la Somme était exclu-
« sivement défensive. Or, si les troupes françaises
« étaient restées au Nord de la rivière, aucun
» obstacle ne se serait opposé à l'attaque des Prussiens
« sur Amiens. Cette ville, en effet, formait un saillant
« très-prononcé par rapport à la ligne de bataille des
« Français. Il fallait donc ou que l'armée du Nord
« vînt défendre la ville même et consentît à se laisser
« enfermer et assiéger dans un lieu à peine fortifié,
« ou qu'elle prît l'offensive, pour dégager la place.
« Dans ce dernier cas, l'armée du Nord devait néces-
« sairement franchir la Somme et livrer quand même
« un combat, avec la rivière à dos. Il faut ajouter (c'est
« toujours le général qui parle,) qu'il n'eût pas été fa-
« cile d'opérer, en face des Allemands, le passage du
« canal et des marais, pour exécuter le mouvement
« offensif. En effet, quoique maîtres des ponts, à
« Corbie, Daours, Vecquemont et Amiens, nous
« aurions trouvé un corps prussien fortement établi
« sur les pentes du plateau de Villers, retranché
« dans les bois et dans le grand village de Villers-
« Bretonneux. Le passage de la Somme devenait
« alors extrêmement difficile. »

Dans la situation que nous venons d'indiquer, le
général Farre avait donc cru nécessaire de se ménager l'offensive par les vallées de la Luce et de
l'Avre, afin de pouvoir protéger efficacement les retranchements d'Amiens.

Nous venons de résumer fidèlement les arguments
du général. Or, les doit-on accepter comme péremp-
toires ? Mais, alors, à quoi bon les immenses travaux

exécutés autour de la ville, s'ils devaient comme fatalement obliger l'armée du Nord à livrer bataille dans une position périlleuse ?

Des officiers de mérite ont pensé, et nous partageons complétement leur avis, que, sans prendre l'offensive, on pouvait obtenir de bons résultats. En effet, la défense d'Amiens, malgré le tracé défectueux des ouvrages, était possible *pendant un certain nombre de jours*, et sa résistance immobilisait un corps ennemi considérable. Or, pendant ce temps, le général Farre aurait pu tourner, par Bray, le plateau de Villers-Bretonneux, tout en maintenant le gros de ses forces sur la rive droite. L'ennemi, dans ce cas, aurait dû se replier sur la rive gauche, ne pouvant se risquer, sous peine de compromettre ses communications avec Paris, à accepter la bataille au Nord-Est d'Amiens. En restant donc sur une prudente défensive qui eût cependant permis, le moment venu, d'attaquer vigoureusement les Allemands, l'armée du Nord pouvait longtemps arrêter les trente ou quarante mille hommes de Manteuffel et conserver la place (1).

*<br>* *

Le 22 au matin, un détachement de uhlans s'avança jusqu'à Bôves. Arrivés à peu de distance, les Prussiens aperçurent les troupes de la brigade Derroja, qui venaient prendre leurs cantonnements, et ils tournèrent bride rapidement. Le soir même, Man-

_______

(1) Les retranchements du sud devaient évidemment supporter le plus fort de l'attaque, il est donc malheureux qu'on ait négligé de fortifier Dury.

teuffel était informé du mouvement de concentration de l'armée du Nord (1).

A partir de ce moment, l'éveil étant donné, la cavalerie prussienne ne cessa de battre la campagne en tous sens. Trois escadrons de uhlans, sortis de Roye, vinrent fouiller les alentours de Fresnoy-en-Chaussée et de Mézières-en-Santerre ; puis, ils allèrent s'établir à Domart-sur-la-Luce, d'où il était facile d'observer les mouvements des Français.

Le lendemain, un engagement sans importance eut lieu entre quelques francs-tireurs envoyés en reconnaissance au Quesnel et un parti prussien. Après avoir tiraillé un certain temps, les francs-tireurs, troupe irrégulière, faite plutôt pour harceler l'ennemi que pour combattre en ligne, se retirèrent sur Amiens, laissant les Prussiens bombarder inutilement, pendant deux heures, le bois qu'ils avaient évacué.

*<br>* *

Le 24, au matin, le colonel du Bessol, chargé d'exécuter une reconnaissance dans la direction de Roye, rencontra les Allemands, forts de mille à douze cents hommes environ, à hauteur du hameau de Demuin. Le bataillon d'infanterie de marine, qui faisait partie du 69ᵉ de marche, placé en tête de la troupe française, reçut l'ordre d'aborder l'ennemi de front, pendant que le 20ᵉ chasseurs de marche, à droite, et l'autre bataillon du 69ᵉ de marche (43ᵉ), à gauche, exécutaient un mouvement enveloppant. En

(1) Voir aux pièces justificatives, note VIII, série des dépêches.

arrière, marchaient une batterie de quatre, puis deux bataillons de mobile formant réserve.

L'ennemi, inférieur en nombre, recula, après avoir tiré quelques coups de fusil, jusqu'à hauteur de la Maison-Blanche qui se trouve à dix-huit cents mètres du Quesnel. La route de Roye à Amiens, près de cet endroit, est assez étroite, encaissée et bordée de taillis épais. Les Prussiens, masqués par des bois touffus, avaient placé sur notre droite une embuscade. Ils laissèrent donc passer les tirailleurs de la colonne française ; puis, lorsque celle-ci fut engagée dans le défilé, avec son artillerie, ils refoulèrent vigoureusement nos tirailleurs, tandis que le gros de leurs troupes ouvrait sur notre flanc un feu des plus vifs.

Dans l'impossibilité de résister à un ennemi invisible, et surpris par la soudaineté de l'attaque, le bataillon d'infanterie de marine, qui s'était rapproché rapidement de ses tirailleurs avec plus d'entrain que de prudence, se jeta dans les fossés qui bordent la route. Quant aux artilleurs, ne pouvant se servir de leurs pièces, condamnés à l'immobilité, ils avaient sauté à bas de leurs chevaux et s'étaient mis à l'abri sous les caissons ; un de leurs officiers fut tué dans ce moment, presque à bout portant.

La position était critique ; le colonel du Bessol, ayant résolu d'enlever le bois par un vigoureux effort, envoya aux chasseurs et au bataillon de ligne l'ordre de presser le pas, afin de couper la retraite à l'ennemi.

Cependant, revenue de son étonnement, et honteuse de son émotion, l'infanterie de marine n'attendit pas le signal de l'assaut. Nous vîmes avec admiration ces braves enfants, le dos plié comme des épis que courbe le vent, se jeter résolument au milieu du bois.

Vingt-cinq d'entre eux tombèrent, frappés à bout portant, mais le bois était enlevé et l'ennemi mis en fuite !

Les Prussiens protégèrent leur retraite précipitée, en lançant quelques obus sur nos soldats, au moment où ils débouchaient du taillis dans la plaine de Mézières. Nos pièces de quatre, mises en batterie, accélérèrent encore le mouvement rétrograde des Allemands. Un peloton de uhlans qui s'apprêtait à charger nos tirailleurs, fut promptement dispersé. Les Français ramassèrent des armes et des munitions jetées à la hâte, firent quelques prisonniers et ne s'arrêtèrent qu'au hameau de Mézières.

Cette petite affaire, menée avec beaucoup d'entrain et de vigueur, eut pour résultat de fortifier singulièrement le moral des troupes de la 3e brigade. La première fois qu'elles allaient au feu, elles avaient vu fuir devant elles un ennemi que leur imagination leur représentait comme invincible. Fiers de ce premier succès, nos jeunes soldats regagnèrent, le soir, leurs cantonnements, fatigués, mais animés d'une confiance qu'ils n'avaient point le matin !

Le 25, on apprit qu'un corps prussien considérable venant de Reims, se dirigeait vers Ham. Dans toutes les villes, dans tous les villages de l'Aisne, ordre avait été donné aux populations, par les Allemands, de veiller toute la nuit du 23 au 24, et de préparer des vivres en grande quantité.

Pendant toute la journée du 25, le pays compris

entre la Somme et les villes de Ham, Moreuil et Ailly-sur-Noye fut battu par des uhlans qui approchaient témérairement à petite distance de nos avant-postes. Un ou deux pelotons de lanciers allemands, venus de Chaulnes, allèrent reconnaître les passages de la Somme, qu'ils traversèrent à Sailly et à Lorette. Ils poussèrent même jusqu'à Morlancourt et Rœux.

On fit immédiatement sauter les ponts que les paysans avaient inconsidérément rétablis pour leur usage particulier.

A vrai dire, les Français ne savaient pas au juste quelles étaient les forces de l'ennemi, et sur quel point il porterait le gros de ses troupes.

Les Prussiens, avec leur cavalerie, interceptaient toutes les communications, ne laissant sortir qui que ce soit des villages qu'ils occupaient. Tout paysan, trouvé sur les routes ou dans les champs, était immédiatement enlevé (1). Cette vigilance, ce parti-pris de ne laisser passer personne, nous privait de nouvelles, alors que l'ennemi en recevait continuellement, car je n'ai pas besoin de dire que nous permettions la libre circulation dans nos lignes (2).

Toutefois, en réunissant les quelques rares avis qui leur arrivaient, voici dans quelles proportions et en quels lieux les Français supposaient que se trouvait l'ennemi :

(1) Manœuvre à laquelle ils ont recours à la veille d'une bataille quand ils ont intérêt à cacher un mouvement.

(2) A l'armée du Rhin, un journaliste paria de traverser, à cheval, toutes les colonnes françaises, sans *être interrogé* par personne, et de demander aux officiers eux-mêmes *tous les renseignements utiles à l'ennemi.* Ce journaliste gagna son pari, et il s'empressa d'avertir l'empereur Napoléon de *cette négligence inouïe, inqualifiable!*

Dix à douze mille hommes près de Roye; dix à douze mille près de Montdidier; à droite et à gauche de ces points, plusieurs détachements comptant de quatre à cinq mille combattants et des avant-gardes de mille à douze cents hommes, le tout formant à peu près l'effectif d'un corps de trente-cinq à quarante mille hommes et constituant ce que les Prussiens appellent, dans leurs rapports, la 1re armée.

Le reste des troupes de Manteuffel gardait Beauvais et menaçait Rouen.

*
* *

Le 26, les Allemands exécutèrent une reconnaissance offensive sur nos positions de Bôves et de Gentelles. Vers une heure de l'après midi, les grand's-gardes du 20e chasseurs, établies à la Tuilerie de Gentelles, qui commande la route de Domart, furent attaquées par un corps d'infanterie et de cavalerie qu'elles refoulèrent.

L'ennemi, passant à travers champs, continua à s'avancer dans la direction de Bôves, position très importante, qu'il espérait trouver faiblement défendue. Mais il y rencontra un bataillon du 24e, qui fit bonne contenance et qui le repoussa vigoureusement. Après avoir éprouvé quelques pertes de ce côté, les Prussiens durent se replier rapidement. Quatre compagnies de chasseurs, qui les avaient suivis sur la route, jusqu'au delà du bois de Gentelles, ouvrirent une violente fusillade sur leur flanc droit. Vers 3 heures, le combat avait presque cessé à Bôves. L'ennemi reprit la route de Domart avec l'intention de s'y cantonner. Les Français aperçurent, en effet, de ce côté, un grand mouvement de matériel, de voitures d'artillerie, d'ambulances, etc. Mais, dans le but sans doute de couvrir leur marche et de permettre à leurs convois de passer sur la route commandée par nos avant-postes, les Prussiens dirigèrent une fausse attaque sur le bois de Gentelles, cherchant à attirer dans cette direction toutes les troupes qui occupaient Villers-Bretonneux. Bientôt le combat devint très vif, et des renforts étant arrivés aux Allemands, les chasseurs se virent forcés d'abandonner le bois. La fusillade continua jusqu'à la nuit. Vers 6 heures et demie, trois compagnies du 67ᵉ de marche vinrent soutenir les chasseurs, et le bois de Gentelles resta définitivement au pouvoir des Français.

Le 26, au soir, le colonel de Bessol reçut, à Villers-Bretonneux, des nouvelles qui ne lui laissèrent aucun doute sur les projets de l'ennemi. La plus grande partie de l'artillerie prussienne avait pris la direction d'Amiens, tandis que presque toute l'infanterie se préparait à l'attaque de Villers-Bretonneux. Le plan du général Manteuffel était, croyait-on, de nous donner le change, en canonnant violemment Amiens. Il espérait nous attirer de ce côté et nous faire dégarnir Villers-Bretonneux, notre gauche. Dans la nuit, le colonel du Bessol fit part de ces conjectures aux autorités militaires d'Amiens, en ajoutant qu'une attaque lui semblait certaine pour le lendemain et que la position de Villers était détestable (1). De son

---

(1) Il écrivit à Amiens, où se trouvait le général Lecointe, que livrer bataille avec la Somme à dos *était une grave faute*. Le général Lecointe répondit : « Je n'y puis rien ! »

côté, le général Derroja, qui avait reçu les mêmes renseignements de St-Sauflieu et d'Heubecourt, prenait ses dispositions pour être prêt, dès le matin, à tout événement.

Cependant, la nuit fut calme; les uhlans, contre leur habitude, ne se montrèrent pas, espérant sans doute endormir la vigilance de nos grands'gardes.

# CHAPITRE V



Le front d'attaque des Prussiens s'étendait depuis Cappy, en face de Bray, jusqu'à Moreuil, Ailly-sur-Noye, Heubécourt, Rumigny et en avant de Salouel. Au nord du chemin de fer de Ham à Amiens, une colonne, dont on apercevait les feux, bivouaquait, menaçant Bray, Sailly et Corbie. Une autre colonne occupait Harbonnières, avec une avant-garde à La-motte-en-Santerre, prête à se jeter sur nos derrières, entre Corbie et Villers-Bretonneux.

On en signalait une troisième assez forte, venue de Rosières et menaçant Villers-Bretonneux par la voie du chemin de fer. Des forces considérables s'étaient établies à Marché-le-Cave (1). Toutes ces troupes menaçaient la gauche de Villers-Bretonneux et ses ponts de retraite sur la Somme.

En face de Villers, de Cachy et de Gentelles, se trouvaient les corps déjà signalés à Aubercourt, Hangard et Domart. D'autres troupes ennemies avaient

---

(1) C'est par erreur que les géographes écrivent aujourd'hui *Marcelcave*. Le vrai nom est *Marché-le-Cave*, comme l'écrit Cassini d'après d'anciens actes.

suivi la route d'Amiens et bivouaquaient en face de Fouencamps et de Dury, à Essertaux et Saint-Sauflieu. Ainsi l'armée prussienne formait autour des Français un vaste demi-cercle.

Nos troupes occupaient une ligne de bataille très-étendue. En effet, outre le terrain qu'elles défendaient, de Pont-de-Metz à Villers-Bretonneux, l'armée du Nord avait dû replier perpendiculairement en arrière son aile gauche, à Villers-Bretonneux, pour faire face aux colonnes qui menaçaient de la couper de Corbie. Villers était donc en flèche, et c'était ce saillant que les Prussiens se disposaient à attaquer. Il y avait, d'après cela, nécessité de faire garder par des troupes les passages de la Somme jusqu'à Cappy.

Le front des Français présentait vingt-cinq kilomètres de Pont-de-Metz à Villers-Bretonneux et à Corbie.

Le 27, dès les premières heures du jour, toute l'armée du Nord était sous les armes.

Une reconnaissance du 2e chasseurs à pied fut envoyée, vers 8 heures 1/2 du matin, en avant de Dury, dans la direction d'Heubécourt et de Saint-Sauflieu. Les Prussiens la laissèrent approcher très-près, puis ils ouvrirent soudain un feu excessivement vif, tout en cherchant à la tourner. Le commandant des chasseurs, averti par la fusillade, accourut avec son bataillon et un autre de mobiles, puis ayant dégagé la reconnaissance, il alla s'établir dans le bois de Dury, situé sur la droite de la route de Dury à Heubécourt. A peine ces forces étaient-elles en position qu'elles aperçurent, dans un brouillard épais, une troupe ennemie qui débouchait du village d'Heubécourt, mais qui sembla vouloir se retirer après une courte fusillade. Bientôt cependant cette colonne lança des tirailleurs qui prirent de flanc le bois de Dury et forcèrent les chasseurs à se replier dans les tranchées. Les Prussiens s'étaient dirigés parallèlement à la route de Dury, manœuvrant comme s'ils avaient voulu, en tournant les chasseurs, s'emparer, par un coup de main, des ouvrages avancés d'Amiens.

*<br>* *

A 10 heures, les têtes de colonnes ennemies se montrèrent sur tous les points à la fois. Une demi-heure après, la fusillade s'engageait vivement, à Salouel, à Dury, à Bôves, à Gentelles, et des masses considérables marchaient sur la gauche de l'armée française, vers Villers-Bretonneux. Une heure plus tard, la lutte était engagée sur toute la ligne.

Le terrain sur lequel se livra cette sanglante bataille a des aspects divers. De Pont-de-Metz et de Salouel, jusqu'au hameau de Dury, c'est-à-dire au sud d'Amiens, s'étend une grande plaine découverte, qui présente de légères ondulations. Des ouvrages en terre en rendaient l'abord difficile. Du hameau de Dury au village de Bôves, le terrain est accidenté, marécageux et boisé. Ces deux points constituent d'excellentes positions et dominent au loin le pays. A partir des dernières pentes de Bôves jusqu'à Villers-Bretonneux, le pays offre l'apparence d'un long plateau sur lequel s'élèvent des bois touffus dont quelques-uns atteignent de très-grandes proportions. Le plateau de Villers se termine, au sud, par de larges et profonds ravins au fond desquels passe la route d'Amiens à Roye...

5.

En arrière de cette ligne de bataille, la Somme, canalisée, coule au milieu d'innombrables tourbières. On ne peut la traverser qu'aux environs d'Amiens ou de Corbie, ou plus loin à Sailly et Cappy.

Dès 11 heures, le combat était chaudement engagé contre le village de Villers-Bretonneux, où se trouvait le général du Bessol, avec un bataillon d'infanterie de marine et trois de mobiles.

Du côté d'Amiens et de Bôves, une furieuse canonnade se faisait entendre. Les Prussiens, espérant agir sur le moral des habitants, avaient réuni un grand nombre de pièces auxquelles s'efforçait de faire face l'héroïque batterie de marine, Meunier, qui venait de débarquer du chemin de fer (1).

Les tranchées étaient garnies de la manière suivante : à Pont-de-Metz, extrême droite, trois bataillons de mobiles (Gard) ; à leur gauche, le 2e chasseurs ; puis venait le bataillon de dépôt du 43e de ligne et 2 compagnies de fusiliers marins qui appuyaient leur droite à la batterie Meunier, placée à cheval sur la route de Paris. Entre cette route et celle de Saint-Fuscien, étaient établis trois bataillons de mobiles du régiment de Somme-et-Marne, et deux bataillons de mobiles du Nord. La batterie de la garde nationale vint prendre une position de réserve à cheval sur la route de Saint-Fuscien. La ligne du chemin de fer d'Amiens à Rouen était gardée, à Famechon, par un bataillon de mobiles du Nord.

Plus en arrière, entre la route de Saint-Fuscien et

(1) Il n'est pas inutile de signaler ici, en passant, l'effet terrible de nos pièces de 12, qui luttèrent au nombre de six contre 70 bouches à feu de l'ennemi et lui firent le plus grand mal.

celle de Rouen, se tenaient, en réserve, 2,000 gardes nationaux sédentaires, armés la plupart de fusils à piston.

La brigade Derroja devait, autant que possible, se relier, par le 1er chasseurs, aux troupes des tranchées d'Amiens, dont l'effectif total, y compris les gardes nationaux sédentaires montait, en ce moment-là, à 7,800 hommes au plus (1).

Attaqués sur tous les points à la fois, les Français opposèrent une résistance énergique. Malheureusement, les villages de Dury et de Saint-Fuscien, faiblement occupés, et dont le général Farre n'avait point reconnu l'importance (2), nous furent enlevés sans coup férir.

C'est alors qu'apparut, dans tout son jour, le vice d'une ligne de bataille, qui ne se reliait, sur aucun point, aux travaux d'Amiens. La position si importante de Bôves, se trouvant prise de flanc par Dury, ne put pas être conservée !

Les ruines du vieux château avaient été le théâtre d'une lutte assez vive. Puis les Prussiens, ne trouvant plus personne entre Dury et Bôves, s'engagèrent résolument à travers les marais de Cottenchy, guidés par des Allemands qui avaient longtemps habité le pays et le connaissaient parfaitement.

Deux cents Français, appartenant au 24e et au 33e de marche, chassés de Bôves, reculèrent lentement ;

(1) Il y avait encore, à Arras, 3,000 fusiliers marins qu'on ne fit point venir le jour de la bataille. Ce fut un malheur, car si ces bataillons étaient survenus, vers trois heures, à Villers-Bretonneux, les Allemands auraient été forcés de renoncer à la conquête de Villers, nous n'en doutons pas.

(2) Le général Farre refusa de fortifier Dury, malgré, assure-t-on, de vives instances.

mais, bientôt, craignant d'être cernées et ne recevant aucun renfort, ni d'un bataillon du 24e en réserve à Longueau, ni du 33e qui n'était point engagé, ces compagnies durent battre en retraite définitivement (1).

En cet instant, le premier bataillon de chasseurs traversait la petite rivière de l'Avre, et appuyait à droite, dans le but de se déployer entre le village de Dury et celui de Bôves, pour relier ainsi, autant que faire se pouvait, Amiens à la ligne de bataille. Accueilli par une grêle de projectiles, pris de flanc, ne pouvant s'expliquer les feux qui partaient des ruines de Bôves, dont il ignorait la perte, ce bataillon arrêta son mouvement en avant, croyant à une fatale méprise. Mais quand le doute ne fut plus possible, il recula, entraînant dans sa retraite un bataillon de mobiles, qui venait prendre position au même endroit.

*<br>* *

Pendant ce temps, le général Lecointe enjoignait au lieutenant-colonel Pittié, qui commandait deux bataillons du 24e et un bataillon de mobiles, de marcher sur Gentelles où le 20e chasseurs était vivement attaqué.

A Cachy et à Gentelles, en effet, le 69e de marche et le 20e chasseurs, abandonnés à eux-mêmes dans une position avancée, sans une seule pièce de canon, s'étaient d'abord déployés en avant des villages. Mais ils avaient été bientôt contraints de reculer et de rentrer dans l'intérieur. Là, retranchés derrière les murs des premières maisons, ils arrêtèrent l'ennemi

(1) Sur Longueau.

jusqu'à ce qu'une batterie, installée en face, vînt cribler de projectiles ces malheureuses bourgades qui devinrent bientôt la proie des flammes. Vers deux heures, le 20ᵉ chasseurs battait en retraite sur le bois de l'Abbé, où arrivait un bataillon du 91ᵉ de marche. Grâce à ce renfort, les chasseurs purent garnir la lisière de la forêt et contenir l'ennemi qui fit de vains efforts pour déboucher du village de Gentelles.

Pendant que ces choses se passaient, le 69ᵉ luttait avec une grande énergie. Cachy, incendié, avait été abandonné par les compagnies qui l'occupaient, après un rude combat où périt le commandant Rosselin. De même qu'à Bôves, nos jeunes troupes se voyant isolées et sans soutien, après trois heures d'une lutte héroïque, commencèrent à reculer. Les officiers, à force d'énergie, parvinrent cependant à les ramener à l'ennemi qu'ils combattirent jusqu'à 6 heures du soir, sans reculer d'une semelle et en restant les derniers sur le champ de bataille. Après l'affaire on ne comptait plus que six officiers à la tête de ce bataillon : les autres étaient glorieusement tombés. Cachy resta au pouvoir du 69ᵉ toute la journée (1).

Dès trois heures 1/2, les Prussiens avaient ralenti leur attaque de ce côté, car ils apercevaient dans le grand bois de l'Abbé les six bataillons du 91ᵉ, du 20ᵉ chasseurs et du 46ᵉ de mobiles.

Cette position était trop forte pour être abordée de front ; aussi les Allemands ne s'y risquèrent pas. D'ail-

(1) Voir aux pièces justificatives; note VIII (*bis*).

leurs, leur attaque en masse, sur la gauche, à Villers-Bretonneux, était destinée à tourner la position.

*<br>* *

L'effort principal des Allemands était dirigé sur Villers-Bretonneux où devait nécessairement se décider le sort de la journée.

Le colonel du Bessol, qui commandait à Villers, ne disposait, au commencement du combat, que de 800 hommes d'infanterie de marine et de 2,000 mobiles. En face du 1er corps prussien, cette poignée d'hommes était absolument insuffisante, d'autant plus qu'on ne pouvait pas faire grand fond sur des mobiles à peine dégrossis.

Le colonel, nous l'avons dit, avait été forcé d'envoyer, pour garder Gentelles et Cachy, deux des trois bataillons réguliers de sa brigade, un bataillon du 69e de marche et le 20e chasseurs. Par bonheur, vers dix heures, le lieutenant-colonel de Gislain, accourant de Corbie avec une partie des troupes de la brigade Lecointe, le 2e chasseurs et un bataillon 1/2 de ligne (des 65e et 75e), vint se mettre sous les ordres du colonel du Bessol. Ce renfort, à peine arrivé, fut immédiatement lancé sur l'ennemi.

Le 2e chasseurs (1), appuyant sa gauche à la tranchée du chemin de fer, près d'un épaulement situé à la hauteur du petit pont du Moulin (2), devait faire face

(1) Il y avait deux bataillons de chasseurs de marche, qui portaient le n° 2, ayant été formés au dépôt du 2e chasseurs.

(2) Cet épaulement se trouve au sud de la tranchée du chemin de fer de Ham et à 1,000 mètres environ à l'est de Villers, près d'une tuilerie et d'un moulin.

à Marché-le-Cave et soutenir l'infanterie de marine, déjà engagée du même côté.

La défense de cette importante position avait été confiée à 200 mobiles, soutenus par deux escouades tirées du bataillon d'infanterie de marine.

Une compagnie de chasseurs reçut plus tard l'ordre d'aller renforcer ce même poste où l'on avait fait creuser des abris qui formaient une sorte de redoute. Le colonel du Bessol s'était ainsi ménagé, sur la gauche, un point d'appui sérieux. En arrière, au nord de la voie ferrée, il avait eu soin de placer des troupes solides. Un demi-bataillon d'infanterie de marine occupait un petit redan qui défendait la route très-menacée de Lamotte. L'autre demi-bataillon combattait seul, en tirailleurs, et, bien qu'écrasé par le nombre, il arrêtait les colonnes prussiennes qui faisaient de grands efforts pour déboucher de Marché-le-Cave. Afin de remplir l'espace énorme compris entre la route de Hangard et le hameau de Cachy, il fallut engager le seul bataillon de ligne qui restât. Cette infanterie, forcée de se déployer entièrement en tirailleurs, à de larges intervalles, pour couvrir près de trois kilomètres, ne pouvait conserver qu'une centaine d'hommes au plus comme réserve. C'était là, certainement, un mur bien mince à opposer aux masses ennemies (1) !

Une batterie de 4 fut placée sur la route de Hangard, pour défendre la tête du ravin et empêcher l'ennemi de se jeter dans le bois. Quinze ou vingt tirailleurs, placés derrière deux petits redans, protégeaient seuls cette artillerie.

_______

(1) Voir pièces justificatives, note IX.

L'autre batterie de 4 resta en réserve, et ce ne fut que vers la fin de la bataille qu'elle alla prendre position en face de Marché-le-Cave.

La batterie de 12 s'adossa à la grande fabrique, à l'ouest de Villers, au nord de la voie ferrée, tirant avec un avantage marqué sur les pièces ennemies et appuyant notre extrême gauche que défendaient faiblement 800 mobiles (1) et soldats du 65e de ligne.

Jusqu'à deux heures on se battit, sur place, à Villers, sans perdre un pouce de terrain. Vers deux heures et demie, deux fortes colonnes prussiennes débouchaient de Marché-le-Cave, précédées par de nombreux tirailleurs. Ceux-ci étaient appuyés par plusieurs batteries dont les feux concentrés écrasaient les défenseurs de l'épaulement. Les quelques chasseurs qu'on y avait placés se virent bientôt abandonnés par les mobiles qui, se laissant démoraliser, allèrent se réfugier dans la tranchée du chemin de fer. Trop peu nombreux pour résister à l'ennemi qui lés entourait de trois côtés, nos chasseurs durent se replier. Aussitôt, les Allemands s'empressèrent d'occuper un point qu'ils considéraient avec raison comme la clef de la position. De cet endroit ils nous firent essuyer en quelques minutes des pertes cruelles. La ligne française, étonnée d'entendre le canon gronder tout-à-coup sur son flanc gauche, en fut très-émue et recula. Un moment, une complète déroute parut

(1) On forma à peu près un bataillon en réunissant des mobiles qui, sous prétexte d'emporter leurs camarades blessés, cherchaient à se mettre à l'abri. Si, parmi les mobiles un certain nombre manquèrent de vigueur, il y en eut d'autres qui se battirent admirablement.

imminente à Villers-Bretonneux. Au milieu de notre désarroi, une colonne ennemie, espérant de se glisser dans la gare sans être vue, s'était jetée au milieu de la voie ferrée et menaçait de nous couper ainsi la retraite (1). Heureusement, une compagnie de francs-tireurs, placée par le colonel du Bessol en réserve derrière le parapet du pont de Villers, foudroya cette colonne à 250 mètres (2). L'ennemi se retira dans un désordre inexprimable, laissant la voie jonchée de cadavres. Les fuyards allemands, se répandant dans la plaine, jetèrent le trouble et l'hésitation dans leurs lignes. En cet instant, et après des efforts inouïs pour ramener quelques débris de bataillons, le colonel du Bessol, avec une centaine de braves au plus, s'élança en avant, le désespoir dans le cœur. Son officier d'ordonnance était à ses côtés, et tous deux, plaçant leurs képis au bout du sabre, en guise de drapeau, poussèrent leurs chevaux jusqu'à cent cinquante mètres de l'épaulement. A cette vue, quelques mobiles, des chasseurs, des soldats d'infanterie de marine se reforment en toute hâte, puis, se déployant au pas de course, ils marchent résolument vers l'épaulement. Les mobiles, pour la plupart, s'étaient dispersés (3) ; cependant un bataillon environ put être rallié (4).

Tandis que les troupes régulières reprennent l'ou-

(1) Pièces justificatives, note IX.

(2) Le colonel du Bessol, sachant que les troupes irrégulières ne peuvent rendre de véritables services que derrière des ouvrages ou de solides abris, avait assigné à cette compagnie franche un poste en rapport avec ses aptitudes. Cela réussit admirablement.

(3) Pièces justificatives, note IX.

(4) Ce bataillon se mêla dans les rangs des troupes régulières et fit des prodiges, tant il est vrai que bien encadrés ils auraient bien fait.

vrage, à la baïonnette, les Prussiens sont refoulés au loin. Ce fut en vain, en cette occurrence, que ces derniers demandèrent à leur « *bonne artillerie* » son concours ordinairement si efficace. Les Français ne présentaient qu'une ligne fort mince. Fort heureusement, le temps étant pluvieux et le terrain détrempé par les orages qui s'étaient succédé, l'artillerie allemande ne pouvait se mouvoir dans les terres labourées qu'avec une excessive difficulté. D'un autre côté, comme les projectiles percutants, par suite du peu de résistance qu'offrait le sol, n'éclataient que rarement, le canon, d'habitude si redouté des jeunes soldats, ne joua qu'un rôle secondaire et fit peu de victimes parmi nous.

L'action, du côté de Villers, ne fut donc, en quelque sorte, qu'une lutte d'infanterie contre infanterie, et c'est pour cela qu'elle fut si meurtrière, et que nos conscrits purent tenir tête, avec avantage, jusqu'à l'entier épuisement de leurs cartouches, aux vieilles troupes prussiennes du 1er corps.

Cependant, à Villers-Bretonneux, le combat n'avait pas cessé après la reprise de l'épaulement par les Français. Vers trois heures, en effet, deux masses noires, précédées, à grande distance, de tirailleurs à rangs serrés, sortaient de nouveau de Marché-le-Cave et s'élançaient résolument vers l'ouvrage. Aussitôt, notre artillerie, précipitant son tir, dirigea contre l'ennemi un feu des plus meurtriers. Mais, malgré des pertes cruelles, les Allemands, avec cette tenacité qui les distingue, continuèrent à s'avancer en colonnes serrées. En vain la batterie de 12 exécute-t-elle, à mille mètres, un feu à volonté qui renverse des rangs

entiers, rien ne peut décourager les Prussiens et
bientôt leurs tirailleurs touchent presque les nôtres!
Les défenseurs de l'épaulement, démoralisés par la
vue de masses profondes qui marchent sans que rien
ne les puisse arrêter, fatigués d'ailleurs par une lutte
acharnée, se retirent précipitamment. A cette vue,
lse Allemands s'élancent dans l'ouvrage, en poussant
trois hourras. La résistance des Français semble enfin
brisée. Déjà le village est encombré de mobiles en
pleine déroute; les troupes régulières elles-mêmes
reculent jusqu'aux premières maisons (1) et s'ap-
prêtent à repasser le pont de Villers-Bretonneux.

Mais, cette fois encore, le colonel du Bessol parvient
à arrêter les fuyards et à former une nouvelle colonne
d'attaque, avec des débris de tous les bataillons d'infanterie. Presque seules, à partir de deux heures, les
troupes régulières eurent à soutenir le poids du combat,
abandonnées qu'elles étaient par les mobiles dont
250 hommes au plus sur 2,000 avaient conservé leur
poste (2).

En ce moment, Villers-Bretonneux ne comptait
plus que 2,500 défenseurs environ. Mais cette petite
colonne osa tenter un effort déséspéré, et elle réussit
à faire reculer l'ennemi stupéfait d'un si brusque
retour offensif. Malheureusement, le colonel du Bessol
dont le cheval venait d'être tué, tomba lui-même
frappé d'une balle, et presque au même instant le
commandant Jeovaninelli était aussi blessé grièvc-

(1) Pièces justificatives, note IX.

(2) Il faut être indulgent pour les mobiles mal armés, mal organisés
et peut-être sans officiers. Les soldats si vaillants de l'armée du Rhin
eussent eux-mêmes lâché pied dans de pareilles conditions.

ment. Alors, la colonne française s'arrêta, décimée par le feu nourri que les Prussiens, tout en battant en retraite, dirigeaient contre elle. Nos soldats, malgré la vigueur de leur attaque, ne parvinrent point à couronner l'ouvrage ; mais ils empêchèrent l'ennemi de s'y établir et, par là, ils sauvèrent la situation (1).

Profitant d'un moment de répit, la petite colonne française se déploya ; les hommes, placés à grande distance les uns des autres, relièrent de nouveau le chemin de fer de Ham au bois de Hangard. Et pourtant cette vaillante troupe n'avait pas un homme de réserve pour la soutenir !

Heureusement, les Prussiens ne s'en doutaient pas. Une batterie de 8, qui arriva dans ce moment, vint prêter aux Français un solide appui, tandis qu'une section de pièces de quatre, se plaçant en face de Marché-le-Cave, balayait l'ennemi qu'elle obligeait à rentrer dans le village. Deux régiments de cavalerie allemande, abrités derrière ce même hameau, furent aussi forcés de changer de position au plus vite. Quoique blessé, le colonel du Bessol revint en voiture sur le champ-de-bataille où il donna ses dernières instructions en attendant l'arrivée du général en chef.

Pendant que ces choses se passaient à Villers-Bretonneux, aucune attaque sérieuse n'avait été tentée à notre droite par le 8e corps prussien. Ses batteries, formidables par le nombre, n'en étaient pas moins tenues en respect par les pièces de 12 des marins et

(1) Pièces justificatives, note IX.

par des canons de 4 placés derrière des abris et servis par des fusiliers marins envoyés d'Arras. Sur ce point, l'infanterie n'était pas engagée et avait peu à souffrir. Vers quatre heures, les projectiles ennemis avaient à peu près rasé le parapet (sur la route de Dury), derrière lequel tirait la batterie Meunier. Profitant de cette brèche, les Prussiens établirent une pièce d'artillerie, qui prit les tranchées d'enfilade et fit quelques victimes. Vers le soir, le 2e chasseurs répara l'ouvrage avec des troncs d'arbres et des pierres.

Au centre, l'ennemi, maître de Bôves et des bois qui commandent la vallée de l'Avre, marchait sur Longueau, poussant devant lui la brigade Derroja. Celle-ci, ayant rencontré une bonne position, en avant de Longueau, commença une résistance des plus énergiques.

Les pièces de quatre des Français, ne pouvant atteindre les batteries prussiennes, avaient dû se retirer, à moitié démontées. L'ennemi put alors rapprocher son artillerie et la tourner toute entière contre nos bataillons qu'il couvrit, à petite distance, de mitraille et d'obus.

En même temps, profitant du trouble produit dans nos rangs par cette violente canonnade, les Allemands faisaient avancer leurs tirailleurs dont le nombre s'accroissait continuellement. Une fusillade très-dense s'étendait d'un bout à l'autre de la ligne. Les Français, sous le feu de l'artillerie ennemie, à laquelle ils ne pouvaient répondre, commençaient à faiblir, quand arriva une batterie de 12, qui ouvrit aussitôt son feu et força les pièces prussiennes à reculer.

Ce renfort releva le moral de nos troupes que commençait à inquiéter le silence de leur artillerie. Elles reprirent courage, et, appuyées par le 47ᵉ de mobiles, elles tinrent bon jusqu'au soir.

*
* *

Un peu plus vers la gauche, mais toujours au centre, le colonel Pittié était parvenu à réoccuper Gentelles abandonné par le 20ᵉ chasseurs. Ses troupes traversèrent le village, enlevèrent le bois de Gentelles et poussèrent devant elles l'ennemi qui se retira en toute hâte dans le bois de Domart. Les Prussiens, quoique très-inférieurs en nombre, essayèrent de défendre ce bois qui couvrait le flanc des batteries établies à Bôves, à Saint-Fuscien et à Dury. Mais aucune résistance sérieuse, de leur part, ne fut opposée au général Lecointe qui resta pourtant quelque temps inactif en face de Domart-sur-la-Luce (1). Comment le général, dans cette marche inexplicable entre les troupes des colonels Derroja et du Bessol, tous deux si vigoureusement attaqués, comment le général n'eut-il pas l'idée de se porter à droite ou à gauche pour appuyer l'une ou l'autre aile de l'armée du Nord ? Comment, d'un autre côté, l'ennemi, maître de Bôves, ne coupa-t-il pas la retraite à la petite colonne française ? Ce sont là des questions importantes, mais dont personne jusqu'ici n'a tenté de nous donner l'explication. Nous ajouterons, et le

_______________

(1) A la réunion qui eut lieu à la Préfecture le soir de la bataille, le général Lecointe avait dit : « Je n'ai trouvé nulle part de résistance devant moi. »

fait est inconcevable, que cinq bataillons restèrent, pendant toute la bataille, *en réserve* derrière Gentelles!

*<br>* *

A trois heures, au moment où l'on emportait du champ de bataille le colonel du Bessol, le général Farre arrivait à Villers-Bretonneux et prenait le commandement. Mais le combat avait perdu l'acharnement des premières heures. Des deux côtés les pertes étaient cruelles.

La lutte continua encore pendant une heure 1/2 environ. Le général Farre alla lui-même faire avancer la batterie de 8 jusqu'à hauteur d'un moulin situé près de l'épaulement, sur la route de Lamotte. Cette batterie avait d'abord été placée trop en arrière, contre le village même de Villers-Bretonneux.

Cependant, les cartouches devenaient de plus en plus rares ; à chaque instant on voyait accourir des soldats essoufflés, criant : « des cartouches ! des cartouches !» Hélas ! il n'y en avait plus ! Bientôt les bataillons furent obligés de reculer ; leur feu s'était presque éteint, car ils réservaient pour une dernière attaque leurs dernières munitions ! On vit alors des soldats se diriger, en rampant, vers les cadavres de leurs camarades et leur arracher leur giberne hélas ! à moitié vide (1)!

Malgré tout, les nôtres cherchaient à se maintenir, en tirant le moins possible, dans l'espoir de voir enfin arriver les cartouches tant désirées. C'était un émou-

---

(1) Pièces justificatives, note VIII, dépêche du 26, datée de Douai, 4 h. 55, et d'Amiens, 9 h. 10.

vant spectacle de contempler la ligne française, couchée à plat-ventre et muette devant le feu épouvantable des Prussiens! Vers quatre heures 1/2, le général Farre se décida à faire replier nos batteries sur Corbie. Malheureusement, celles-ci s'étant dirigées, au galop, vers le pont de Villers-Bretonneux, la chose fut considérée comme le signal de la retraite, et il y eut un sauve-qui-peut général. Seules, quelques compagnies d'infanterie, conduites par le commandant Aynès et par le capitaine Didio, restèrent bravement d'elles-mêmes en arrière pour protéger la retraite.

Tandis que la gauche des Français se repliait de la sorte, la brigade Derroja était refoulée dans Longueau et le général Lecointe abandonnait le bois de Gentelles. La journée était perdue, mais Amiens tenait encore.

*<br>* *

Telle fut la bataille de Villers-Bretonneux, l'une des plus acharnées et des plus sanglantes de la campagne du Nord. Elle se livra sur un demi-cercle de six lieues, entre deux armées dont l'une, composée de vieilles troupes, était deux fois plus nombreuse que l'autre qui ne comptait que des conscrits dans ses rangs (1) et manquait absolument de munitions.

La bataille prit le nom de Villers-Bretonneux, à cause du village qui en fut principalement le théâtre. C'est par Villers-Bretonneux qu'une grande partie de

______

(1) « Les ennemis témoignèrent leur étonnement en trouvant sur les « morts restés sur le champ de bataille des livrets indiquant qu'ils « n'étaient au service que depuis quelques semaines : ils croyaient « avoir eu affaire à de vieux soldats. » (*Brochure du général Faidherbe.*)

l'armée allemande, profitant habilement de la position en l'air de l'aile gauche française, avait projeté
de nous tourner, de façon à nous rejeter sur Amiens
où l'on nous aurait cernés comme l'armée de
Mac-Mahon à Sedan ; c'est là aussi que toutes les
combinaisons de Manteuffel vinrent échouer contre
l'énergique ténacité de la brigade du Bessol. Quoique,
tactiquement parlant, l'avantage remporté par les
Prussiens fût peu considérable, puisque les Français
retirés, ce soir-là, derrière la Somme, dans une position formidable, n'avaient reculé que de quatre
kilomètres, la bataille de Villers n'en amena pas
moins des résultats considérables. Privée complétement de munitions d'infanterie, n'ayant aucun
moyen de ravitailler ses caissons d'artillerie, manquant absolument de pain, notre petite armée, pour
éviter d'être tournée du côté de Bray dont les ponts
n'étaient plus gardés, n'avait qu'un parti à prendre,
rétrograder au plus vite, pour ne pas compromettre
ses communications avec sa base d'opération.

Quoi qu'il en soit, les Prussiens avaient perdu
beaucoup de monde, et ils ne se rendaient pas bien
compte de l'avantage décisif qu'ils venaient de remporter.

Une dépêche prussienne, datée de Moreuil, 28 novembre, raconte, en effet, en termes très-modestes,
les résultats de cette journée ; l'ennemi n'y semble
nullement se douter, que le lendemain, Amiens aurait
cessé d'appartenir aux Français.

« Hier, la première armée a livré bataille, jusqu'à la nuit,
« à l'armée française du Nord, qui prenait l'offensive, et l'a
« battue. L'ennemi, *supérieur en nombre* et bien armé, a

« été rejeté sur la Somme, et ses ouvrages fortifiés devant
« Amiens, avec perte de plusieurs milliers d'hommes. Un
« bataillon et demi de marine a été anéanti par le 9ᵉ régiment
« de hussards.

« Nos pertes sont sérieuses.

« *Signé :* Cte WARTENSLEBEN. »

Il y a, dans cette dépêche, une double inexactitude
qu'il nous est imposssible de ne pas relever : 1° l'armée du Nord, bien loin d'être *supérieure en nombre*
à celle des Prussiens, *était de moitié moins forte* ;
2° le prétendu bataillon anéanti par un régiment
de hussards se composait de 180 fusiliers-marins,
dont la moitié était employée au service des pièces,
et dont l'autre moitié ne fut pas un seul instant aux
prises avec la cavalerie allemande, qu'elle n'aperçut
même pas de la journée !

Le 27 Novembre, les Français perdirent environ
quatorze cents hommes, tués ou blessés, et plus de
deux mille prisonniers. A ces chiffres il faut ajouter
trois ou quatre mille prisonniers que les Prussiens
firent dans Amiens, les 28 et 29 Novembre.

Les pertes des Allemands furent plus que doubles
des nôtres. Au village de Villers-Bretonneux seulement,
ils eurent dix-sept cents hommes hors de combat,
dont plus de 500 morts (1), ce qui permet d'estimer
leurs pertes, sur toute l'étendue du champ de
bataille, à trois mille hommes environ.

Les rapports prussiens nous apprennent que les
Allemands déployèrent, dans cette journée, cent
trente huit pièces d'artillerie, qui tirèrent six mille

---

(1) Brochure du général Faidherbe.

soixante-quinze coups. Nos ennemis opposèrent donc à notre petite armée de conscrits plus de canons qu'ils n'en avaient mis en batterie le jour de la bataille de Borny, où cent trente sept pièces ne tirèrent que deux mille huit cent cinquante cinq coups, contre les troupes du maréchal Bazaine (1) !

(4) Voir à la fin des pièces justificatives, note X.

# CHAPITRE VI

1° Retraite sur Corbie, 27 novembre. — 2° L'armée du Nord rentre dans les Places fortes. — 3° Prise par les Prussiens de la Citadelle d'Amiens.

Les Français opérèrent leur retraite sur Corbie et Amiens, sans être inquiétés par l'ennemi, mais, cependant, dans un désordre effroyable. Le cas éventuel où il faudrait se retirer devant les Prussiens n'avait pas été prévu : et, par conséquent, les commandants de brigades mixtes ignoraient absolument où ils devaient se replier, en cas d'échec. Cela paraît incroyable, mais le fait n'est guère contestable. C'est donc sur place, et au moment même de la retraite, qu'on fut obligé de prendre un parti. Il va sans dire que ceux-là seuls qui se trouvaient à portée de la voix du chef connurent la détermination à laquelle il s'était arrêté.

Le général Farre hésita quelque temps, mais, en fin de compte, il suivit la route de Corbie.

Ne sachant quel parti l'on avait pris en définitive (1),

---

(1) Plusieurs officiers, que nous pourrions nommer, demandèrent à M. de Villenoisy où ils devaient aller ; il leur répondit : « à Amiens, » tandis que d'autres compagnies de leur bataillon recevaient du général Farre l'ordre de se rendre à Corbie.

M. de Villenoisy, le chef d'état-major général, fit prendre la route de Longueau, sans distinction de corps, à toutes les troupes qu'il rencontra. Tandis que des fractions de bataillons suivaient la direction de Corbie, d'autres filaient sur Amiens. Un certain nombre de compagnies, se trouvant isolées, marchèrent directement sur Petit-Blangy où les Prussiens maîtres de Bôves les firent prisonniers.

Quant aux bataillons chargés de la défense des villages, ou placés sur des points plus éloignés, tels que Cachy, Gentelles, etc., ne recevant aucun ordre, ils allaient à l'aventure. A huit heures du soir, ils ignoraient encore que l'armée battait en retraite, et il en résulta que le tiers environ de leur effectif fut fait prisonnier par l'ennemi (1).

L'obscurité régnait déjà de toutes parts (2), quand la tête de colonne française, sous les ordres du général Farre, arriva à Corbie. Là, on se décida à faire une sorte de triage dans les divers corps. Les mobiles, sans distinction de brigades, se virent fermer l'entrée

(1) Entre autres, le 69ᵉ de marche et le 20° chasseurs de marche, commandants Jallu et Hecquet!

(2) Dans sa brochure, le général Faidherbe, *officier du génie*, raconte les exploits de la compagnie du génie à Villers-Bretonneux et finit par dire qu'ayant poussé l'ennemi *fort loin* en avant « cette compagnie fut enveloppée »
Sans vouloir amoindrir la réputation des troupes de cette arme, nous devons cependant faire une rectification :
La compagnie du génie, placée par le général du Bessol dans le moulin et dans les quelques bâtiments qui avoisinent l'épaulement tant disputé, resta bravement à son poste pendant toute la journée ; mais elle ne participa pas directement au combat si meurtrier qui eut pour objet la possession de l'épaulement. J'ajouterai que cette compagnie fut oubliée le soir *dans sa position*, et que c'est en rentrant à Villers-Bretonneux, où elle croyait trouver encore les Français, qu'elle tomba dans les postes prussiens.

de la ville par un peloton de gendarmerie. L'ordre leur fut intimé de se diriger sur Amiens où d'ailleurs leur présence devait être inutile, soit qu'on y eût pris la résolution de recommencer le combat, car dans ce cas, il leur aurait fallu le lendemain rejoindre leur brigade à Corbie ; soit qu'on se fût décidé à rétrograder sur Arras, car c'était alors les éloigner du but. On aurait évité beaucoup de fatigues à ces jeunes troupes, en les cantonnant à Daours ou à Bussy-lès-Daours. Là, en effet, elles se seraient trouvées suffisamment en sûreté pour la nuit, protégées, de front, par la Somme et par les marais, de flanc, par la rivière de l'Hallue. Le lendemain on aurait pu facilement reformer les brigades, tandis que, jetés dans Amiens, ces bataillons y accrurent le désordre et y laissèrent, le jour du départ, beaucoup de traînards qui furent faits prisonniers.

Tout ce que le général Farre rencontra de troupes régulières fut donc réuni à Corbie. Mais ces bataillons, dont un certain nombre de compagnies s'étaient, nous l'avons dit, dirigées sur Amiens, ne comptaient plus que 300 hommes au plus dans les rangs.

Le quartier général du général Farre s'établit à Corbie. Au milieu du désordre qui régnait, personne, en arrivant, ne put s'occuper d'établir des grand's gardes, quoique, ce soir-là, le découragement des Français, aussi bien que l'audace des Prussiens, rendît tout possible. Des éclaireurs allemands, munis de lanternes sourdes, dont on apercevait de temps en temps les feux, comme de rapides éclairs dans la nuit, cherchaient, sans être inquiétés, des passages à travers les marais. Plusieurs s'avancèrent jusque sur les bords de la Somme, comme pour nous braver.

Toutefois, vers onze heures, le général Farre reçut la visite d'un capitaine de francs-tireurs de la Somme, qui, ne trouvant nulle part de grand'garde établie, vint proposer ses hommes pour ce service. La proposition fut acceptée avec empressement, et des ordres furent immédiatement donnés pour envoyer quelques hommes aux avant-postes. Le commandant Aynès les plaça, *lui-même*, pour toute la division.

A Amiens, la retraite ne s'opéra que le matin, vers les cinq heures. Là, on était resté derrière les ouvrages, et comme la plupart des troupes placées dans les tranchées n'avaient pas été engagées, elles n'étaient nullement désorganisées. Cependant, les généraux Paulze d'Ivoy et Lecointe, le préfet de la Somme, M. Lardière, le maire, M. Dauphin, et quelques autres autorités civiles et militaires, se réunirent à l'hôtel de la Préfecture de la Somme. Des dépêches étant arrivées de Corbie, on délibéra sur le parti à prendre. Les uns voulaient défendre la ville, (c'était l'avis du général Paulze) (1), et recommencer la lutte le lendemain; les autres, n'ignorant pas comment la retraite s'était opérée à la gauche, convaincus d'ailleurs que les cartouchières et les caissons seraient très-difficilement ravitaillés, pensaient qu'il fallait se retirer par la route de Doullens.

Toutefois, si pressantes que fussent les circons-

_______________

(1) Le plus ancien des généraux de l'armée du Nord et auquel revenait le commandement.

tances, aucune décision ne fut notifiée au général Paulze d'Ivoy qui se trouva pris au dépourvu quand il apprit, fort tard dans la nuit, qu'on avait décidé de le laisser seul dans Amiens, en emmenant avec soi l'artillerie.

Les troupes, qui encombraient la ville, reçurent l'ordre, (nous n'avons pas pu savoir de qui !) de s'éparpiller pour loger chez l'habitant.

Disséminer des troupes en un pareil moment, lorsqu'il fallait, à tout prix, les tenir sous la main, pour être prêts à marcher au premier signal, c'était le meilleur moyen d'augmenter le désordre et de rendre impossible, en cas d'attaque, une prompte réunion; c'était, en outre, dans l'hypothèse qu'il fallût le lendemain évacuer la ville et prendre position derrière la Somme, c'était se résoudre à laisser une partie des hommes aux mains des Allemands. Il est vrai que des soldats sans discipline, comme ceux-là, ne devaient pas attendre des ordres pour se disperser.

Cependant, le général Farre paraissait avoir pris la résolution de recommencer l'attaque, dès le lendemain. Il avait enfin reconnu toute la force de la position derrière la Somme, et peut-être même alors s'en exagérait-il l'importance. Mais il était trop tard pour que la lutte pût offrir quelque chance de succès, avec une armée désorganisée, avec des munitions d'infanterie tout-à-fait insuffisantes et des caissons d'artillerie dont le ravitaillement était problématique. Ce qu'on aurait pû effectuer, non sans quelque avantage, peu de jours auparavant, ne se pouvait donc plus tenter. Une prompte retraite, l'abandon d'Amiens étaient commandés par la plus impérieuse nécessité. Mais le général Farre hésitait beaucoup à prendre un tel parti.

A minuit et demi, assis devant une carte, il étudiait, pour le lendemain, la position à donner aux batteries, sur les hauteurs de S<sup>te</sup> Colette et de la Neuville ; il avait même marqué la place des bataillons, et il attendait, pour mettre à exécution le nouveau plan, qu'un renfort de fusiliers-marins lui arrivât de Douai (près de trois mille hommes).

Cependant, avant d'agir, il avait cru devoir informer des opérations projetées M. le docteur Testelin, le savant oculiste, dont l'avis, paraît-il, était indispensable. Mais fort heureusement tous les préparatifs de lutte devinrent inutiles.

A Amiens, l'on avait en effet décidé que l'armée du Nord abandonnerait la ville. Le général Paulze était seulement autorisé à se défendre, *s'il jugeait que cela fût possible*, avec la garde nationale et les troupes placées sous ses ordres.

Le 28 Novembre, avant le jour, on battit le rappel dans les rues d'Amiens, on se groupa, autant qu'il fut possible, au milieu des cris, des coups de feu tirés par la garde nationale affolée et au milieu des gendarmes qui, chargés de couvrir la retraite, couraient, ventre à terre, pour prendre les devants, du côté opposé à l'ennemi. Les troupes suivaient la route de Doullens.

Le général Paulze instruit, par hasard, de la retraite qui s'effectuait, et sachant qu'on allait l'abandonner à Amiens, sans canons ni munitions, avait pris le parti de suivre le mouvement général ; il **sortit** donc de la ville, emmenant avec lui tout ce qu'il **put** rassembler à la hâte de troupes et de matériel. La défense de la citadelle avait été confiée au brave capitaine Vogel.

Le général Farre avait reçu, très-tard dans la nuit, une dépêche du général Lecointe, qui repoussait formellement l'idée de tenter les hasards d'une seconde bataille et se prononçait sagement pour une prompte retraite sur Arras et sur Douai.

Le général commandant en chef par intérim renonça donc à son plan d'attaque du lendemain et prit sans retard des dispositions pour évacuer Corbie le 28 Novembre, à trois heures du matin.

Cependant, les Prussiens, ignorant dans quelles conditions s'était exécutée la retraite des Français avaient passé la nuit dans la persuasion que la lutte recommencerait bientôt. Ils furent très-surpris de ne plus apercevoir personne devant eux le lendemain matin. Ils entrèrent, musique en tête, dans Amiens et firent occuper Corbie, tandis qu'un corps passait la Somme, aux environs de Bray et Sailly, pour se jeter sur nos derrières, à Albert, et nous couper la retraite. Cette colonne arriva trop tard, grâce à l'heure matinale qu'on avait choisie.

*<br>* *

Cependant la citadelle d'Amiens ne devait pas se rendre sans coup férir. Le commandant de la place, M. Vogel, lorrain d'origine, vieux soldat plein de vaillance, s'était juré de ne se rendre qu'à la dernière extrémité.

Malheureusement, en France, on a, depuis longtemps, considéré comme une sinécure, comme une
position réservée à de vieux militaires sans aucune
aptitude, le commandement des places de guerre. On
ne s'attendait pas, en effet, à voir l'étranger sur son
territoire !

Le capitaine Vogel crut bien faire en s'engageant,
vis-à-vis des habitants d'Amiens, à ne pas « *prendre
l'initiative des hostilités.* »

N'espérant pas s'emparer de la citadelle sans difficulté les Allemands cherchèrent à négocier, offrant
des conditions de capitulation très tentantes.

Le vieux Lorrain les repoussa avec indignation, mais
il laissa l'ennemi s'établir, en toute sécurité, à peu de
distance du fort, et créneler les maisons derrière le
canal, entre l'église St-Pierre et le Jardin-des-Plantes.

Quand ces préparatifs furent achevés, les Allemands
firent une dernière sommation et commencèrent le
feu le 29 Novembre à midi.

Les Français y répondirent avec succès.

Gardienne des ponts de la Somme, la citadelle bra-
quait ses canons contre toute troupe ennemie qui
s'aventurait dans le rayon de son tir. Pendant ce temps,
bien embusqués, les Prussiens dirigeaient un feu des
plus nourris sur les embrasures des remparts et rendaient très-difficile le service des pièces françaises.

Le vieux capitaine *lorrain*, qui ne pouvait se con-
soler, à la fin de sa carrière militaire, d'avoir assisté
à l'asservissement de son pays, ne quittait pas les
terres-pleins, heureux de s'exposer et de trouver
enfin l'occasion de se venger des implacables ennemis de sa chère patrie.

Le 29, à midi, il venait de donner l'ordre à un canonnier de diriger son feu sur une maison d'où l'ennemi exécutait une fusillade meurtrière; il examinait avec soin le pointage des pièces, quand un projectile prussien vint le frapper mortellement.

La mort du vieux soldat, dont le patriotisme avait jusque-là soutenu le courage des mobiles, mit fin à la résistance.

L'officier de la garde nationale, qui succéda au capitaine Vogel, se hâta de rendre la place, en acceptant une capitulation tout-à-fait analogue à celles de Sedan, Metz, etc. (1).

(1) **Journal officiel** du 9 mai 1872.

CONSEIL D'ENQUÊTE

convoqué en vertu de l'article 264 du décret du 13 obtobre.

*Extrait du procès-verbal de la Séance du 15 avril 1872.*

Le Conseil d'enquête :

Vu le dossier relatif à la capitulation de la citadelle d'Amiens,

Vu le texte de la capitulation,

Sur le rapport qui lui en a été fait,

Ouï le commandant Voirhaye, ex-commandant de la citadelle ;

Après avoir délibéré,

exprime comme suit son avis motivé sur ladite capitulation.

Par suite de la retraite de l'armée du Nord, l'ennemi occupa Amiens le 28 novembre et, le même jour, investit la citadelle.

Trois cents hommes de garde nationale mobile, avec une batterie d'artillerie, composée entièrement d'habitants de la ville, avaient été laissés comme garnison à Amiens. Dès le premier jour, cinquante hommes de la garnison désertèrent.

Le commandant de la place, capitaine Vogel, sur la demande que lui fit la municipalité de ménager la ville, s'engagea à ne point tirer sur l'ennemi, si celui-ci ne l'attaquait pas.

Une telle détermination mérite le blâme le plus sévère, car l'ennemi en profita pour élever des batteries et placer des tirailleurs sur tous les points qui avaient vue sur la Citadelle, et quand, le 29, il ouvrit le feu, ces tirailleurs entravèrent beaucoup la défense.

Dès les premiers instants, le capitaine Vogel fut blessé à mort et

Ainsi tomba entre les mains des Prussiens le riche département de la Somme, moins les régions couvertes par Abbeville et Péronne.

Ce qui surtout fit défaut dans cette première partie de la campagne, ce fut l'unité du commandement. Ce commandement, où se heurtaient le civil et le militaire, ne devint réellement effectif qu'à l'arrivée du général Faidherbe.

Les 28, 29 et 30 novembre, l'armée du Nord tout entière, ainsi que la garnison d'Amiens, s'étaient dirigées, à marches forcées, sur les diverses places fortes du Nord.

En résumé, le premier choc avait suffi pour briser cette armée trop rapidement organisée! Avec quelques cartouches de plus, elle aurait pu sans doute

remplacé dans le commandement de la citadelle par M. Woirhaye, le plus ancien commandant de la garde nationale mobile.

Cet officier, agissant avec la même faiblesse que son prédécesseur. empêcha de tirer sur la ville, dans la crainte de faire des victimes et de déplaire à la population. Ce même sentiment étant d'ailleurs général dans la garnison, le conseil de défense se résolut à capituler le lendemain 30 novembre.

Le conseil est d'avis que le commandant Woirhaye, ayant été investi du commandement dans des circonstances très-difficiles et qu'il ne dépendait plus de lui de modifier, ne saurait être responsable de la perte de la citadelle d'Amiens.

Le Conseil pense que cette responsabilité doit remonter en grande partie au général qui, conformément à l'article 244 du décret du 13 octobre 1863, aurait dû veiller à ce qu'il restât dans la citadelle une garnison suffisante pour en assurer la garde. Si l'on peut demander à des hommes de grands sacrifices pour défendre la ville qu'ils habitent, on ne peut exiger d'eux la ruine de leur famille et de leurs propres foyers.

*Pour extrait conforme :*

Le Président du conseil d'enquête.

*Signé :* BARAGUAY D'HILLIERS.

remporter des avantages passagers ; mais il lui eût été impossible de les poursuivre et d'en profiter.

Les conséquences de la défaite de Villers-Bretonneux furent aussi désastreuses que possible. Les Français perdirent Amiens, une de leurs bases d'opération secondaire, et presque tout le territoire dont cette ville est le chef-lieu.

Les Prussiens s'emparèrent de la ligne de la Somme, jusqu'à Bray, et ils interrompirent nos communications avec Rouen, que le petit succès de Formerie nous avait conservées. Enfin, l'armée du Nord, affaiblie, désorganisée, en fut réduite à renoncer à tenir la campagne pendant un laps de temps relativement assez long.

Maîtres d'Amiens, les Prussiens y levèrent de lourdes contributions, y placèrent une garnison et augmentèrent les travaux de défense de la citadelle.

L'armée de Manteuffel put alors revenir sur Beauvais d'où elle ne tarda pas à menacer Rouen de nouveau.

# CHAPITRE VII



**1° L'armée du Nord se réorganise dans les places fortes. — 2° Prise
de Ham par les Français — Marche sur Amiens.**

Le général Faidherbe arriva à propos pour rassembler les débris de l'armée qu'il devait commander
et qui se trouvait éparpillée à Lille (1), Douai, Arras,
Cambrai, Béthune et St-Omer. Il se mit immédiatement à l'œuvre, dans le double but d'organiser plus
sérieusement ses corps de troupes et de pouvoir
reprendre, le plus tôt possible, la campagne. La proclamation qu'il adressa à son arrivée est digne de
remarque à divers points de vue (2).

Par suite de la nouvelle réorganisation, la composition des brigades mixtes se trouva modifiée.

L'adjonction à l'armée du Nord de trois bataillons
de fusiliers-marins et de toute la garnison d'Amiens
augmenta considérablement l'effectif de cette armée.
En outre, la plupart des dépôts qui, jusqu'à ce jour,

(1) Dans un récit d'une conversation de M. de Bismarck avec M.
Rameau, maire de Versailles, ce dernier place dans la bouche du chancelier prussien les paroles suivantes : « Les départements commencent à
se fatiguer de ce que Paris n'est pas consulté. Au Nord, il n'y a guère
que Lille où l'esprit guerroyant se soutienne. »

(2) Pièces justificatives, proclamation du général Faidherbe.

n'avaient pu mettre sur le pied de guerre qu'un seul bataillon en formèrent rapidement un second, tout en comblant, dans les anciens bataillons, les vides qu'avait causés la campagne de Villers-Bretonneux.

On s'occupa particulièrement de rétablir parmi les troupes une sévère discipline. Des cours martiales furent installées dans chaque corps détaché, où des condamnations à la peine capitale inspirèrent aux soldats une crainte salutaire.

Dans les régiments de ligne, grâce au concours actif des officiers qui savaient, par une cruelle expérience, depuis le commencement de la campagne, que la discipline est vraiment la force des armées, dans les régiments de ligne, disons-nous, on parvint à former des bataillons très-bons et très-solides.

Mais, dans les régiments de mobiles, où des cours martiales avaient été de même instituées, ces tribunaux fonctionnèrent mollement et ne prononcèrent presque jamais de condamnations. On fermait les yeux sur les méfaits de cette troupe parce que, disait-on, elle se composait *d'enfants du pays*. Il en résulta que la discipline ne put jamais s'établir dans la mobile. Les officiers, eux-mêmes, s'y montraient trop souvent assez peu soucieux de leurs devoirs, des besoins de leurs hommes, et cela explique le peu d'influence qu'ils exerçaient sur eux, en général (1). On put se convaincre alors qu'on n'improvise pas des officiers et que des magistrats, des commerçants, ne peuvent, du jour au lendemain, devenir de véritables chefs de guerre.

(1) Voir à la note XXVIII. pièces justificatives.

Pour remédier à cet état des choses, l'on crut devoir faire de nouvelles élections (1). On espérait que, par ce moyen, on pourrait éliminer certains sujets indignes de commander, comme on avait pu s'en convaincre pendant la première partie de la campagne. Mais là, comme ailleurs, les électeurs écartèrent systématiquement bon nombre d'hommes honnêtes, consciencieux et fermes, qui s'étaient efforcés d'établir une sévère discipline, et ils se donnèrent pour chefs beaucoup d'individus sans aucune instruction, mais bien plus maniables et plus accommodants.

Loin donc d'améliorer les cadres, la mesure produisit l'effet contraire. On s'en aperçut bientôt, mais le mal était produit, et l'on courba la tête sous le fait accompli.

*<br>* *

Par suite de la nouvelle organisation, l'armée du Nord se composa de trois divisions. Son effectif avait doublé : les deux premières divisions comptaient, chacune, quatorze bataillons, 2 de chasseurs, 6 d'infanterie de ligne et 6 de mobiles. Deux batteries de 4 et une de 12 y étaient attachées.

· La 3e division se composait de trois forts bataillons de fusiliers-marins, à 850 hommes ; de neuf bataillons de mobiles, d'un bataillon de chasseurs et d'un bataillon de mobilisés ; elle n'avait provisoirement, pour artillerie, que 2 batteries de 12, de la réserve générale.

---

(1) Des élections ! Des hommes pratiques les auraient supprimées. A Paris on les accepta, et l'histoire traitera sévèrement ceux qui prêtèrent les mains à cette mesure insensée, en face de l'ennemi !

En résumé, en prenant une moyenne de 550 combattants (maximum) par bataillons, pour les deux premières divisions, (très-mal traitées à Villers), et de 750 pour la 3e division, l'on arrive aux chiffres suivants :

42 bataillons d'infanterie (ligne, chasseurs, marine) . . . . . . . . . . 25,900 h.

11 batteries et 4 escadrons de cavalerie, moyenne de . . . . . . . . . . 2,050

Total des combattants . . . . 27,940

Le total de l'armée du Nord, y compris tous les services, s'élevait donc, selon nos calculs, à 30,000 hommes, à 32,000 au plus.

Les corps répartis dans les différentes garnisons et près de leurs dépôts s'étaient réorganisés sur place.

Le désastre de Villers-Bretonneux nous avait appris combien le système allemand de ne *se masser que lorsqu'on est tout à fait prêt, donne de supériorité à une armée sur celle qui se met en marche avant de s'être préalablement organisée sur place.*

En dehors du gros de nos forces, devait manœuvrer une colonne volante régulière, composée de 3,000 hommes, sous le commandement du lieutenant colonel de Sauzaie. Elle avait mission d'opérer dans l'Est, de harceler l'ennemi vers Saint-Quentin, et de couper ses lignes de chemin de fer. Cette colonne était en outre chargée de couvrir le flanc gauche de l'armée du Nord, en cas d'une attaque venant du côté de Sedan et de Châlons.

Le 22e corps se réorganisa donc sans bruit, cette fois, laissant croire aux Allemands qu'il avait été bien réellement anéanti. Le général Faidherbe vit avec plaisir cette croyance partagée par les feuilles étrangères, et, tandis que Manteuffel manœuvrait du côté de Rouen, sans le moindre souci de l'armée du Nord, le général français faisait exécuter par 8,000 hommes environ (1) un habile et hardi coup de main sur Ham.

Le général Faidherbe, de l'avis de tout le monde, fit preuve en cette occasion d'une grande audace et d'une merveilleuse habileté.

*
* *

Pendant qu'une petite colonne volante allait s'assurer de St-Quentin, pour préserver son flanc gauche, le général Faidherbe se dirigeait secrètement sur Péronne, à marche forcée, puis de là sur Ham.

Les Prussiens furent complétement surpris. Les Français prirent, dans les cafés et dans les rues de la ville, onze officiers et deux cents hommes, et ils seraient entrés, sans coup férir, dans le château (2), si les soldats, dans l'ardeur de la poursuite, et malgré un ordre formel, n'avaient tiré des coups de feu qui donnèrent l'éveil. Un officier prussien, suivi d'une trentaine d'hommes, courut aussitôt s'enfermer dans le fort dont il fit lever le pont-levis.

La fougue inconsidérée de quelques soldats avait fait ainsi échouer en partie notre opération. Les défenseurs de la forteresse, malgré leur petit nombre,

---

(1) Un bataillon de chasseurs, 6 bataillons de ligne, 3 de fusiliers marins, un escadron et 12 pièces de 4.

(2) Le château de Ham où Napoléon III fut enfermé et d'où il se sauva sous le déguisement d'un maçon.

ouvrirent le feu, et l'on put craindre qu'ils n'arrêtassent longtemps les 8,000 hommes du général Faidherbe. Les murailles et les tours en maçonnerie sont, en effet, d'une épaisseur formidable (5 mètres), et contre de tels remparts les obus de 4 sont impuissants.

Ajoutez à cela que La Fère n'est pas loin, et qu'il était à craindre que des renforts n'arrivassent promptement aux Prussiens, de façon à couper la retraite à nos troupes.

Dans cette perplexité, on envoya un officier sommer la place de se rendre ou du moins de capituler.

Le parlementaire fut reçu à coups de fusil et blessé à l'œil (1) ; on en dépêcha un second à l'ennemi, mais la réponse qu'il fit était catégorique : la place se défendrait à outrance.

Le général Faidherbe et le général Lecointe étaient fort embarrassés ; aucune menace de bombardement ou d'assaut n'ébranlait la ferme résolution des défenseurs du vieux donjon.

La place fut serrée de près par les grand's gardes françaises, établies dans les maisons. Les batteries prirent position prêtes à ouvrir le feu.

Heureusement le commandant Aynès, après de longs pourparlers, parvint à faire croire à l'un des officiers prisonniers que l'armée du Nord tout entière, avec des pièces de gros calibre, était campée aux environs et allait écraser sous des ruines les rares défenseurs du château.

L'officier allemand se décida à servir d'intermédiaire. Se rendant au donjon, il fit tous ses efforts

---

(1) M. Oudard, capitaine au 91e de ligne.

pour persuader à son camarade (1) qu'une plus longue résistance ferait couler le sang inutilement.

Après de longues hésitations, les défenseurs du château se décidèrent à traiter. Ils présentèrent au général Faidherbe une capitulation calquée sur celles de Sedan et de Metz, par laquelle l'officier rendait le fort et se constituait prisonnier avec toute sa troupe.

On trouva dans les magasins beaucoup de fusils chassepot et de munitions qui furent expédiés à Lille. Cette petite affaire fit beaucoup d'honneur au général Faidherbe dont c'était la première expédition contre des troupes européennes.

Le lendemain 12, les Français poussèrent une reconnaissance dans la direction de La Fère qu'on supposait défendue par un millier d'hommes au plus. Mais le général Faidherbe, averti que la place avait reçu des renforts par le chemin de fer, dut renoncer à son projet.

Dans la nuit du 12, deux bataillons de ligne furent envoyés à l'embranchement important de Tergnier pour y couper les voies.

Au moment où ces troupes arrivaient, elles aperçurent un train qui s'avançait lentement, précédé par un homme portant une lanterne. Tout à-coup, le convoi s'arrête : les Prussiens, qui marchent à droite et à gauche sur la voie, ont entendu des fusils s'armer : « Verda ! » crie l'homme au falot ; « feu ! » commande le lieutenant colonel de Gislain ; et une vive fusillade répond au *qui vive !* des Allemands. Les Français se précipitent en avant, culbutent les flanqueurs en-

_________

(1) Le seul qui n'eût pas été surpris.

8.

nemis, mais ils ne peuvent arriver jusqu'au train, car le mécanicien avait fait rapidement *machine en arrière* et il put rentrer à La Fère.

Le général Faidherbe, informé que l'ennemi avait dégarni Amiens, pour se masser à Beauvais et aux environs, résolut d'exécuter une brusque contre-marche vers la première de ces villes.

Peut-être aurait-il pu surprendre ou même enlever la place assez facilement, sans la citadelle qui n'avait pu servir aux Français, après Villers-Bretonneux, mais qui fut pour l'ennemi, pendant toute la campagne, un point d'appui des plus utiles (1). Ainsi en sera-t-il toujours de ces vieilles fortifications déclassées mais non démolies.

La colonne française se mettait en marche, le 13 de grand matin, dans la direction de Corbie.

---

(1) Il faudrait la détruire au plus vite, car elle est trop près de la ville pour pouvoir la défendre contre un bombardement. Elle ne peut en outre tenir sans risquer de faire canonner la cité. Par contre, étant aux mains de l'ennemi, on ne peut la reprendre sans recourir au bombardement.

# CHAPITRE VIII



La marche des Français sur Ham avait causé à
Manteuffel beaucoup d'humeur et d'inquiétude ;
d'abord, parce qu'il en ignorait le but et ensuite
parce qu'il était forcé de quitter Rouen et de marcher au plus vite contre l'armée du Nord, qui semblait menacer Compiègne et Beauvais.

Vivement troublée par le brusque mouvement des
Français, la plus grande partie de la garnison prussienne d'Amiens s'était repliée en toute hâte sur
Beauvais, ne laissant, dans la vieille citadelle picarde,
qu'un millier d'hommes auxquels on avait donné
l'ordre de se défendre à outrance. En se retirant, les
Allemands avaient lancé une proclamation dans laquelle ils prévenaient les habitants que, si l'armée
du Nord faisait la moindre tentative sur Amiens, ils
bombarderaient la ville.

A partir de ce jour, les Prussiens ne se sentant
plus en nombre, et craignant tout de l'animosité
d'une population enhardie par la proximité des

troupes du général Faidherbe, ne quittèrent plus le fort.

Quelques patrouilles seulement s'aventuraient dans les rues.

Dans le faubourg dit de Noyon, des coups de feu furent tirés sur l'une d'elles. Aussitôt, le gouverneur prussien demanda qu'on lui livrât les coupables dans les quarante-huit heures, sous menace, en cas de refus, de bombarder le faubourg.

Les canons furent braqués, et une forte indemnité put seule préserver la cité.

Pendant ce temps, Manteuffel arrêtait son mouvement sur le Hâvre, rappelait différents détachements et massait des forces considérables aux environs de Montdidier.

* *

Le 16 décembre au matin, la première division de l'armée du Nord était cantonnée autour de Hamel et de Neuville, la deuxième division à Warfusée, Abancourt, Bayonvillers, Morcourt et Lamotte-en-Santerre ; la troisième division, amiral Moulac, qui venait de faire jonction, alla se placer autour d'Harbonnières, de Vauvillers et de Marché-le-Cave.

Menacés par l'armée du Nord, les Prussiens, gardiens de la citadelle d'Amiens, n'étaient point sans inquiétude. Ce jour-là, en effet, le général Faidherbe était en mesure de les couper de Beauvais et de Montdidier, en employant utilement ses quatre escadrons de cavalerie, qui, mis en mouvement dès le 16 au matin, auraient pu détruire le chemin de fer et le fil télégraphique, à l'aide desquels la garnison prussienne communiquait avec Manteuffel.

Quoi qu'il en soit, voici quel était l'ordre de marche pour le 17 :

« La première division ira occuper Pont-de-Metz, Saleux,
« Dury et Saint-Fuscien ;
« La deuxième division, Camon, Longueau, Cagny et
« Bôves ;
« La troisième division, Cagny, Gentelles, Fouilloy et
« Corbie. »

C'était, on le voit, les positions que les Français occupaient le jour de la bataille de Villers-Bretonneux ; mais, cette fois, avec les Prussiens à dos (en très-petit nombre, il est vrai). On remarquera qu'en cette occurrence, comme en plusieurs autres qui suivirent, le général Faidherbe ne se servit point de sa cavalerie et mit en marche des colonnes d'infanterie, sans les faire éclairer par un seul cavalier. Aussi, les Prussiens conservèrent-ils jusqu'à la fin leur télégraphe et leurs chemins de fer. A peine en mouvement, les divisions françaises avaient reçu contre-ordre. On ne sait point au juste quel en était le motif, cependant il y a tout lieu de croire que l'ordre de marche qu'on vient de lire avait été donné par le général Faidherbe dans l'espoir que la citadelle d'Amiens se rendrait aussi facilement que le château de Ham ; mais il n'en fut rien, et, de là, changement de plan.

Dans sa brochure, le général Faidherbe assure qu'en marchant sur Amiens, son seul but était de « *lutter contre des forces qu'on attirait à soi* de Paris ou de Rouen. »

Plusieurs en ont conclu que le commandant en chef de l'armée du Nord n'avait jamais eu de plan bien déterminé. Cependant, nous avons eu l'heureuse chance d'entendre le général lui-même expliquer, à peu près en ces termes, son projet d'offensive :

« Je venais menacer Amiens, pour attirer vers moi les
« les forces ennemies, leur livrer bataille dans une position
« avantageuse , les battre et entrer à leur suite dans
« Amiens. »

Cette tactique, habile peut-être en des circonstances ordinaires, était-elle praticable avec une armée telle que celle du général Faidherbe ? Résister aux Prussiens, on le pouvait pendant un certain temps ; les battre, on le pouvait encore ; mais se flatter de les écraser, de les désorganiser, au point d'entrer à leur suite dans la place et d'emporter une citadelle, n'était-ce pas trop espérer de troupes mal armées, mal organisées, mal approvisionnées ? Pour tenter un tel coup de vigueur il eût fallu pouvoir être sûr que l'ennemi viendrait, en nombre égal, attaquer les Français. Mais, on a pu s'en convaincre partout, cela n'entre pas dans les habitudes prussiennes.

Le général Faidherbe savait assurément, mieux que personne, que ses troupes, jeunes et mal exercées, valaient beaucoup plus pour la défense que pour l'attaque, et qu'on ne pouvait réellement compter que sur un tiers de leur effectif. S'il renonça donc à sortir d'une prudente réserve, c'est sans doute par déférence pour les prescriptions réitérées de M. Gambetta ou du docteur Testelin.

Ce qu'eût tenté un autre général, à la place du général Faidherbe, il ne nous appartient pas de le dire. Nous avons voulu seulement prouver combien était déplorable la position faite aux armées de province par le système de défense nationale, qu'avait adopté le gouvernement de Tours (1). Du jour au lendemain arrivait l'ordre d'attaquer quand même. Et cependant le moindre choc, suivi d'un succès, devait désorganiser notre armée, pour un temps assez long, et permettre au général de Manteuffel de courir de Rouen à Amiens et d'Amiens à Rouen, détruisant ainsi, successivement, avec trente mille Allemands, deux armées de trente mille hommes chacune, et qui, réunies, l'eussent peut-être battu et écrasé sous leur nombre.

Nous devons demander pardon au lecteur de cette longue digression, mais il ne nous la reprochera pas, nous l'espérons, car elle met en lumière une situation militaire des plus tristes et dont il faut, à tout prix, rendre le retour à jamais impossible.

Maintenant nous reprenons notre récit.

Le général Faidherbe avait envoyé au commandant prussien de la citadelle d'Amiens un parlementaire pour le sommer de se rendre ; mais il avait reçu une réponse tellement catégorique, qu'il ne jugea pas utile d'entamer de nouvelles négociations. Il se contenta, dit-on, de menacer de passer au fil de l'épée les défenseurs de la forteresse, s'ils commettaient le crime, sans exemple dans l'histoire, de bombarder une ville désarmée et qui s'était rendue à eux.

Le 19, l'armée du Nord occupait les positions suivantes, dans la vallée de l'Hallue, affluent de droite de la Somme :

(1) C'est avec surprise que les officiers qui ont eu l'honneur de servir sous le général Faidherbe l'ont vu, dans ses derniers écrits, approuver un pareil système !

La première division, formant l'aile droite, était cantonnée à Vadencourt, Bavelincourt, Beaucourt, Béhencourt.

La deuxième division, centre et gauche, occupait une ligne beaucoup plus étendue, de Fréchencourt à Vecquemont, comprenant les villages de Pont-Noyelles, Querrieux, Bussy et Daours.

En cas d'attaque, la première brigade de la troisième division (amiral Moulac) devait venir défendre Daours et relier ce village à Corbie.

La deuxième brigade de la troisième division était en arrière, en réserve, à Corbie, Fouilloy, la Neuville, Bonnay et la Houssoye.

Le 19, dans la matinée, une reconnaissance, conduite par le général en chef en personne, s'avança, dans la direction d'Amiens, jusqu'au-delà de Lamotte-Brebières. Mais, à peine fut-elle aperçue et signalée à l'ennemi, que la citadelle commença le bombardement. Quelques personnes furent blessées. La reconnaissance ne fut pas poussée plus loin par le commandant en chef afin d'épargner la malheureuse ville.

On apprécia diversement le motif donné par le général Faidherbe, pour expliquer cette conduite plus humaine que militaire (1), il le faut reconnaître.

La retraite des Français, en voyant l'ennemi exécuter sa menace, devait avoir, en effet, pour conséquence de l'encourager à faire souvent usage de son infâme procédé qui nous forçait, pour épargner

______

(1) Dans sa brochure, craignant sans doute d'être accusé d'avoir été la cause du semblant de bombardement d'Amiens, le général Faidherbe s'excuse en disant : « Le...., le général en chef, *accompagné seulement du général Farre*, était allé examiner les dehors de la ville..... »

nos compatriotes, à ne pas essayer de reprendre nos places perdues. En adoptant ce principe, il deviendrait impossible, on le conçoit, de faire la guerre dans son propre pays !

Le procédé prussien se peut traduire ainsi : « Nous ne voulons pas qu'on nous attaque, sinon, à la première tentative, nous égorgerons tous les habitants. » Il est possible, du reste, que, dans la prochaine guerre, on en arrive là !

***

Le 20 Décembre, l'armée du Nord se reposa. On fit divers changements utiles. L'organisation des corps fut complété. Le général se rappelait que c'était surtout faute de munitions que l'armée avait été battue à Villers-Bretonneux. On profita donc de quelques jours de répit pour donner aux bataillons des caissons Gribauval, contenant un grand approvisionnement de cartouches. Les coffres d'artillerie furent pourvus abondamment. On adjoignit une batterie de quatre pièces Amstrong au 22e corps. Le même jour arriva *une partie* de la division des gardes nationales mobilisées, (général Robin,) qui se composait d'un effectif de sept mille hommes environ.

Le 21, paraissait un ordre du jour, qui modifiait l'organisation de l'armée (voir aux notes); en voici les bases principales :

Les trois premières divisions restaient les mêmes, en tant que troupes; seulement leurs chefs étaient changés. La division Robin, des mobilisés, réunie à à la division Moulac, forma le 23e corps commandé en chef par le général Paulze-d'Ivoy.

Les généraux de brigade Derroja et du Bessol, nouvellement promus, prenaient le commandement des deux divisions du 22e corps dont le chef était le général Lecointe.

L'effectif de l'armée du Nord était d'environ quarante mille hommes. Dix mille seulement appartenaient à l'infanterie de ligne et aux chasseurs. A ce chiffre, il faut ajouter trois mille marins, troupe très-brave mais inexpérimentée. L'artillerie de l'armée était assez respectable, grâce à ses pièces de douze. Trois batteries de ce dernier calibre étaient servies par des marins dont les qualités, comme artilleurs, sont généralement reconnues. Quant aux états-majors des corps d'armée et des divisions, ils étaient composés d'officiers du génie et surtout d'officiers d'infanterie; deux officiers du corps d'état-major avaient seuls trouvé place auprès des généraux. Le général Paulze d'Ivoy avait pour chef d'état-major un officier d'infanterie, ses aides-de-camp appartenaient à la cavalerie. La division Payen elle-même, composée en grande partie de marins, avait cependant pour chef d'état-major un officier d'infanterie. Quant à l'état-major général, il ne comptait naturellement que des officiers du génie (1).

Le gros des Prussiens, que l'accroissement des forces du général Faidherbe et l'offensive qu'il venait de prendre avait décidé à quitter Rouen, remonta bientôt vers Amiens.

Le 20 Décembre, vers 9 heures du matin, les grand's

(1) Le général Faidherbe et le général Farre appartiennent, comme on sait, au génie.

gardes de la 2e division, poussées jusqu'à quatre kilomètres d'Amiens, à la sortie des bois d'Allonville et de Querrieux, signalèrent de fortes colonnes sortant de la ville par le faubourg St-Pierre. Croyant à une attaque sérieuse, le grand quartier général français donna l'ordre de prendre les positions de combat sur les hauteurs de la rive gauche. Néanmoins, deux bataillons et les grand's gardes furent laissés pour la défense des villages. A 11 heures et demie une vive fusillade s'engageait sur la lisière Nord du bois de Querrieux. Nos avant-postes durent se replier jusqu'à hauteur du moulin qui domine la village, formant une ligne serrée de tirailleurs, que le dix-huitième chasseurs et le bataillon du trente-troisième de marche (1) soutenaient un peu en arrière. Reçus par un feu très-vif, au moment où ils cherchaient à déboucher des bois, les Allemands se virent forcés de s'arrêter et bientôt de reculer. Mais ils ne tardèrent pas à reparaître, et, démasquant à bonne portée deux pièces contre nos troupes, ils les contraignirent à chercher un abri. Alors l'infanterie prussienne s'avança jusqu'au moulin et se maintint quelque temps dans cette position dominante.

A Bussy, le général du Bessol, qui commande la première brigade de la deuxième division, s'apercevant que l'assaillant n'est pas en nombre, envoie quelques compagnies tenter une attaque de flanc sur la droite de l'ennemi. Une compagnie du 69e de marche et deux compagnies de mobiles du Gard, déployés en tirailleurs, atteignent sans coup férir la

_________

(1) Le dépôt de ce régiment n'avait fourni qu'un seul bataillon.

lisière du bois de Querrieux et s'élancent sur les deux pièces prussiennes qui battent en retraite au galop. L'infanterie allemande, étonnée, recule avec précipitation. Les Français, qui avaient cherché à s'emparer des deux canons, se virent arrêtés dans leur élan par une déplorable méprise. En effet, très-rapprochés des Prussiens qu'ils refoulaient vigoureusement, nos tirailleurs furent confondus avec l'ennemi par le 33e Français, qui dirigea contre eux plusieurs feux de peloton. Mais, après quelques signaux, l'erreur fut reconnue par les nôtres (1). Les mobiles, mêlés à la ligne, montrèrent un entrain admirable.

Cette journée fut considérée comme heureuse pour l'armée du Nord, qui fit quelques prisonniers et repoussa vaillamment l'attaque. Néanmoins, les Prussiens avaient réussi dans leur expédition. En effet, ils avaient forcé les Français à se déployer, et ils étaient parvenus à se rendre un compte exact de la position et du nombre de leurs adversaires (2).

Le même jour, le général Faidherbe, dont le caractère est parfois très-aventureux, exécutait, de sa personne et sans escorte, une reconnaissance en avant de Conty. Habillé en bourgeois et installé dans une charette, avec quelques officiers vêtus comme lui, il courut le risque d'être fait prisonnier par les uhlans. Le général remplissait ici le rôle d'éclaireur,

(1) Pièces justificatives, note XI.

(2) Dans cette affaire, le bataillon du 33e et le 17e chasseurs perdirent cinq tués et quinze blessés. Les Prussiens laissèrent sur le terrain sept morts et vingt-cinq blessés. Ils en ramassèrent à peu près autant pendant le combat. On leur fit ensuite sept prisonniers non blessés et on leur prit la calèche d'un intendant.

tandis que les chevaux des dragons restaient au piquet (1).

Le 22 décembre, les Prussiens, bien qu'ils eussent reçu de nombreux renforts, ne se trouvèrent pas en force suffisante pour tenter aucune attaque. Pendant toute la journée, des régiments leur arrivèrent par la gare de Longueau. A mesure que leur nombre grossissait, leurs avant-postes se rapprochaient des nôtres. Pendant la nuit, malgré la neige et la rigueur du froid, une ligne de sentinelles s'avança sans bruit, rampant sur le sol et s'arrêtant, à chaque instant, pour écouter.

Ils arrivèrent ainsi, au-dessus de Lamotte-Berbière, tout près des avant-postes français. En avant, sur chaque route, se tenait un uhlan en vedette, immobile et l'œil au guet.

*<br>* *

Le 23 décembre au matin, les reconnaissances de l'armée du Nord ne rencontrèrent nulle part l'ennemi en force. Les sentinelles et les vedettes se retiraient à leur approche, et les uhlans traditionnels ne battaient même plus la campagne. Les grand's gardes du 22e corps se rapprochèrent alors d'Amiens ; celles de la division Derroja s'établirent en face de Molliens et de Rainneville, surveillant à peu près tout le terrain qui s'étend jusqu'à la route de Doullens. Les avant-postes de la division du Bessol occupèrent les bois d'Allonville et de Querrieux ainsi que la ferme des

---

(1) Les dragons ne demandaient cependant qu'à faire vigoureusement leur devoir, mais on croyait devoir ménager les chevaux qui s'étaient fatigués pendant et après l'affaire de Ham, quelques jours auparavant; d'ailleurs, le général en chef employait peu sa cavalerie.

Alençons et les hauteurs qui dominent Lamotte-Brebière.

Vers 8 heures et demie du matin, on signala tout-à-coup de fortes colonnes ennemies qui se massaient sur la route d'Albert et sur celle de Longueau à Corbie. Elles ne tardèrent pas à se diriger vers les Français. A dix heures et demie, les Prussiens entraient dans le bois de Querrieux, chassant devant eux nos avant-postes et menaçant Querrieux, Fréchencourt et Bussy-lès-Daours.

Le vingt-deuxième corps (général Lecointe,) s'était établi promptement sur les hauteurs qui dominent la rive gauche de l'Hallue, position formidable, à cheval sur les routes d'Albert et d'Arras. Les pentes de ces collines s'étendent en glacis dans la vallée. La rivière, pendant tout son cours, a quatre ou cinq mètres de largeur ; ses eaux sont profondes et des marais bordent ses deux rives.

La gauche de l'armée était solidement appuyée à la Somme dont le cours et les marécages étaient gardés jusqu'à Péronne.

*<br>* *

La division du Bessol fut attaquée la première avec une vivacité extrême. Les villages de Daours, Bussy-lès-Daours et Querrieux, situés sur la rive droite et peu propres à la défense, avaient ordre de n'opposer qu'une faible résistance. Vers midi, les Prussiens les occupaient. La division du Bessol se trouva seule engagée, pendant une heure, et elle eut beaucoup à souffrir, parce qu'il lui fallait garder, outre les positions qui lui étaient assignées, l'intervalle compris entre Daours et Bussy, où la division Moulac devait la remplacer.

Un verglas très-épais couvrait le sol, et la température, rigoureuse d'ordinaire en Picardie, à cette époque, avait acquis une intensité inouïe. Dans la nuit du 22 au 23, plusieurs soldats aux grand's gardes étaient morts de froid. Il fallut néanmoins faire coucher les hommes, pour les mettre à l'abri des obus que les Prussiens, en commençant l'action, firent pleuvoir avec une effroyable rapidité.

L'artillerie de la division du Bessol, composée de trois batteries dont une de douze, s'efforça de répondre à cet ouragan de fer (1); mais les pièces de quatre, forcées de s'avancer beaucoup, à cause de leur portée inférieure, furent rapidement démontées ; elles se retirèrent après avoir perdu beaucoup d'hommes et la plupart des attelages; seule, une batterie de douze continua la lutte en se dédoublant et en tirant, pour faire face à tout, tantôt à droite, tantôt à gauche, avec cette supériorité que nous avons toujours remarquée aux pièces de ce calibre (2). Les brigades colonels de Gislain et Foerster, obligées de se déployer presque entièrement en tirailleurs, combattirent, pendant près d'une heure, dans le fond de la vallée, pour contenir l'ennemi qui s'efforçait de déboucher des villages. La division du Bessol, engagée contre des forces doubles, forcée de s'étendre

(1) La batterie anglaise s'était momentanément éloignée au commencement de l'action, je ne sais par quel motif.

(2) A notre avis ces pièces portent assez loin et ont sur les nouvelles pièces de 7 cet immense avantage d'un plus gros projectile se divisant en un nombre beaucoup plus considérable d'éclats.

démesurément, en attendant la division Moulac, luttait sans perdre de terrain. Plusieurs partis prussiens cherchèrent à traverser l'Hallue, entre Bussy-lès-Daours et Pont-Noyelles; ils y parvinrent, mais en laissant quelques hommes sous la glace des marais.

Vers une heure, arriva enfin la division amiral Moulac. Le régiment des fusiliers-marins remplaça, en face de Daours, le 20e chasseurs, et en face de Bussy, le 69e de marche. Cela permit au général du Bessol d'appuyer à droite vers la division Derroja, qui venait d'être attaquée, de resserrer sa ligne de bataille et de se ménager quelques faibles réserves. Une batterie du 23e corps (Alphein), établie d'abord sur les hauteurs de La Neuville, vint se placer en première ligne, pour battre deux fortes colonnes qui s'avançaient sur Daours. Elle achevait à peine de se mettre en position quand les tirailleurs Prussiens, débouchant tout-à-coup, la forcèrent à reculer. Elle dut même se retirer complétement devant le tir très-régulier de l'artillerie allemande.

*<br>* *

Voici quelle était la disposition des troupes françaises.

A la droite, de Contay à Béhencourt, se trouvait la division Derroja. Le 2e chasseurs et le 67e de marche formaient l'extrême droite, se reliant au 17e chasseurs et au 68e de marche. En arrière ou sur la même ligne, soit en réserve, soit encadrés par les bataillons de ligne qui occupaient les points importants, étaient placés le 91e et le 46e de mobiles (du Pas-de-Calais et du Nord). La gauche de la division

Derroja se reliait à la division du Bessol par la batterie de huit (Montebello) (1), que soutenaient deux compagnies du 18<sup>e</sup> chasseurs. En outre, le général du Bessol, apercevant, au sortir de la Houssoye, un bataillon de mobilisés qui marchait, sans en avoir reçu l'ordre, sur la route d'Albert, comme s'il cherchait sa place de combat, le général, dis-je, envoya son aide de-camp le placer dans le bois qui domine Fréchencourt, position importante que la deuxième division, déjà fort étendue, n'avait pu faire occuper que par deux compagnies de chasseurs. Ce bataillon fut le seul de la division Robin qui prit part à l'action, par le fait du hasard.

La division du Bessol formait le centre. En face de Pont-Noyelles elle avait déployé trois bataillons d'infanterie de ligne (91<sup>e</sup> et 33<sup>e</sup>).

A leur gauche, se trouvaient le 18<sup>e</sup> chasseurs, le 69<sup>e</sup> de marche et le 20<sup>e</sup> chasseurs. Les 44<sup>e</sup> et 101<sup>e</sup> de mobiles du Gard, de la Somme et de la Marne étaient encadrés comme dans la division Derroja, par les troupes de ligne.

La division Moulac occupait la gauche, mais n'avait en première ligne qu'une seule brigade. En arrière, vers la Neuville et la Houssoye, la division Robin était en réserve.

L'artillerie des Français comptait un nombre de pièces inférieur à celui des Prussiens (2). Mais il

---

(1) Cette batterie (Montebello) avait été détachée de la première division et mise aux ordres du général du Bessol auquel on venait d'enlever momentanément la batterie de douze.

(2) Les Français avaient 82 pièces : de 4, de 8, de 12 et quatre canons Armstrong. Les Allemands comptaient, d'après le *Militaire Wochenblatt*, 102 bouches à feu, 36 du calibre 9, et 66 du calibre 8. (*Voir Pièces justificatives, note* X.

est à noter que les pièces de quatre formaient le deux tiers de notre armement. L'artillerie du général Faidherbe avait l'avantage d'une position dominante.

Quant à l'infanterie, elle était disposée de la manière suivante : sur les hauteurs, abrité autant que possible et déployé, se trouvait le gros des bataillons; à deux cents mètres en arrière étaient placées, en colonnes serrées, quelques réserves ; sur les pentes, à mi-côtes, une ligne de tirailleurs faisait feu par-dessus une deuxième ligne qui occupait le fond de la vallée, rasant le sol (1).

Manteuffel avait massé le plus grand nombre de ses troupes en face de Pont-Noyelles, par où, croyons-nous, il espérait enfoncer le centre français et jeter ensuite dans la Somme toute leur gauche.

Ce fut vers une heure et demie que le général prussien donna l'ordre aux troupes placées en face de la division Derroja d'aller de l'avant et de chercher à la tourner par sa droite pour préparer l'attaque de front.

Fréchencourt, Béhencourt et Bavelincourt furent en effet enlevés, après une fusillade assez vive ; mais les Allemands ne purent aller au-delà, tenus en échec par l'artillerie de la première division et par les deux lignes de tirailleurs qui bordaient les hauteurs. Les mobiles et le bataillon des mobilisés placés en face Fréchencourt dans un petit bois, marchèrent sur

(1) L'ordre de ne tenir que faiblement dans les villages pour venir prendre position sur les hauteurs avait été donné par le général Faidherbe ( ou le général Farre). Il est à remarquer qu'au contraire les Prussiens s'empressaient d'occuper le fond des vallées d'où, malgré l'artillerie, il était très-difficile de les chasser. A notre avis, il aurait fallu placer de nombreux tirailleurs dans les villages ainsi situés et leur recommander d'y tenir bon.

ce village, dont notre artillerie avait chassé l'ennemi et l'emportèrent. Mais ils ne tardèrent pas à perdre leur conquête, et durent gravir, en retraite, les pentes de la rive gauche.

A l'extrême droite, la brigade Pittié (1) conservait l'avantage. Faiblement attaquée, cette brigade n'eut pas de peine à repousser les tentatives de l'ennemi qui cherchait à déboucher sur la rive gauche. L'un de ses régiments réussit même à se maintenir sur la rive droite, à hauteur de Contay, menaçant la gauche prussienne, par la route d'Arras, et l'empêchant de gagner du terrain de ce côté. Le combat, sur cette partie du champ de bataille, était loin d'être aussi acharné qu'au centre.

Au centre et à la gauche, l'ennemi était également contenu. L'arrivée de quelques batteries nous avait été d'un grand secours. Vers deux heures et demie, la batterie Armstrong (quatre pièces se chargeant par la culasse et servies par des marins), vint se placer en face de Pont-Noyelles et tira avec une justesse et une portée prodigieuses. Malheureusement, la fermeture de culasse vint à se détériorer et rendit impossible le service de ces canons qu'il fallut retirer. Ces engins, fournis par des Anglais, étaient probablement des pièces de rebut.

Vers trois heures et demie, les Prussiens, croyant le moment venu d'agir, exécutèrent un grand mouvement sur le centre français, à Pont-Noyelles. Leurs tirailleurs se déployèrent dans la vallée et s'avancèrent

---

(1) Ce brave et habile colonel avait réussi à s'échapper de Metz. Il commandait le 68ᵉ de marche, qui se signala plusieurs fois à Neuilly, pendant le second siège de Paris.

vers les hauteurs. En première ligne étaient placés leurs meilleurs bataillons, précédés des tireurs les plus habiles et de l'élite des régiments composés de vieux soldats.

Les Français avaient mis en avant leur troupes régulières, soldats ayant quinze jours de service, pour la plupart, mais commandés par des officiers de Sedan et de Metz. Un peu plus en arrière étaient placés les mobiles et quelques bataillons réguliers, destinés à frapper un coup décisif ou à réparer un échec. Seul, sans escorte, monté sur un petit cheval blanc d'Afrique, le général Faidherbe parcourut au galop toute la ligne de bataille, en avant des tirailleurs les plus avancés, donnant des ordres pour une charge générale. Les généraux et leur état-major se placèrent en tête des bataillons, à cheval et le sabre haut, car il s'agissait d'entraîner des hommes qui n'étaient point encore des soldats et qui se sentaient émus à la pensée du choc qui se préparait.

Cependant, l'ennemi s'approche, repoussant notre première ligne de tirailleurs, qui se replie sur la seconde. La fusillade, d'instants en instants, augmente d'intensité. Les Français font un feu d'une extrême vivacité. La lutte se prolonge pendant une demi-heure.

Les Allemands se rapprochent toujours. On ne sait encore lequel des deux l'emportera, mais il est facile de prévoir que le combat à la baïonnette est proche. Ce sont les Prussiens qui se lèvent les premiers (1). Ils

_______

(1) L'ennemi, jusque-là, s'était avancé, petit à petit, la plupart du temps à plat ventre, abrité par les accidents du terrain.

marchent résolument en avant, sans tirer, et refoulent
nos tirailleurs qui se rallient rapidement aux bataillons. Ces derniers, à demi-couchés sur le sol,
attendent, la baïonnette au bout du canon et sans
faire feu.

Sur la droite de la seconde division (général du
Bessol), un chemin légèrement creusé conduit à peu
près perpendiculairement sur une hauteur nommée
Basse-Hotte-de-Pont, presque en face de Pont-
Noyelles. Par là, sans être aperçus d'abord par les
Français, cent cinquante à deux cents des meilleurs
tireurs et des plus hardis, parmi les Allemands, commencent à gravir les pentes, protégés, à droite et à
gauche, par des bords en talus (1). A deux cents
mètres derrière eux, s'avance lentement, l'arme
haute, la ligne des tirailleurs allemands. Soudain,
l'ennemi apparaît au sommet du plateau, débouchant
du chemin creux. Le canon s'était tû ; c'était aux
deux infanteries de se prendre corps à corps. Un cri
immense retentit tout-à-coup. Les Français, à leur
tour, se lèvent ; les tambours battent, les clairons
sonnent la charge. Le 33ᵉ se précipite au cri de : *en
avant* sur le chemin creux, et tourne l'ennemi qui
vient de s'emparer de deux de nos pièces restées
en position après une dernière volée de mitraille. En
même temps, une compagnie de mobiles, (capitaine
d'Hauterive), tombe de front sur les Prussiens pris à
dos. Les défenseurs du chemin creux, après une
héroïque résistance, sont littéralement écrasés et
broyés sous le nombre. Toute la ligne allemande
alors recule avec précipitation, laissant sur le terrain

(1) Leur audace fit notre admiration.

et entre les mains des Français un grand nombre de morts, de blessés et une cinquantaine de prisonniers.

Au même moment, à la droite, le général Derroja, avec son énergie habituelle, exécutait une charge analogue et chassait l'ennemi de Bavelincourt et de Béhencourt dont il restait maître définitivement, après un combat des plus vifs. Le général conçut alors le projet de tourner la gauche de l'ennemi. Mais, ignorant ce qui se passait au centre et n'ayant reçu, à cet égard, aucun ordre du général Faidherbe, il n'avançait qu'avec circonspection. La nuit arrêta son mouvement qui, dirigé par le général en chef et combiné avec l'attaque de front, si vigoureuse du général du Bessol, aurait probablement amené des résultats importants.

A la gauche, l'amiral Moulac exécutait les ordres qu'il avait reçus.

Un bataillon de mobiles, envoyé sur la gauche de Daours, devait tourner le village, tandis que le 19e chasseurs y entrerait de front.

Au signal de la charge, les chasseurs, se précipitant dans le village par la rue de Pont, parvinrent jusqu'à la place de l'église. Ils y luttèrent avec fureur contre des forces supérieures, espérant toujours voir arriver les mobiles qui devaient tomber sur la gauche des Prussiens. Mais les efforts du 19e bataillon furent inutiles : il dut battre en retraite, « l'attaque des mobiles, sur la gauche, n'ayant *pas eu de suites,*» pour emprunter le langage du général Paulze d'Ivoy, dans son rapport.

En ce moment, arrivait devant Daours le général Faidherbe, qui, rencontrant une compagnie de

marins, l'envoya au secours des chasseurs et fit de
nouveau sonner la charge. Cette nouvelle tentative
échoua encore. Les Français s'avancèrent jusqu'à la
moitié de la rue de Pont et s'y maintinrent quelque
temps; mais, s'étant laissé tourner, ils furent pris
au nombre de deux cents. Pendant que le général
Faidherbe abandonnait ainsi, avec plus de bravoure
que de prudence, son rôle de général en chef (1),
de graves événements se passaient au centre, le point
le plus attaqué et le plus menacé.

Il était quatre heures environ; le général du Bessol,
sur qui retombait le plus grand effort de l'ennemi,
luttait avec une héroïque énergie. Ses bataillons,
après la première charge, s'étaient avancés jusqu'à
Pont-Noyelles, où un terrible combat venait de s'engager à l'arme blanche. La lutte avait pris des proportions inusitées dans ces sortes de combats : des
deux côtés on luttait corps à corps. Les Français
restèrent à la fin maîtres du village; les uns se préci-
pitèrent dans les maisons dont ils massacrèrent ceux
des ennemis qui n'avaient point eu le temps de battre
en retraite ; les autres s'élancèrent pêle-mêle vers
Querrieux.

Mais, à ce moment, nos soldats, trop jeunes et trop
peu soumis à la discipline, cessèrent d'écouter la voix
de leurs chefs qui s'efforçaient en vain de les rallier
et de les reformer à peu près. Le désordre était à son
comble. N'écoutant que leur courage, bon nombre
de Français cherchèrent à traverser la longue chaussée

---

(1) C'était déjà trop que les commandants de brigade ou de division
se missent à la tête de leurs soldats pour charger à la baïonnette. Cependant cela fut quelquefois utile. Mais le général en chef ne devait,
à aucun prix, agir de même.

bordée de marais, qui mène à Querrieux et que balayait le feu de l'ennemi abrité dans des maisons crénelées. Les imprudents furent victimes de leur ardeur. Bientôt, un brusque retour offensif des Prussiens les força d'abandonner Pont-Noyelles dont on n'avait pu organiser assez rapidement la défense.

La retraite s'effectua d'abord lentement et en tiraillant. Mais, nos troupes, obligées de subir, à découvert, le feu d'un ennemi dont le nombre grossissait incessamment, commencèrent à presser le pas. Bientôt, la plupart des bataillons de mobiles se débandèrent, entraînant à leur suite une partie des troupes régulières qui continuaient à tirailler, mais qu'un tel abandon ne pouvait manquer de démoraliser. Le pas de course succéda au pas précipité de la retraite.

Ce fut un désordre effroyable ; un grand nombre de mobiles, et même quelques soldats d'infanterie et de chasseurs, se sauvèrent jusqu'à la Houssoye, jetèrent leurs fusils dans les bois et coururent porter jusqu'à Arras et jusqu'à Lille la nouvelle du désastre de l'armée française (1). Les Prussiens profitèrent du succès de leur retour offensif pour monter de nouveau à l'assaut du plateau. Une seconde fois, la formidable ligne de leurs tirailleurs traversa la vallée.

Le général du Bessol se trouvait dans une position extrêmement critique, n'ayant pour toute réserve qu'un bataillon du 69e de marche, resté sur le plateau. Les autres troupes étaient en fuite ou cher-

(1) Les habitants de ces deux villes reçurent d'abord la dépêche trionphante du général Faidherbe, puis ils se portèrent aux gares pour avoir des nouvelles. Ils rencontrèrent là ces lâches fuyards, qui, s'étant sauvés au milieu du combat, croyaient à un désastre et l'annonçaient partout.

chaient, à grand'peine, à reformer leurs rangs. Le bataillon de réserve fut donc envoyé à la rencontre de l'ennemi, soutenu par un bataillon de fusiliers-marins, que le hasard avait conduit de ce côté.

Quelques soldats de ligne, quelques mobiles mieux trempés que les autres se joignirent à ce noyau et, tous ensemble, ils marchèrent à l'ennemi, la baïonnette en avant. On ordonna aux clairons de sonner et aux tambours de battre la charge sans s'arrêter, non-seulement pour exciter l'ardeur de ceux qui allaient au combat, mais encore pour apprendre aux fuyards que l'on recommençait la lutte et que le devoir les rappelait sur le champ de bataille.

En même temps, le général du Bessol envoyait chercher une batterie de douze de réserve (servie par des marins), qui n'avait point encore pris part à l'action et qui se mit en devoir de foudroyer Pont-Noyelles où l'ennemi avait massé ses colonnes d'attaque (1).

Il était alors cinq heures et demie, le jour baissait.

Devant la nouvelle charge des Français qu'appuyait le feu des pièces de douze sur Pont-Noyelles, les Prussiens battirent en retraite, poursuivis par nos soldats qui arrivèrent encore une fois jusqu'aux premières maisons du village, mais n'y entrèrent pas.

Pendant ce temps, les bataillons qui avaient fourni la première charge se reformaient sur le plateau ; deux d'entre eux, dont un du 69ᵉ et l'autre des fusiliers-

_________

(1) Cette batterie tira avec la hausse de 700 mètres, hausse trop forte : mais il faisait nuit, et l'on ne pouvait rectifier le tir. D'ailleurs, n'ayant pas la carte d'état-major, on n'avait pu mesurer la distance au compas.

marins, se présentaient devant les ponts de Bussy, qu'ils ne parvinrent pas à enlever. Il était six heures du soir. Le jour était tombé complétement.

Vers six heures un quart, la fusillade avait cessé de part et d'autre ; seule, la batterie de douze de marine continuait son tir sur Pont-Noyelles, pour rendre le village inhabitable à l'ennemi. A six heures et demie, la bataille était terminée. Le silence régnait et l'obscurité dérobait tous les objets à la vue.

Les deux armées campèrent chacune sur leurs positions du matin, sauf la droite (division Derroja) qui s'était avancée à plus d'un kilomètre et demi au-delà de l'Hallue et menaçait sérieusement la gauche de l'ennemi. Vers dix heures du soir, ces bataillons reçurent l'ordre de revenir sur la rive gauche. On craignait, paraît-il, qu'ainsi séparés de l'armée, ils ne fussent enlevés ou coupés pendant la nuit.

Le général Faidherbe s'attribua la victoire. A coup sûr, il n'était point battu. Peut-être même aurait-il forcé l'ennemi à la retraite, si, au lieu de suivre les mouvements d'une compagnie envoyée à l'assaut de Daours (1), il s'était préoccupé davantage de la direction et de l'ensemble de la bataille. Ce ne fut que le soir, à la Houssoye où il s'était retiré, qu'il apprit l'habile mouvement tournant exécuté par le général Derroja. Le général Faidherbe, tout le monde

---

(1) Le général Faidherbe, pendant cette charge, se trouvait en arrière du village, avec le général Paulze d'Ivoy et l'intendant Lafosse. Les marins le quittèrent là, pour s'élancer dans la rue de Pont où ils ne rencontrèrent point de résistance. C'est un peu avant d'arriver sur la place de l'église seulement que la véritable action se passa.

le reconnaît, fit preuve à Pont-Noyelles d'une extrême bravoure. C'était la première fois qu'il assistait à un combat sérieux, et, comme il le disait ouvertement, il avait voulu voir *l'effet que produiraient sur ses nerfs le sifflement et les éclats des projectiles*. Il resta longtemps près de la batterie de mobiles (1), au commencement de la bataille, faisant, pour sa propre personne, l'apprentissage du feu. Son état-major, dont on apercevait le fanion, le chercha vainement pendant près de deux heures. Le général Faidherbe excita l'admiration du soldat qui le voyait s'exposer comme lui; mais peut-être le commandement souffrit-il un peu de la part trop large que le général prit, ce jour là, aux différents épisodes du combat. Les généraux commandant les divisions se mirent souvent aussi à la tête de leurs troupes composées, en grande partie, de soldats de la veille : cela était peut-être nécessaire ; mais que *le général en chef* ait agi de même, on eut, pendant la bataille, plus d'une occasion de le regretter.

Le général Faidherbe expédia le soir même, une dépêche à Lille, où il déclarait qu'il avait gagné la bataille : « .... *Nos troupes, a dit depuis le général dans sa brochure, occupaient les positions de combat que nous avions choisies et se considéraient, par cela même, comme victorieuses. On leur fit comprendre qu'à la guerre on constatait sa victoire en couchant sur le champ de bataille et qu'il ne pouvait être question d'aller prendre des cantonnements en arrière.* »

Nous sommes forcés, pour rester dans la vérité,

---

(1) Batterie qui eut à cœur de se bien conduire sous les yeux du général et qu'il prit en affection à partir de ce jour. Cette batterie se montra très-vaillante pendant toute la compagne.

de faire remarquer que le général semble oublier que les Prussiens couchèrent également sur les positions choisies par eux, le matin, et qu'ils passèrent la nuit dans quelques-uns des villages occupés, la veille, par les Français.

En résumé, l'on estime que le commandant de l'armée du Nord pouvait affirmer qu'il n'avait point été battu, le jour de Pont-Noyelles ; mais qu'il eût le droit de s'attribuer la victoire, on en doutait un peu, malgré le désir unanime d'être de l'avis du général.

*<br>* *

La nuit qui suivit la bataille de Pont-Noyelles (23 au 24) fut sombre et mortellement froide. Des deux côtés régnait le plus profond silence. Les Allemands bivouaquèrent dans la vallée et trouvèrent des abris dans les villages à demi incendiés. Quelques régiments, croyons-nous, allèrent même coucher à Amiens.

Quant aux Français, ils restèrent toute la nuit au sommet des hauteurs qui dominent l'Hallue, sans pouvoir, après s'être battus toute la journée, s'étendre sur la terre durcie par un froid de douze degrés centigrades. Pas une goutte d'eau-de-vie pour réchauffer ces malheureux ! On comprend combien les troupes eurent à souffrir, surtout les mobiles (1) qui n'avaient ni manteaux ni capotes. Quelques soldats étaient pieds-nus, et ceux qui possédaient des chaussures étaient à peine protégés contre la gelée *par des semelles en carton !*

---

(1) Ils souffrirent avec une patience et un courage héroïques : quelques soldats de la ligne eurent pitié d'eux et leur prêtèrent leurs capotes.

Jamais la misère et la souffrance ne se trahirent par des signes plus douloureux. D'heure en heure, on voyait des hommes, accablés de fatigue et de froid, ne pouvant plus se soutenir sur leurs jambes, tomber sur le sol glacé. Pour comble de malheur, il fallait aller fort loin pour trouver du bois, et la proximité de l'ennemi , en même temps qu'une obscurité profonde, ne permettaient pas de s'éloigner des emplacements désignés à chaque troupe.

Les généraux du Bessol et Derroja, avec leurs commandants de brigade et leurs états-major (1), s'assirent sur des sacs et se chauffèrent jusqu'au matin aux feux des bivouacs. Ils n'avaient point voulu se séparer de leurs soldats, et ceux-ci, voyant leurs chefs partager avec eux les souffrances de cette cruelle nuit, les trouvaient moins poignantes. Le général Faidherbe, le général Lecointe et l'amiral Moulac allèrent coucher dans Corbie. Le général en chef de l'armée du Nord rédigea, le soir même, l'ordre terrible d'incendier Daours, Bussy, Pont-Noyelles, Querrieux, Béhencourt, etc., pour en rendre le séjour impossible à l'ennemi. Cet ordre fut expédié aux commandants des corps d'armée, mais il ne fut po'nt suivi d'exécution.

*<br>* *

Le lendemain, le jour se leva vers sept heures et demie, et un soleil bienfaisant vint réchauffer les membres engourdis de nos braves soldats. A huit

---

(1) Ces états-majors étaient composés exclusivement d'officiers d'infanterie. Le général Derroja avait cependant avec lui un officier d'état-major.

heures, toutes les troupes étaient sous les armes, avec leurs cartouchières remplies, prêtes à recommencer le combat. L'artillerie occupait ses positions avec des caissons bien approvisionnés.

On s'attendait à une nouvelle attaque de l'ennemi. Il n'en fut rien. Les tirailleurs les plus avancés échangèrent seuls quelques coups de fusil, un certain nombre d'obus furent envoyés de part et d'autre. Près de Fréchencourt, dans un pâté de maisons, la batterie Montebello tira quelques projectiles, mit en déroute les défenseurs et les poursuivit, dans leur fuite, par plusieurs décharges à mitraille.

Vers dix heures, une forte colonne, arrivant d'Amiens par la route d'Albert, vint ostensiblement prendre position eu sud du bois de Querrieux. Mais là se borna la démonstration. A deux heures, l'ennemi n'ayant fait aucun mouvement et paraissant décidé à rester sur la défensive, le général Faidherbe donna l'ordre de retraite.

Il était absolument impossible de passer une seconde nuit dans le même lieu par un temps aussi rigoureux. D'un autre côté, attaquer l'ennemi dans ses positions, c'eût été manquer de prudence. En effet, l'on apprit, dans la matinée, qu'un corps prussien tournait notre droite par la route de Doullens.

Notre retraite fut masquée par une ligne de tirailleurs, composée de nos meilleures troupes et qui ne quitta les hauteurs qu'une heure après le départ de l'armée. Deux batteries de quatre appuyaient cette arrière-garde.

A Pont-Noyelles, Manteuffel disposait de trente-cinq mille hommes; nous tenons ce chiffre de plusieurs personnes, chez lesquelles il avait habité et à qui il le fit connaître (1). Les Français étaient en nombre à peu près égal.

Le général prussien, logé à Combles avec son état-major, eut l'occasion de dire un jour, (après Bapaume,) devant son hôte : « à Pont-Noyelles, avec trente-cinq mille hommes, j'ai battu soixante mille Français. » Le général Manteuffel exagérait de moitié les forces de ses adversaires. Mais cela fait grand honneur à la façon dont se conduisirent, ce jour-là, les troupes de l'armée du Nord !

*<br>* *

Le vingt-cinq décembre, les Français, épuisés par deux jours de combat et par des privations de tout genre, s'avancèrent péniblement et durent abandonner bon nombre d'éclopés et de malades qui tombèrent aux mains de l'ennemi. Les mobiles, les mobilisés surtout, marchaient pêle-mêle, remplissant les villages et les routes de traînards qui se laissaient prendre par l'ennemi, heureux d'échapper ainsi à de nouvelles fatigues et à de nouveaux dangers. Quant aux troupes régulières, elles rivalisaient de discipline et de courage. Lorsque nos jeunes soldats apprirent qu'ils allaient entrer dans Arras, ils mirent tous leurs soins, dans une halte, aux portes de la place, à enlever la boue de leurs habits, à nettoyer rapidement leurs armes. Ces excellentes troupes traversèrent la ville au son des clairons et des tambours.

---

(1) Nota. — Des personnes qui ne se connaissaient pas et qui habitaient des villages différents nous ont donné les mêmes chiffres avoués par Manteuffel lui-même devant elles.

Faisant appel à toute leur énergie, elles marchaient gaillardement et s'efforçaient de ne point boiter, malgré les blessures qui couvraient leurs pieds presque nus. Les habitants d'Arras, frappés de leur belle contenance, avaient peine à croire qu'elles revinssent du combat : on eût plutôt pensé qu'elles se rendaient à une manœuvre ou à une revue. Les mobiles, en grande partie, contournèrent Arras. Le général du Bessol ne voulait point donner le triste spectacle de leur désorganisation (1). Cependant, malgré cette précaution, la ville ne tarda pas à être encombrée de leurs traînards.

Le 26, l'armée occupait Arras et les villages situés au Nord : Roclincourt, Ecurie, Neuville, Vimy, Thélus, Villerval, Bailleul, Gravelle, etc.

Ce même jour, les Prussiens firent une marche forcée, à la suite de l'armée du Nord. Un corps assez important arriva jusqu'à Bresles. Il était composé de quelques bataillons d'infanterie, de plusieurs batteries, mais surtout de cavalerie. Ce corps, qui était censé poursuivre l'armée du Nord, ne se montra à aucune de nos arrière-gardes et se contenta de ramasser sur les routes environ deux mille traînards.

Le 27, le général Faidherbe fit prendre à ses troupes une position en arrière de la Scarpe, dans les villages de Fampoux, Biaches, Vitry, Brebières, Corbehem, la droite appuyée à Arras, la gauche à Cambrai. Selon l'usage, les mobilisés furent placés en réserve, de Oppy à Esquerchin.

On profita du repos accordé aux troupes pour

(1) En pouvait-il être autrement avec des troupes semblables ? C'est l'histoire de tous les temps, de 92, etc...

examiner l'état de l'armement, des munitions, des
effets de toute nature. Mais l'intendance, épuisée par
les efforts extraordinaires qu'elle avait faits pour improviser l'équipement de cette armée, ne pouvait
que très-imparfaitement pourvoir à son entretien,
car, sous l'Empire, la fabrication des effets d'habillement, de grand et de petit équipement, avait été
centralisée à Paris (1). Ce n'était pas les grains qui
manquaient, Lille et Arras surtout en avaient été
abondamment pourvus, et de nombreux moulins
étaient toujours en activité. La viande aussi arrivait en
quantité suffisante; mais on craignait que la peste
bovine, qui sévissait dans le Luxembourg et la
Lorraine, ne s'introduisît dans le Nord. Il n'en fut
rien heureusement. Le fourrage et l'avoine ne faisaient point non plus défaut. Mais les munitions
étaient rares, car on n'en pouvait fabriquer par jour
qu'une quantité limitée. On eut recours à l'Angleterre
où d'importants marchés furent passés. Nous en verrons, plus tard, les tristes résultats. Pour l'armée
régulière, on fabriquait des chassepots, et, pour les
gardes mobiles, des fusils à tabatière. Quant aux
gardes mobilisées, on ne trouva d'autre arme à leur
donner que des fusils à piston se chargeant par la
bouche. Seuls, quelques bataillons de mobilisés lillois
reçurent des chassepots. Partout où l'on avait pu

(1) L'industrie privée, qu'on n'avait point habituée, en France, à ces
confections, ne voulut point se charger d'habiller nos soldats. On dut
avoir recours à l'étranger qui nous trompa. Il est à désirer qu'à l'avenir
les approvisionements de tout genre soient répartis, ainsi que les
ateliers de confection, sur tous les points de concentration probable de
troupes en temps de guerre. Chacun de ces magasins devrait être entre-
tenu par l'industrie locale, qui, habituée à ces confections, pourrait augmenter ses moyens, en temps de guerre.

établir des manufactures d'armes, on l'avait fait sans retard. Lille, avec ses vastes magasins, nous était, à divers points de vue, d'un grand secours. Tous les ouvriers armuriers avaient été requis. Des fusils en grand nombre arrivaient aussi de l'Angleterre et de la Belgique.

Les préfets, chargés de l'organisation des gardes mobilisées, s'acquittaient de cette mission avec une grande activité. On le comprend, les moyens employés pour organiser les nouvelles levées, pour les loger et les nourrir, nécessitaient souvent l'emploi de certaines réquisitions violentes. Les populations du Nord étaient ainsi sous le coup de l'arbitraire le plus absolu. Tous les chevaux ou bêtes de somme, tous les bestiaux pouvaient être requis. Les chevaux de selle manquaient surtout. On en trouvait quelquefois chez les propriétaires; mais parmi ces derniers plusieurs, sur la demande qui leur était adressée, s'empressaient d'expédier en Belgique leurs bêtes de prix et ne présentaient à la remonte que des animaux de rebut, achetés à cet effet.

Pour procurer les approvisionnements nécessaires à une armée séparée du reste de la France, les intendants avaient reçu des pouvoirs presque illimités en matière de réquisitions. Ils n'en usèrent, en général, que pour le service des subsistances. Outre ces dispositions militaires extraordinaires, il avait fallu prendre aussi certaines mesures financières, afin de faire face aux dépenses de la guerre et à la rareté du numéraire.

A la suite d'une crise monétaire on fit des émissions de billets, et, par ce moyen, les transactions commerciales ne furent pas entravées. Certaines villes, Amiens, par exemple, contractèrent un emprunt qui leur permit de subvenir aux dépenses de la guerre.

*<br>* *

Quelques jours de repos laissés à nos troupes permirent de faire aux soldats des théories et des exercices, car la plupart d'entre eux ignoraient les premiers éléments du métier.

Comme les hommes souffraient cruellement du froid, on se décida à leur donner des gilets de laine et des bas. Mais on n'en put distribuer qu'à un tiers des bataillons. Les chaussettes fournies étaient de si mauvaise qualité, qu'en peu de temps elles furent hors de service.

Pour faire prendre patience aux deux tiers de nos hommes auxquels on n'avait pu fournir des bas, le médecin en chef sollicita de l'autorité l'ordre du jour suivant, que nous mettons en regard de quelques fragments d'ordres prussiens, afin que le lecteur puisse apprécier la situation matérielle des deux armées :

| ORDRE FRANÇAIS. | ORDRES PRUSSIENS. |
|---|---|
| » ....... Je recommande , comme précaution essentielle, de faire graisser l'intérieur de la chaussure des hommes, tant, comme préservatif contre le froid, que pour rendre la chaussure plus douce, en attendant la distribution des chaussettes de laine. | *Rouen, 8 octobre 1870.*<br>Sa Majesté le roi a ordonné que les troupes portassent leur provision de bas à deux paires par homme. En exécution de cet ordre, le ministre de la guerre a fait une commande pour que les 1<sup>er</sup>, 7<sup>e</sup> et 8<sup>e</sup> corps pussent en |

« La distribution de la graisse sera faite en même temps que celle des cartouches. »

recevoir vingt mille paires, la division Lenden six mille, la 3e division de cavalerie deux mille cinq cents. Les corps qui en auraient encore besoin peuvent s'en procurer par réquisition...

Von Manteuffel,

*Belloy, 8 janvier, 11 h. du s.*

..... Chaque bataillon d'infanterie recevra cent fourrures (pour les sentinelles(; chaque régiment de cavalerie..... cinquante fourrures.

Ainsi, pendant que l'ennemi se couvrait de fourrures, nos malheureux soldats grelottaient sous de mauvais vêtements et marchaient pieds nus, sans oser faire la moindre réquisition !

Nous ne sommes certes pas de ceux qui ont un parti pris de dénigrement contre l'intendance ; loin de là, nous rendons au corps cette justice qu'il a fait, à l'armée du Nord, tout ce qu'il était possible de faire dans la situation. Nous nous plaisons, en outre, à reconnaître que l'intendance n'a jamais laissé les troupes de l'armée du Nord sans vivres, et que si nos soldats en manquaient quelquefois, c'était par suite de circonstances majeures ou par la faute du commandement. Toutefois, nous avons peine à nous expliquer que, dans la région du Nord, où le commerce des bas et des gilets de laine est si considérable, l'intendance n'ait pu en trouver que pour le tiers de l'armée. Sans doute quelque entrepreneur privilégié avait obtenu le monopole de la fourniture. En s'adressant à plusieurs commerçants, l'armée en aurait été certainement abondamment pourvue.

*
* *

L'armée du Nord, en battant en retraite, avait rompu sans discernement tous les ponts, coupé toutes les routes. Un ordre de l'état-major général avait même fait détruire le chemin de fer d'Arras à Douai. Cette dernière mesure, qui empêchait les deux points d'appui de la ligne de bataille française de communiquer entre eux, s'était accomplie sous l'influence d'on ne sait quelle crainte.

L'armée du Nord, que l'ennemi n'avait pu entamer à Pont-Noyelles, n'était-elle donc plus assez forte pour garder le petit tronçon de la ligne ferrée d'Arras à Rœux, lequel longe le canal à huit cents ou mille mètres, au plus, en avant de ses positions (1)? Dans tous les cas, ne fallait-il pas attendre que l'on fût réellement et sérieusementmenacé pour se priver ainsi de ses moyens de communications? Il faut le dire, ces craintes exagérées, ces grandes mesures contrastaient singulièrement avec les proclamations du général Faidherbe qui parlait toujours en victorieux.

On ne s'expliquait pas, non plus, que le général, après les succès qu'il s'attribuait, ne voulût permettre à aucune troupe de passer la Scarpe, pour repousser les audacieuses incursions de la cavalerie ennemie, qui ne craignait pas de s'avancer jusqu'aux portes d'Arras, battant la campagne, en arrière

_______________

(1) Voir la carte.

de nos lignes, réquisitionnant et portant partout la terreur.

*<br>* *

Cependant, dans les premières semaines qui suivirent l'affaire de Pont-Noyelles, parurent successivement des ordres du jour, dont nous extrayons quelques passages, parce qu'ils font connaître, à ses origines, la polémique engagée par le général Faidherbe contre le général Manteuffel, dans le but de démontrer que c'était lui, et non le chef allemand, qui avait remporté la victoire (1) :

ORDRE DU 29 DÉCEMBRE.

Soldats,

« En vous cantonnant près de nos places fortes, je vous ai
« donné la possibilité de vous reposer, de vous reconforter
« pendant deux ou trois jours ; ce que vous n'auriez pu faire
« près de la place d'Amiins, occupée par l'armée prussienne.
« L'ennemi a profité de cela pour dire qu'il nous avait battus
« et poursuivis. C'est à vous de les punir de ces vanteries,
« quand il se présentera ou quand nous irons le chercher.

« Signé : FAIDHERBE. »

ORDRE DU 31 DÉCEMBRE.

« ..... A Pont-Noyelles nous n'avons pas complété notre
« victoire, parce que l'ennemi s'appuyait à une place forte.
« Aujourd'hui, c'est nous qui avons cet avantage ; aussi, je
« compte sur vous pour le charger vigoureusement de près,
« à la française, jusqu'à ce qu'il soit mis en fuite.

---

(1) Laisser parler les faits et les résultats eût été plus naturel, ce nous semble.

« La France a les yeux sur vous ; que chacun jure de
« vaincre ou de mourir, et la victoire est certaine. Vous serez
« fiers de pouvoir dire que vous étiez à l'armée du Nord,
« *lorsqu'elle a délivré le pays d'impitoyables envahis-*
« *seurs.*

« (Signé) : FAIDHERBE. »

Il est incontestable, nous le répétons, qu'à Pont-
Noyelles l'armée du Nord n'avait point été vaincue
par celle de Manteuffel (1) ; mais il est certain aussi
que, par suite d'habiles manœuvres du général ennemi,
le chef français fut obligé de battre en retraite.
D'ailleurs, vainqueur ou vaincu, le général Faidherbe
se trouvait dans une position peu satisfaisante : il
avait perdu, en effet, 2,000 hommes par le feu, 3,000
environ faits prisonniers, et, enfin, il avait dû se retirer,
sans avoir obtenu aucun résultat, derrière la Scarpe,
laissant complétement libres les deux rives de la
Somme. Or, un général victorieux aurait-il procédé
de la sorte ? Les officiers les plus distingués de l'armée
du Nord étaient d'un avis contraire, et nous croyons,
pour notre compte, que l'impartiale histoire, tout en
célébrant les héroïques faits d'armes de nos jeunes
troupes à Pont-Noyelles, n'inscrira pas ce nom parmi
ceux de nos victoires nationales (2).

(1) Les soldats Français, ce-jour là, ne le cédèrent ni en courage ni
en vigueur aux troupes Allemandes.

(2) Dans l'intérêt de l'avenir, après de si cruels désastres, il faut
dire toujours la vérité tout entière.

# CHAPITRE IX



Le premier Janvier l'armée du Nord tout entière s'ébranla et vint occuper, en avant d'Arras, une position offensive. Ce jour-là, le général Faidherbe envoya aux troupes l'ordre de se munir de trois jours de vivres; mais cet ordre arriva trop tard, en sorte qu'il fallut passer la moitié de la nuit en distributions, et encore quelques bataillons ne purent-ils pas recevoir de provisions.

Le 2 Janvier, vers huit heures et demie, l'armée française se mit en marche.

La division Derroja prit la route de Bucquoy, en passant par Ransart et Hannescamp ; mais elle ne rencontra pas l'ennemi ce jour-là.

La division du Bessol se dirigea vers Ablainzevelle, en passant par Boiry-Sainte-Rictrude et Ayette.

La division Payen (1) marcha sur Ervillers et tra-

---

( 1 ) Le général Payen, officier de marine, avait remplacé l'amiral Moulac, bon marin, mais médiocre officier de terre.

versa les hameaux de Mercatel, Neuville, Boisleux. Saint-Marc et Boyelles.

Quant à la division Robin, (gardes mobilisées) elle devait, en quittant Beaurains, suivre les traces de la division Payen.

Chacune des trois premières divisions avait ordre d'attaquer vigoureusement l'ennemi, si elle le rencontrait. Les autres, suivant les circonstances, devaient marcher au canon. Si les Allemands n'opposaient pas de résistance sérieuse, il était convenu qu'on pousserait jusqu'à Puisieux, Achiet-le-Grand et Bapaume.

*<br>* *

La division Payen fut la première qui rencontra l'ennemi. Vers onze heures, en débouchant d'Ervillers, le général apprit que les Prussiens occupaient Béhagnies. Ce fut en effet devant ce village, à l'ouest duquel deux batteries allemandes avaient pris position, que s'engagea l'action. Le régiment des fusiliers-marins, au lieu de se faire précéder par des tirailleurs se présenta devant le village pour y entrer par le flanc. Cet oubli des précautions militaires les plus élémentaires fut cruellement expié. Les marins, accueillis par d'épouvantables décharges à mitraille, se débandèrent et s'enfuirent, entraînant à leur suite leur artillerie qui fut sur le point de tomber aux mains de l'ennemi. Quelques cuirassiers blancs, profitant habilement de cette déroute, firent une charge hardie et enlevèrent environ trois cents marins (1).

______

(1) Jamais, croyons-nous, l'artillerie allemande n'eut une meilleure occasion d'employer la mitraille; elle ne la laissa point échapper, hélas!

Démoralisé par cette déroute, le 48ᵉ de mobiles, qui se trouvait derrière les marins, en colonne de division, recula aussi précipitamment. Fort heureusement le 19ᵉ chasseurs et le bataillon du 33ᵉ, commandé par un jeune et énergique officier, le capitaine Audibert, se déployèrent entièrement en tirailleurs, et, prenant une bonne position, ouvrirent un feu très-vif qui arrêta l'ennemi. Le reste de la division Payen se reforma derrière ces bataillons, à hauteur d'Ervillers. Les batteries Dieudonné et Dupuich s'établirent à droite de ce village et s'opposèrent au mouvement offensif de l'ennemi. La première brigade de la division Payen avait subi de telles pertes qu'elle était incapable de recommencer tout de suite la lutte. La deuxième brigade entra alors en ligne. Elle se porta en avant pour repousser l'attaque des Allemands. Cette brigade, composée entièrement de mobiles, venait d'être refoulée vigoureusement, quand retentit le canon de la division du Bessol, avec laquelle se trouvait le général Faidherbe. Elle arrivait à propos.

*<br>* *

Aussitôt, les Prussiens s'arrêtent, ralentissent leur feu et restent sur la défensive, menacés qu'ils sont, sur leur flanc gauche, par la première brigade de la deuxième division française.

Vers trois heures également arrivait à Mory la division Robin.

Le bataillon des voltigeurs avait appuyé à droite, en négligeant de fouiller un petit bois sur la gauche. Lorsque le général Robin et son état-major sortirent du village, plusieurs balles vinrent s'aplatir sur un mur à quelques pas d'eux. « Maladroits ! vous tirez sur votre général » s'écria-t-il, en se retournant vers un bataillon de mobilisés, qui le suivait de près. Il croyait que les coups venaient de là ; mais une vive fusillade partit soudain du bouquet de bois en face, à deux cents cinquante mètres du village. Le bataillon de mobilisés se mit aussitôt sur le ventre, et il fut impossible de le faire se relever. Le général Robin accourut au galop, et, en s'exposant beaucoup, il essaya, à coups de plat de sabre, de mettre debout officiers et soldats. Il n'y parvint pas ; ses troupes affolées se mirent à tirer en l'air, sans lever la tête, et la plupart dans une direction opposée à l'ennemi.

Si le général Robin, suivant la route qui lui avait été indiquée (au lieu de prendre celle de Croisilles-Saint-Main), était arrivé plus tôt, sa présence seule eût changé complètement la face des choses, en laissant voir à l'ennemi sur sa droite des masses considérables. Mais, dit le général en chef du 23ᵉ corps, dans son rapport, « *cette division, marchant avec une lenteur inouïe, n'a atteint qu'à trois heures et demie le village de Mory, et son chef n'a pas même eu le soin de me prévenir de son arrivée qui m'aurait évité de vives inquiétudes ; son bataillon d'avant-garde entra dans Mory, sans avoir souffert, et sa présence sur ma gauche suffit pour empêcher toute autre tentative des Prussiens.* »

Le général Paulze d'Ivoy n'eut guère affaire qu'à six bataillons allemands (1), soutenus par de la cavalerie et par seize pièces de canon. La division du

(1) 30ᵉ brigade d'infanterie prussienne.

général Payen échoua néanmoins, malgré son écrasante supériorité. Cet échec doit être attribué, croyonsnous, à la malheureuse attaque des marins, troupe plutôt faite pour monter à l'assaut que pour combattre en ligne.

*<br>* *

Pendant que ces choses se passaient, la première brigade de la division du Bessol était arrivée à Ablainzevelle (1) avec le général Faidherbe. Vers une heure, le canon de la division Payen, n'ayant point cessé de se faire entendre, le général en chef résolut d'y courir. Le général Farre proposait de marcher sur Ervillers, en passant par Courcelles-le-Comte ; mais le général Faidherbe jugea qu'il fallait dégager le 23e corps, en manœuvrant habilement sur le flanc gauche de l'ennemi, par Achiet-le-Grand et Bihucourt. Il ordonna donc au général du Bessol de prendre ses dispositions pour enlever de vive force les deux villages que les Prussiens occupaient. Le 20e chasseurs tourna le bois d'Ablainzevelle. A peine l'avait-il dépassé, qu'une vive fusillade partit des premières maisons d'Achiet-le-Grand. Deux bataillons du 69e de marche, arrivant au pas de course, se déployèrent sur la droite, pendant que la batterie Beauregard foudroyait le village. Les chasseurs l'abordèrent de front, avec beaucoup de courage ; ils perdirent du monde dans le chemin encaissé qui y conduit, et

(1) C'est là que vint le trouver un parlementaire qui traversa toutes les positions des Français, sans avoir les yeux bandés, sous le fallacieux prétexte de traiter d'un échange entre des bourgeois de St-Quentin retenus en otages et des officiers Prussiens. Cette proposition ridicule cachait un but d'espionnage. Mais les Français ne sont pas défiants.

ils allaient être obligés de se retirer devant le feu qui partait des maisons, quand le 69e de marche, ayant tourné le village, apparut sur la chaussée du chemin de fer. A cette vue, l'ennemi battit précipitamment en retraite et fut poursuivi dans Bihucourt dont nos soldats s'emparèrent. Le général du Bessol dirigea deux bataillons de mobiles sur Biefvillers-lès-Bapaume, espérant couper ainsi de Bapaume les Prussiens qui venaient d'attaquer la division Payen. Malheureusement, le général Faidherbe ne crut pas devoir tirer tout le parti possible de cette habile manœuvre, dans la crainte de compromettre le succès obtenu, (succès purement honorifique). Il arrêta donc le mouvement du général du Bessol, vers quatre heures et demie, laissant ainsi échapper l'ennemi, qui se trouvait tourné de Bapaume. Ce fut un grand malheur !

Il restait, en effet, au moins une heure de jour, que nos soldats, maîtres de Biefvillers, de Grévillers et d'Avesne-lès-Bapaume (qu'on eut tant de peine à enlever le lendemain), ne demandaient qu'à bien employer !

Les Prussiens laissèrent entre les mains de la brigade Foerster, (première brigade du Bessol), une cinquantaine de prisonniers non blessés. Un millier d'Allemands avait défendu Achiet-le-Grand.

Dans cette affaire, la deuxième division perdit 50 hommes environ, presque tous chasseurs. Le soir, le général Faidherbe établit son quartier-général à Achiet-le-Grand et donna des ordres pour l'attaque du lendemain. Voici la dépêche qu'il adressa, le même soir, au docteur Testelin, à Lille :

« Pas de nouvelles du général Robin. A l'extrême gauche, la division Payen a échoué dans l'attaque d'Ervillers (1), avec des pertes considérables ; la première brigade de la division du Bessol a enlevé les villages d'Achiet-le-Grand et de Bihucourt. La deuxième brigade de la deuxième division et la division Derroja n'ont pas été engagées.

« *(Signé)* : FAIDHERBE. »

La nuit du 2 au 3 janvier fut froide et obscure. Une neige épaisse couvrait le sol. Les troupes de ligne s'abritèrent dans les villages, mais l'artillerie resta attelée et prête à marcher. Bon nombre de chevaux moururent de froid.

Les Français étaient sur pied à la pointe du jour. Dès huit heures, la première brigade de la division du Bessol se mettait en mouvement, pour attaquer Béhagnies et Sapignies (2). Le général Faidherbe, qui dirigeait lui-même le mouvement, s'aperçut alors seulement que le corps Paulze d'Ivoy était maître de ces villages. En effet, on les avait occupés, pendant la nuit, à la nouvelle qu'ils avaient été évacués par l'ennemi. Le général Paulze d'Ivoy n'avait pas prévenu le général en chef, ou du moins son message n'était pas arrivé, et c'est en entrant dans Sapignies que les tirailleurs du 20ᵉ chasseurs reconnurent qu'ils avaient affaire à des compagnies de gardes mobilisés et non à des Prussiens ! Aussitôt, le général du Bessol donna l'ordre à sa première brigade de

---

(1) Il s'agissait de Béhagnies et non d'Ervillers. Un officier d'ordonnance du général Paulze , capitaine de mobilisés, s'était trompé de nom. Ceci faillit causer un malheur, car, le lendemain, le général Faidherbe faisait attaquer, par le général du Bessol, des villages occupés par nos troupes.

(2) Par suite d'une erreur.

changer de front et de faire face à Biefvillers où l'on voyait quelques troupes ennemies.

Voici quelle était la position des Français, à neuf heures du matin : à la droite, la division Derroja s'était déployée, à peu près parallèlement à la chaussée du chemin de fer, face à Grévillers, son objectif ; elle étendait sa gauche (brigade Aynès) jusqu'à la route de Bapaume. La brigade Pittié, en deuxième ligne, devait appuyer à droite, suivant les circonstances.

Au centre, la division du Bessol s'établissait entre Achiet-le-Grand et Sapignies, sur le plateau qui fait face à la colline au sommet de laquelle est bâti le village de Biefvillers. La brigade Fœrster était en première ligne, la brigade de Gislain en seconde.

A la gauche, la division Payen s'était déployée à l'est de Sapignies, ayant la brigade Lagrange en première ligne ; la brigade Michelet, fort éprouvée la veille, se trouvait en seconde ligne. A l'extrême gauche, point peu menacé, vint se placer la division Robin, des gardes mobilisés, faisant face à Favreuil.

L'ennemi montra d'abord de fortes colonnes de cavalerie, lesquelles cherchaient à se dissimuler dans le ravin qui s'étend entre Biefvillers et la route de Bapaume à Arras. Leur artillerie prit ensuite position à l'est de Biefvillers et ouvrit son feu sur la division du Bessol. Il était neuf heures et demie environ ; la bataille était engagée.

Comme à Pont-Noyelles, c'est sur le centre français que l'ennemi dirigea son attaque. Après quelques démonstrations sans résultats, il dut se replier devant nos tirailleurs qui commençaient l'attaque de Biefvillers. Ses escadrons, qu'il avait d'abord placés en avant, reçurent quelques obus et se retirèrent précipitamment.

Les tirailleurs de la deuxième division, déployés dans la vallée, gagnèrent rapidement du terrain, et bientôt ils commencèrent à gravir les pentes escarpées de Biefvillers. Cette position était très-forte, aussi le combat y fut-il long et acharné. Les maisons du village étaient garnies de Prussiens, tirant à volonté sur nos soldats qui s'avançaient, poitrine découverte. Pendant que l'ennemi cherchait à arrêter nos intrépides tirailleurs, le gros du 69e de marche gravissait la hauteur, dissimulé par un chemin creux. Soudain, il fit irruption dans la grand rue. Aussitôt, les Allemands abandonnèrent la défense des maisons et se ruèrent avec ensemble sur les Français qui les reçurent sur la pointe de leurs baïonnettes. En peu d'instants, le 69e, rejoint par le 2e bataillon de chasseurs de la 1re division, fut maître de la position. Cinq minutes après, nos troupes couronnaient les crêtes que l'ennemi occupait quelques moments auparavant, de Biefvillers à la route d'Arras. L'artillerie de la deuxième division descendit alors au galop, vint prendre position à gauche du village conquis et ouvrit de nouveau son feu.

Les Prussiens, comprenant la gravité de l'échec qu'ils venaient de subir, exécutèrent en vain plusieurs retours offensifs contre Biefvillers : ils furent repoussés deux fois par le 69e de marche. Le 2e chasseurs était resté en réserve, dans l'intérieur du village.

Pendant ce temps, le général Derroja tournait habilement l'ennemi, et s'emparait de Grévillers, après un combat plein de vigueur, qui nous coûta beaucoup de monde. Son artillerie, établie à droite de Biefvillers, à peu près sur la même ligne que celle de la deuxième division, prit une part active à la canonnade qui s'engagea sur ce point avec une extrême vivacité. Pendant plus d'une heure, le feu continua avec un égal acharnement de part et d'autre. Les Prussiens finirent cependant par faiblir, et, bientôt après, on vit plusieurs de leurs pièces se retirer précipitamment devant le feu d'un petit nombre d'habiles tireurs du 2ᵉ chasseurs, postés dans le clocher de Biefvillers (1). Entraînés par cet exemple, les autres artilleurs ennemis disparurent bientôt avec leurs canons.

Le général Derroja sut habilement profiter de l'hésitation des Prussiens ; il lança un bataillon sur le hameau d'Avesnes-lès-Bapaume, qui fut enlevé au pas de course. Cette manœuvre hardie déblaya complément le terrain et permit à la division du Bessol de marcher de front sur la ville de Bapaume en avant de laquelle l'ennemi n'avait plus qu'une seule batterie.

*<br>* *

Pendant que ces choses se passaient à la droite et au centre, le corps Paulze d'Ivoy s'était rapproché et avait engagé une violente canonnade avec l'ennemi. La division Payen faisait bonne contenance et répondait au feu des Allemands avec une grande énergie. Mais, en face de Favreuil, les gardes nationaux mo-

----

(1) Ces hommes (commandant Boschis) tiraient sur les pièces ennemies à la distance de sept cents mètres.

bilisés donnèrent un triste exemple de faiblesse. Au premier coup de canon, tous leurs bataillons s'étaient précipités à plat-ventre ; au deuxième obus, ils s'étaient dispersés, et il fut impossible à leur chef de les arrêter dans leur course affolée !

Le régiment des gardes nationales de Lille resta quelque temps en position ; mais il ne tarda pas non plus à se replier dans un grand désordre (1). Seul, le bataillon des voltigeurs du Nord, composé presque uniquement d'évadés de l'armée du Rhin ou de soldats belges, se maintint courageusement à son poste. Après une vive canonnade, dit le général Paulze d'Ivoy, dans son rapport, « je jugeai le moment opportun, pour porter mes troupes en avant et j'envoyai prévenir le général Robin de marcher sur Favreuil. Quel fut mon étonnement, quand je m'aperçus que sa division *se repliait*, et qu'elle se reformait bien en arrière ! »

Le bataillon du 33e et le 19e chasseurs se portèrent alors rapidement à gauche, pour remplacer la division Robin, qui n'était plus représentée que par les six cents voltigeurs du Nord. Ces troupes entrèrent dans Favreuil « dont elles se rendirent facilement maîtresses. » Le combat fut sans importance de ce côté pendant toute la journée. Le général Faidherbe ne parle pas de cet incident dans sa brochure ; il se contente de dire : «la division Robin restée en grande partie en arrière... »

* *<br>* *

Il était une heure et demie quand les tirailleurs de

______

(1) Nous ne cesserons de le répéter. bien commandés ces hommes eussent fait très-bien leur devoir.

la division du Bessol parurent sur le plateau de Bapaume, à sept cents mètres de la ville. Un quart d'heure après, ils pénétraient dans le faubourg dit d'Arras. Là, ils furent reçus par une fusillade extrêmement vive, à laquelle ils répondirent avec succès. Ils ne tardèrent pas à être rejoints par le 69e de marche et par un bataillon du 91e. Le colonel Fœrster, qui commandait ces troupes, était prêt à entrer dans la ville dont une barricade improvisée défendait seule l'entrée. Un coup de canon eût suffi pour détruire cet obstacle défendu par une compagnie à peine. Craignant d'être cernés, les Prussiens n'avaient laissé qu'un petit nombre de défenseurs dans Bapaume. Mais le colonel Fœrster, n'osant s'engager dans les rues, à la légère, envoya demander des instructions au général du Bessol, avec prière de le laisser pénétrer dans la ville dont il se chargeait de forcer l'entrée.

Le général lui transmit, quoiqu'à regret, l'ordre formel qu'il venait de recevoir du commandant en chef, de ne point entrer dans Bapaume (1).

L'artillerie de la deuxième division vint alors se placer en avant, à huit cents mètres de la ville : deux batteries à gauche d'Avesnes-lès-Bapaume, la troisième sur la route d'Arras, où elle fut rejointe par les batteries du 23e corps.

Le feu des pièces françaises s'ouvrit avec une grande intensité et les obus commencèrent à tirer par-dessus la ville qui fut cependant très-abîmée,

---

(1) « Nous avons entendu le messager du colonel Fœrster, et depuis le colonel a bien voulu nous répéter qu'il serait entré dans Bapaume très-facilement. »

comme on peut s'en convaincre encore. Pendant ce temps, le général Derroja, homme de coup-d'œil et d'énergie, s'il en fut, s'était approché de Bapaume et s'apprêtait à attaquer Tilloy. L'ennemi, que ce mouvement menaçait sérieusement, chercha, en faisant un long détour par Ligny, à tomber sur le flanc droit des Français. Une colonne appuyée par de l'artillerie s'avança sur la route d'Albert. Mais elle fut aperçue à temps.

Au moment où la nouvelle de ce mouvement de l'ennemi arrivait au général en chef, le général Farre lui faisait voir, sur la gauche de l'armée, à près d'une lieue en arrière, des masses considérables qui marchaient dans la direction de Favreuil. Les lorgnettes furent braquées de toutes parts ; mais il était impossible de distinguer si c'était des Français ou des Prussiens. Tout ce qu'il y avait de troupes dans le Nord était en ligne. Les forces qui se montraient sur nos derrières ne pouvaient donc être un renfort ; c'était, selon toute apparence, un corps prussien, qui avait fait un grand détour pour nous prendre à dos. On conçoit l'inquiétude qui dut s'emparer du général Faidherbe : il pouvait se croire menacé sur son flanc droit et pris à dos sur sa gauche.

Trois bataillons du 67e de marche, de la division Derroja, furent alors envoyés en réserve à Biefvillers, pour faire face à l'ennemi, s'il se présentait à gauche, et parer à tout événement.

On apprit, quelques instants après, que ce qui avait causé tant d'inquiétude sur notre gauche, n'était autre chose que la division Robin, (des mobilisés), qui, après sa déroute, s'était reformée « bien loin en arrière » et s'ébraulait enfin pour venir reprendre sa place de bataille.

A la droite, le général Derroja, menacé sur son flanc, comme nous l'avons vu, résolut d'aller au-devant de l'ennemi et de lui enlever Tilloy et Ligny, pour s'en faire un point d'appui. Le colonel Pittié, commandant la première brigade et officier des plus énergiques, fut chargé de cette mission.

L'opération était difficile , car les Allemands se trouvaient en force. Cependant, bien dirigée, elle réussit pleinement, et le village resta définitivement au pouvoir des Français. Le général Derroja établit une partie de ses troupes à cheval sur la route d'Albert, qu'il voulait observer, car c'était par là que pouvaient arriver des renforts d'Amiens) puis il se mit en mesure d'attaquer Ligny.

Voici quelle était, à ce moment, la position des Français :

A droite, la division Derroja occupait Tilloy, déployée entre ce village et Avesnes-lès-Bapaume.

Au centre, la division du Bessol était placée dans le voisinage des anciens fossés de la ville, entre Avesnes-lès-Bapaume et le faubourg d'Arras. (Voir le plan de la bataille).

A la gauche, la division Payen, moins avancée que les deux autres, était déployée en avant de Favreuil, faisant face à Saint-Aubin.

Quant à la division Robin, dont le rôle était nul, elle avait occupé Beugnatre, après l'avoir canonné sur le simple soupçon, paraît-il, qu'elle était occupée. De fait, l'ennemi l'avait abandonnée depuis longtemps.

*<br>* *

Il était trois heures et demie. En ce moment l'armée prussienne reculait sur toute la ligne, traînant avec peine, à travers champs, ses canons et ses caissons dont les attelages avaient été tués en partie. C'est en ce moment que le général Faidherbe envoya l'ordre à son armée de battre en retraite et d'évacuer les faubourgs de Bapaume. Il fallut le supplier pour obtenir de lui que ce mouvement ne s'exécutât pas avant la nuit. Ici se présente une question qu'il nous est absolument impossible d'éluder :

Pourquoi le général en chef s'arrêta-t-il, au moment où il tenait pour ainsi dire la victoire dans ses mains? Est-ce par humanité, pour épargner aux habitants de Bapaume les horreurs d'un bombardement, que le général Faidherbe permit à l'ennemi d'occuper Bapaume? Nous ne pouvons cependant concilier son abstention avec la vigoureuse résolution du général, à Pont-Noyelles, lorsqu'il donnait l'ordre de brûler les sept villages de l'Hallue (1). S'il avait cru nécessaire de sacrifier Bapaume, le général Faidherbe aurait-il hésité? Nous le croyons, uniquement parce que dans la brochure le commandant de l'armée du Nord nous le dit. Il ajoute, du reste « qu'il ne tenait pas essentiellement à la possession de Bapaume. » Mais alors, qu'était donc venu faire là, le 3 janvier, l'armée du

---

(1) Cette résolution, par des raisons que nous ignorons, ne fut pas exécutée.

Nord ? Quoi qu'il en soit, nous devons conclure logiquement des paroles citées plus haut que le général Faidherbe n'avait point, le 3 janvier, l'intention de secourir Péronne, car, s'il y avait songé, *évidemment*, il eût détruit l'obstacle qui lui barrait la route de la ville assiégée. Maintenant, comment expliquer le reproche sanglant adressé à Péronne de s'être rendue alors qu'on s'apprêtait à l'aller délivrer? Dans les circonstances où se trouvait l'armée du Nord, il était impossible d'aller à Péronne sans enlever (1) Bapaume que l'ennemi tenait en force sur le chemin. Et, cependant, le 4 janvier, le général Faidherbe, quoique vainqueur, prenait tout à coup la résolution de se retirer vers Arras, laissant le désespoir au cœur des défenseurs de l'antique forteresse de Charles-le-Téméraire, qu'il semblait vouloir abandonner définitivement !

Dans la soirée, cependant, le général en chef dut nécessairement se demander dans quel but il avait attaqué Bapaume « ville à la possession de laquelle *il ne tenait pas essentiellement.* » Un paysan (2), un visionnaire, vint en effet lui annoncer qu'au seul bruit du canon français, Péronne avait été débloquée. Etait-ce présumable? Quoi qu'il en fût, c'était du moins un but à donner à la bataille du 3 janvier. Au premier moment, on ajouta foi à la nouvelle et une dépêche envoyée à Lille fit connaître la victoire et son résultat : la délivrance de la citadelle picarde. Si le général Faidherbe put croire, le lendemain encore, que Péronne était

(1) Bapaume conserve un reste de ses fortifications d'autrefois.

(2) On n'envoya pas un second messager, s'assurer de la vérité de ce fait qui, on le sait, était dénué de tout fondement.

délivrée, il dut aussi lui venir à la pensée que, s'il n'y courait au plus vite, l'armée allemande recommencerait immédiatement à bombarder à la place. Laisser Bapaume à l'ennemi, se retirer sur Arras, et croire que Manteuffel abandonnerait la forteresse qu'il cernait depuis quelques jours, cela nous semble chose absolument impossible. Se figurer, d'un autre côté, que Péronne résisterait plus de 10 à 12 jours encore à un bombardement, on ne le pouvait admettre (1), car on avait l'exemple de toutes nos places non entourées de forts détachés, Soissons, La Fère, etc... En reculant sur Arras, le 4 janvier, le général Faidherbe ne devait donc plus compter sur la délivrance de Péronne (2).

L'armée française était, certes, pleinement victorieuse (3); elle eut pour récompense l'honneur de coucher sur la plupart des positions de l'ennemi.

(1) Elle ouvrit ses portes le 14ᵉ jour.

(2) Le général Faidherbe lui-même n'admet pas qu'il soit possible aux villes d'Arras, de Lille, de Douai, à toutes les places fortes du Nord en un mot, de résister chacune plus de 5 ou 6 jours: « suivant leur système, dit-il, les Prussiens bombarderaient ces villes, dont la population, voudrait, sans doute, se rendre après 5 ou 6 jours de bombardement..... En conséquence, la résistance collective de ces villes ne me paraît pas devoir durer plus d'un mois. »

Ainsi *Arras* ne devait pas tenir plus de 6 jours, d'après le général Faidherbe et, cependant il attendit 13 jours à Boisleux, avant de venir au secours de la faible ville de Péronne, ou du moins, avant de se renseigner convenablement sur son sort ! Péronne tint 14 jours.

(3) Voici un fragment de lettre du Maire de Bihucourt, M. Iweins, qui sera d'un grand poids dans la question:

« ..... Le lendemain, 4 janvier, vers 7 heures 1/4 du matin, j'ai appris que l'armée du Nord battait en retraite. Mon étonnement a été grand car je venais d'apprendre *d'une manière certaine* que les Prussiens (sauf

Mais ce fut tout le résultat, tout le profit que le pays retira de cette journée glorieuse et meurtrière !

Etait-ce une compensation suffisante pour tant de pertes ?

*<br>* *

Les troupes passèrent une nuit tranquille, et nos grand'gardes, quoique très-rapprochées de Bapaume, n'entendirent aucun bruit dans la ville. Mais, avec quel serrement de cœur n'écoutèrent-elles pas le canon de Péronne, qui ne cessa de retentir sourdement pendant toute la nuit! Le général Faidherbe croyait fermement, lui, que la place avait été débloquée à la suite de la bataille (1) ; mais, pour qu'il n'eût point entendu les lointaines détonations de cette

l'ambulance) avaient évacué Bapaume dans la soirée et battu en retraite toute la nuit.....

« Plus tard...., le colonel du 28ᵉ régiment d'infanterie prussienne, qui commandait le siége de Péronne, en l'absence du général blessé, et n'avait d'autres troupes qu'une brigade, m'a dit n'avoir jamais été plus inquiet que le jour de la bataille de Bapaume, ajoutant que si l'armée française s'était avancée vers Péronne, il aurait été *obligé de se retirer*..... Péronne n'a jamais été débloquée, mais je crois que les Français avaient la certitude de faire lever le siége le 4 janvier...»

Monsieur Iweins ajoute ensuite :

«.... Dans mon entrevue le 13 janvier avec le général Faidherbe, il m'a fait part de la prise de Péronne, disant qu'il était furieux contre le commandant de cette place, qui l'avait informé qu'il tiendrait au moins 10 *jours*.....» (Notons que Péronne a tenu 14 jours.)

Le maire de Bihucourt, (près Bapaume.)<br>IVEINS.

(1) Le 9 janvier, au conseil de guerre tenu à Boisleux-au-Mont, le général Faidherbe affirma, devant les généraux, que Péronne était délivrée. Le 10, le commandant de l'armée du Nord commença à douter de l'exactitude de la nouvelle apportée par *le Messager* du 3 janvier, et il fit un léger mouvement en avant. Ce n'est que le 11 qu'il fut « étonné d'apprendre » qu'on l'avait trompé sur le sort de Péronne. On a droit de s'étonner aussi que, si près de Péronne, le général Faidherbe fût si mal renseigné! Pendant huit jours, à deux lieues de son quartier général, on entendait le bombardement. Toute l'armée le savait, lui seul l'ignorait !

nuit fatale, il fallait que les fatigues de la journée l'eussent plongé, lui si nerveux, dans un état d'insensibilité physique absolu (1).

Quant à l'armée, elle se demandait pourquoi l'on ne profilait pas de la victoire annoncée par le général en chef, pour traverser Bapaume et pour aller secourir Péronne. Les soldats, malgré leur fatigues, ne demandaient pas mieux de marcher toute la nuit, car le succès avait décuplé leurs forces, et la délivrance de la petite forteresse était leur unique pensée !

Le lendemain, au point du jour, les habitants de Bapaume se présentèrent au camp français, pour prévenir que l'ennemi s'était retiré. A sept heures nos troupes furent sur pied ; mais, loin de leur faire prendre la route de Péronne, on les dirigea d'un autre côté : on allait à Arras ! Cette marche fut triste et pénible. Une neige épaisse couvrait le sol et empêchait de distinguer les routes. Plus d'une fois on fut obligé de s'arrêter et même de revenir sur ses pas pour retrouver le chemin !

Notre retraite s'effectua fort tranquillement. L'ennemi était loin d'être en état de nous suivre. Cepen-

---

(1) Pour expliquer ces détonations *nocturnes* et bien significatives, le commandant de l'armée du Nord a dit : « ... *Le combat ne se prolongea plus que faiblement sur l'extrême droite où l'ennemi s'efforçait de se maintenir dans Ligny.* » Nous donnons *pour certain* qu'avant 8 heures le combat était terminé sur toute la ligne. En outre, comme à 6 heures 1/2 on n'y voyait déjà plus, il était difficile de s'imaginer que les Prussiens continuassent à pointer leurs pièces et à brûler leur poudre dans l'obscurité et sans même savoir où étaient les Français. Il était donc évident que ces detonations, qui ne cessèrent de se faire entendre jusqu'au matin, partaient de Péronne. Le canon ne peut tonner ainsi la nuit que dans le cas d'un bombardement, lorsque des points de repère ont été pris pendant le jour.

dant, comme il n'y avait point de cavalerie pour protéger les derrières de l'armée (1), deux escadrons de cuirassiers blancs suivirent, pas à pas, la division du Bessol, cherchant une bonne occasion d'exécuter quelque charge. A peu près à hauteur de Gomiécourt, près d'un ravin qui borde la route, les cavaliers allemands, croyant le moment venu, partirent au galop, et, favorisés par un pli de terrain, débouchèrent soudain à deux cents mètres environ du 20e chasseurs à pied de marche. Ce bataillon formait l'arrière-garde de la deuxième division. Or, les malheureux cuirassiers avaient pris, de loin, les chasseurs pour des mobilisés !

Le commandant Hecquet n'eut point le temps de former le carré : il pelotonna ses hommes en un clin-d'œil et donna l'ordre de ne tirer qu'à son commandement. Nos jeunes soldats, qui comptaient bien s'emparer de bon nombre de chevaux, car l'armée en manquait, virent, sans sourciller, la cavalerie ennemie arriver avec une effrayante rapidité. L'escadron s'approcha jusqu'à cinquante mètres du bataillon qui fit feu. Plus de la moitié des cavaliers, frappés en pleine poitrine, vinrent rouler aux pieds des chasseurs ; les autres épouvantés passèrent, comme un ouragan, entre le bataillon et le ravin, et reçurent, par derrière

(1) Le général Faidherbe, dans son projet de réorganisation de l'armée française, dit que ces quatre escadrons lui suffirent pendant la campagne du Nord. Il en conclut que la cavalerie n'est que d'une utilité secondaire. Nous ferons remarquer cependant qu'avec quelques chevaux de plus nous aurions toujours été bien informés, tandis que personne ne savait, parmi nous, où se trouvait l'ennemi. Le hasard était donc pour beaucoup dans nos manœuvres, et nos marches étaient périlleuses. Plus tard, à Vermand, nous verrons nos convois surpris et bombardés.

plusieurs décharges meurtrières. Quelques cuirassiers blessés, mais encore cramponnés sur leurs chevaux, parvinrent seuls à rejoindre le deuxième escadron qui ne se risqua point à les imiter. Des blessés et dix hommes démontés, mais sans blessures, parmi lesquels un officier, restèrent aux mains des Français. Le 24, au soir, l'armée tout entière était cantonnée dans plusieurs villages, aux environs de Boisleux-au-Mont, à dix kilomètres de Bapaume.

*<br>* *

L'armée française se composait de quatre divisions formant à peu près un effectif de 32,000 combattants ; et, en y ajoutant deux batteries de réserve et les quatre escadrons de cavalerie, elle approchait de 33,000 hommes. Quant au nombre des Prussiens, nous ne pouvons le fixer exactement. Le général Faidherbe dit, dans sa brochure, que les Allemands étaient 20,000 hommes au moins. Aujourd'hui, nous savons que la division Von Kummer occupait Bapaume et ses abords ; qu'une division de cavalerie était à Miraumont et que ces troupes furent renforcées par le prince Albrecht, à la tête d'une brigade de cavalerie et d'un régiment d'infanterie, appuyé par 3 batteries. A cela l'on doit ajouter 4 bataillons venant de Péronne, et toutes les batteries de la division Von Barnkow. Toutes ces troupes devaient former un total de 3 brigades d'infanterie, 3 de cavalerie et 88 pièces d'artillerie, c'est-à-dire 17,000 hommes d'infanterie environ, 5,500 hommes de cavalerie et 1,500 artilleurs : en tout 23,000 combattants environ.

Il est certain que les Français firent reculer les Allemands pendant toute la journée du 3 janvier et à une distance de près de six kilomètres. 10,000 hommes, au plus, de l'armée du Nord, furent engagés, mais tous, à peu d'exceptions près, appartenaient à l'armée régulière. Les mobiles, dans la division Derroja, eurent, il est vrai, un engagement assez vif, mais fort court ; dans la division du Bessol ils restèrent en réserve et ne tirèrent pas un coup de fusil. La brigade Lagrange (mobiles) fut engagée dans le 23e corps. Quant à la division Robin, des gardes nationales mobilisées, dont nous avons ailleurs raconté les faits et gestes, elle ne brûla pas une seule cartouche, mais elle reçut, au. commencement de la bataille, quelques obus qui blessèrent 6 ou 7 hommes. Les voltigeurs du Nord prirent seuls, nous l'avons dit, une part active au combat.

La bataille de Bapaume se fit remarquer, du côté des Français, par une grande précision de mouvement. Le général Derroja dut manœuvrer avec beaucoup de vigueur et de prudence, à l'extrême droite, pour tourner successivement tous les obstacles et empêcher l'ennemi de tomber sur son flanc droit par la route d'Albert.

Le général du Bessol eut à remplir, dans l'action, la tâche la plus rude, mais il fut puissamment secondé par le général Derroja, avec lequel il avait habilement combiné toutes ses opérations, attendant, pour assaillir vigoureusement l'ennemi, que la première division vînt menacer les Allemands sur leur flanc.

Le 23e corps devait tourner la droite des Prussiens jusqu'au-delà de la route de Cambrai. Mais, on l'a vu, la division Payen, abandonnée par la garde nationale mobilisée, ne put pas prononcer beaucoup le mouvement. Les Français perdirent à Bapaume environ 1,500 hommes, tués ou blessés. Les Prussiens subirent de très-grandes pertes et laissèrent entre nos mains, outre les blessés, une quarantaine de prisonniers. Ils ne nous en firent aucun ce jour-là (1). C'est à Bapaume que l'on s'aperçut, pour la première fois, que les cartouches fournies par l'Angleterre étaient de mauvaise qualité et donnaient *un grand nombre de ratés*. Le colonel Fœrster, dans le faubourg d'Arras, dont il s'était emparé, put constater les graves conséquences de ce fait.

*<br>* *

Le 4 janvier, le général en chef adressa à son armée les félicitations que voici :

### ORDRE A L'ARMÉE DU NORD.

« A la bataille de Pont-Noyelles, vous avez gardé victo-
« rieusement vos positions. A la bataille de Bapaume, vous
« avez enlevé toutes les positions de l'ennemi. J'espère que
« cette fois *il ne vous contestera pas la victoire...* »

Les Prussiens, au contraire, ne devaient pas manquer de contester cette victoire.

« Que les Français nous indiquent donc, dirent-
« ils, les résultats acquis ! après trois jours de
« combat, après avoir perdu près de trois mille

_______

(1) Ils ramassèrent seulement le lendemain, pendant la retraite, les traînards de profession et quelques lâches qui se faisaient prendre avec intention.

« hommes, ils sont revenus vers Arras, aussi peu
« avancés qu'au moment de leur départ.

« Qu'allaient-ils donc faire à Bapaume ? Secourir
« Péronne ? Mais ne les a-t-on pas vus, après leurs
« succès, et lorsqu'ils n'étaient plus qu'à quatre lieues
« de la ville, se diriger d'un côté tout opposé ? »

Ces critiques, il le faut reconnaître, n'étaient pas
sans fondement. Aussi, l'ordre du jour, dont nous
venons de transcrire un extrait, fut-il accueilli avec
peu d'enthousiasme. Et, en effet, on parlait de victoire, et, tous, nous sentions que nous l'avions laissé
échapper, alors que nous la tenions. Suffisait-il
en effet, pour être vainqueur, d'avoir fait reculer
l'ennemi pendant quelques kilomètres ? Et ces kilomètres conquis, au prix de tant de sang, ne venions-
nous pas de les abandonner ? Quel fruit avions-nous
retiré de nos luttes et de nos succès ? Quelques
articles de journaux où l'on avait pompeusement
annoncé, à tort, que Péronne avait été débloquée
après la victoire de Bapaume !

Hélas ! ceux-là ne pouvaient se bercer de cette
illusion, dont les oreilles tintaient encore du bruit
sourd, mais distinct, des projectiles qui éclataient sur
Péronne, pendant la nuit qui suivit la bataille !

Pour tous les officiers de l'armée du Nord, la petite
ville picarde, dominée de tous côtés par des hauteurs
très-rapprochées, ne pouvait tenir longtemps et aurait
dû être secourue au plus vite. La retraite du 3 janvier
ne laissait plus d'espoir à cet égard. N'avait-on pas
l'exemple de Soissons, de la Fère, de Longwy et de
tant d'autres places qui se rendirent après quarante-
huit heures au plus de bombardement ? Or, on notera

que c'est seulement le 10 janvier, jour de la reddition de Péronne, que le général Faidherbe prit la résolution d'aller secourir la forteresse bombardée depuis le 28 décembre. « J'avais donné l'ordre de se défendre à outrance, » a écrit le commandant de l'armée du Nord, dans sa brochure. Mais l'ordre était-il exécutable ? et n'était-il pas trop tard pour s'acheminer vers la place ?

Quoi qu'il en soit, il est certain que le général Faidherbe fut, sinon très surpris, du moins très-mortifié, lorsque parurent les dépêches prussiennes.

Hélas ! depuis trop longtemps, en France, nous nous berçons de trompeuses illusions ; depuis trop longtemps nous nous payons de phases sonores. Il faut savoir aujourd'hui envisager la réalité, si désagréable qu'elle puisse être, au risque d'être accusé par les sots de manquer de patriotisme !

A Bapaume, nos soldats se battirent comme de vieilles troupes, et les Allemands furent forcés de leur abandonner leurs positions.

Mais, contre un ennemi préparé de longue main, abondamment pourvu de tout, dont tous les mouvements avaient été prévus, réglés à l'avance, nos troupes marchaient, avec trois jours de vivres dans le sac et sans avoir aucun renseignement sur la position et sur les forces de l'ennemi ! Assurément, il est de stricte équité, lorsqu'on apprécie les actes militaires du général Faidherbe, de tenir compte des immenses difficultés de sa position ; mais, après la retraite qui suivit Bapaume, le commandant en chef de l'armée du Nord avait-il bien le droit de se proclamer vainqueur ? Telle ne fut point l'opinion générale parmi nous.

Quant aux Prussiens, ils n'épargnèrent pas le général français (1) : « dans ses dépêches, dirent-ils, le général Faidherbe ne se lasse pas de battre les Prussiens et de se retirer, poursuivi par ceux qu'il prétend avoir chassés. Voilà une espèce de guerre toute nouvelle dans les annales militaires : Le vainqueur recule et le vaincu avance. C'est ce qu'on appelle jouer à qui perd gagne. »

Assurément, dans ces critiques, il faut faire une très-large part à l'infatuation allemande.Toutefois, en se plaçant au point de vue stratégique, tout militaire sérieux blâmera le retour sur Arras (2) et l'abandon de Péronne, après l'incontestable succès de Bapaume (3). Cette opinion, du reste, est celle de la presque unanimité des militaires. Tout en rendant hommage aux talents, à l'énergie, au brillant courage du général Faidherbe dans une situation on ne peut plus difficile, nous ne devons pas dissimuler les fautes qu'il a pu commettre. Ce serait, en effet, manquer au premier devoir de l'historien militaire.

(1) Moniteur prussien de Reims.

(2) Le lendemain de la bataille les troupes manquaient de vivres, et ce fut la principale raison qui détermina le général en chef à la retraite. Mais on ne voulait pas pousser au-delà, puisqu'on n'avait pris que cinq jours de vivre, sans se faire suivre par les convois.

(3) Si l'on ne pouvait aller plus loin que Bapaume, pourquoi donc s'y être porté et dans quel but ?

# CHAPITRE X

1° Siége de Péronne. — 2° Appréciations sur les bombardements
en général.

Comme position militaire, Péronne est un point
statégique des plus importants. Maîtres d'Amiens,
les Allemands avaient toujours à craindre de voir
couper leurs communications par un mouvement
exécuté sur la rive gauche de la Somme. Aussi, après
Pont-Noyelles, s'empressèrent-ils d'investir Péronne
dont la possession devait leur donner la ligne de la
Somme et leur servir de point d'appui.

On doit le comprendre, Péronne prise, le général
Faidherbe allait se trouver comme enfermé et bloqué,
dans les départements de la Somme, du Pas-de-
Calais et du Nord, au Sud, par la Somme, Amiens,
Péronne, Ham, La Fère ; à l'Est, par Mézières et
Sedan ; au Nord, par la Belgique ; à l'Ouest, par la
mer. La position de Péronne avait, de plus, pour les
Prussiens, l'avantage immense de leur procurer la
sécurité des voies ferrées de Paris à Amiens d'abord,
puis de Compiègne et de Reims à Ham.

Ces lignes mettaient les Allemands à même de se
servir de l'admirable réseau de nos chemins de fer,

pour concentrer, en une seule journée, des forces considérables, sur le point menacé, quel qu'il fût.

Les Prussiens une fois maîtres de Péronne, il n'existait plus d'espoir, pour les Français, d'ouvrir un passage vers Paris, pour le cas où l'armée de la Loire tenterait de débloquer la capitale.

Comme forteresse, la petite ville picarde n'a, au contraire, aucune importance, car, nous l'avons déjà dit, elle est difficile à défendre, dominée qu'elle est de tous côtés, au Nord, par le mont Saint-Quentin, à un kilomètre de la place ; à l'Est, par la butte de Rocogne, à deux kilomètres et demi ; enfin, à l'Ouest, par la hauteur dite du Quinconce, à deux cent cinquante mètres au plus.

Selon toute apparence, la ville devait être pulvérisée en un jour. Et, cependant, le général Faidherbe lui avait donné l'ordre de résister à outrance!

*<br>* *

Le 28 décembre, la place avait été investie inopinément et bombardée avant que les habitants, comme cela se fait d'ordinaire, n'eussent eu le temps de se mettre à l'abri. Bons juges, en matière de siége, les Prussiens s'étaient figuré qu'une telle ville devait ouvrir ses portes après quelques coups de canon. Aussi n'avaient-ils pas amené de matériel de siége, mais seulement des pièces de campagne.

Pendant 24 heures environ, le bombardement fut d'une violence inouïe ; le premier objectif fut l'église, et après l'église, « l'hospice que désignait le pavillon de Genève. » Le feu ne cessa que le 31 décembre, pendant qu'on établissait des canons de plus gros calibre.

Dans la soirée du 2 janvier et pendant la journée du 3, le canon se fit entendre dans la direction de Bapaume, ce qui donna du cœur aux assiégés, quoique le bombardement eût repris, le 2 janvier, à 10 heures 1/2 du matin.

Le 4 janvier, la place n'entendant plus le canon de Faidherbe, l'espoir d'être secourue s'évanouit. « On avait fini par croire l'armée du Nord en retraite, et l'avenir devait nous démontrer que, *par un concours de circonstances funestes, elle était simplement abusée sur notre situation* (1). »

Nous ferons remarquer cette dernière parole, car elle démontre l'erreur du général Faidherbe (2) qui se fia au récit *d'un paysan*, envoyé seul à la découverte, pour croire la ville débloquée. Que si le général eût expédié un second espion, un homme sûr et intelligent, un officier, par exemple, il n'aurait certes pas été trompé comme il le fut.

Le 9 janvier, 70 maisons de la ville avaient été complétement rasées ; 5 ou 600 autres étaient sur le point de s'écrouler. Quelques-unes, au nombre de dix, étaient à peine habitables. Un parlementaire prussien arriva, ce jour-là, aux avant-postes. Il était

---

(1) Rapport de M. Blondin, sous-préfet de Péronne.

(2) « Ayant eu l'heureuse chance d'entendre le général Faidherbe lui-même parler de cette affaire, nous lui avons dit que nous avions entendu, pendant la nuit du 3 au 4, bombarder Péronne. Il nous répondit que cela n'était pas possible, que ce bruit provenait, selon toute apparence, de quelques pièces prussiennes qui avaient continué, fort tard à tirer sur l'une de nos ailes. Nos camarades de l'armée du Nord savent s'il est possible d'admettre une telle explication. »

porteur d'une lettre du général Von Barnekow, annonçant « l'arrivée de nouvelles forces et d'un matériel de siége, proposant à la place des conditions honorables, si elle voulait capituler ; la menaçant d'un bombardement, avec des pièces de gros calibre, si elle persistait dans sa résistance. »

Le conseil de défense se réunit et la majorité décida que la place se rendrait. Le commandant Garnier se soumit à cette décision et capitula (1), après 14 jours de siége et de bombardement.

Le général Faidherbe fulmina contre le commandant de place, et le menaça publiquement d'un conseil de guerre... «le règlement sur les troupes est formel, » disait-il et, en effet, l'article 248 porte ce qui suit:

« Les lois militaires condamnent à la peine capitale tout commandant qui livre sa place, sans avoir forcé l'assiégeant à passer par les travaux lents et successifs des siéges, et avant d'avoir repoussé au moins un assaut au corps de la place sur des brèches praticables. »

Le général terminait ainsi : « Si une place doit se rendre par *humanité*, il faut que le règlement soit immédiament changé. » — Tout cela est parfaitement vrai. Mais le général oubliait que ce fut par *humanité* qu'il ne voulut pas, avant Pont-Noyelles, s'avancer jusqu'à Amiens et qu'il refusa le 3 janvier de tirer quelques coups sur Bapaume, refus qui lui fit perdre les avantages d'une bataille gagnée; il oubliait que, s'il eût été moins *humain* envers les habitants de

---

(1) Péronne est la seule ville dépourvue de forts qui ait si longtemps résisté à un bombardement, Strasbourg exceptée.

Bapaume, il aurait pu faire lever le siége de Péronne
et préserver la ville d'une destruction presque complète !

*<br>* *

Péronne, au temps de Louis XI, était une forteresse inexpugnable. Mais, depuis cette époque, l'artillerie a fait d'immenses progrès dont malheureusement un très-grand nombre de militaires eux-mêmes
semblent ne pas apprécier suffisamment l'importance.

Péronne, comme toutes nos places, Soissons, La
Fère, Lille, Arras, etc., ne possédait, en effet, ni
forts, ni ouvrages détachés. Or, comme les Prussiens
ne s'attaquent jamais aux murailles des villes, toutes
ces forteresses, si *bastionnées* qu'elles fussent, étaient,
pour ainsi dire, à la merci de l'ennemi auquel le
bombardement sourit toujours plus que l'assaut.

On a beaucoup crié contre la barbarie des bombardements, et cela se conçoit : rien de moins généreux,
rien de plus inhumain, en effet, que de diriger ses
coups sur d'inoffensifs habitants. Mais, tant que cette
coutume barbare ne sera point rayée du code de la
guerre, il faudra bien s'attendre à voir l'ennemi y
recourir, et ne rien négliger, de notre côté, pour
mettre les villes à l'abri d'aussi cruels moyens d'attaque.

D'ailleurs, les Français n'ont-ils pas eux-mêmes
bombardé Rome, il y a quelques années ? N'ont-ils
pas écrasé sous leurs projectiles Sébastopol et plusieurs des petites forteresses de la Crimée ? Bien
mieux, nous, Français, n'avons-nous pas bombardé
Paris, sous la Commune, et employé, contre les
insurgés, les mêmes procédés que les Prussiens

contre Paris, avec leurs canons Krupp? Ne se rappelle-t-on plus les 60 pièces de gros calibre qui, pendant six jours, tonnèrent du haut de la butte Montmartre, et qui, pointées sur les deux clochers de La Villette et de La Chapelle, firent pleuvoir les obus sur des maisons où ne se trouvaient pas seulement des *communards ?*

Ce sont nos rêves ridicules de *paix universelle,* qui nous ont empêchés de faire entourer de forts détachés nos places fortes, que les Prussiens ont pu bombarder à leur guise. Et, cependant, *humanitaires en théorie,* est-ce que nous nous sommes fait faute, le cas échéant, de braquer nos canons sur les villes pour abréger leur résistance ?

Certes, il est douloureux d'avoir à faire emploi de tels moyens de destruction; mais il faudrait se rappeler que la guerre est un fléau dont la civilisation n'a guère, jusqu'ici, diminué la barbarie. Qu'y a-t-il de plus horrible, en effet, qu'une bataille de Gravelotte, où 50,000 Français et Allemands restèrent sur le carreau? Assurément, on ne saurait comparer à cette effroyable tuerie le bombardement d'une ville où, en définitive, les maisons ont beaucoup plus à souffrir que les habitants.

Conclusion pratique : Entourons, au plus vite, nos places de guerre de forts détachés, placés à de *grandes distances;* (le génie militaire a persisté trop longtemps à ne tenir aucun compte de l'immense portée des nouveaux engins); prenons des mesures contre les bombardements ; que les places sans ouvrages détachés soient démolies, si on ne les juge point utiles, car y placer des garnisons et des approvisionnements, c'est « faire à l'ennemi autant de cadeaux rassemblés à l'avance (1). » Mais, si nous détruisons nos murailles, que ce soit de fond en comble, car l'ennemi s'établirait dans ce qui resterait de fortifications, convaincu que, par humanité, nous ne voudrions pas bombarder des villes françaises. Amiens n'est-il pas là pour attester le fait ?

Faisons la guerre sans cruauté, mais avec énergie, et, cela est triste à dire, *sans chevalerie*. L'art militaire est devenu, de nos jours, plus mathématique que jamais, et il est resté tout aussi barbare qu'aux époques les plus reculées.

(1) Brochure du général Faidherbe.

# CHAPITRE XI



Pendant que l'armée du Nord faisait tant et de si nobles efforts, quelles étaient les dispositions des esprits dans les villes ? La population montrait, en général, aveu pénible à faire, beaucoup d'inertie et peu de générosité. Certains industriels semblaient moins préoccupés des malheurs du pays que de leurs intérêts particuliers et quelques-uns profitèrent des calamités de la patrie pour accroître leur fortune. On put alors se faire une juste idée de l'abaissement des âmes et des caractères. C'était à qui solliciterait des positions sédentaires pour ses fils ou autres parents qu'on voulait préserver des périls du champ de bataille. On vit des hommes instruits, dans la vigueur de l'âge, des hommes qui auraient dû donner l'exemple du courage et de l'abnégation, « solliciter humblement du colonel Bel (1), organisateur des gardes nationales mobilisées dans le Nord, *la faveur*

---

(1) Ancien officier de l'armée régulière, qui avant la guerre était adjudant de place.

14.

*d'occuper les emplois de gardes-magasins* et même les fonctions encore plus subalternes de *botteleurs de foin*? Ce que nous disons ici, nous le tenons de la bouche même du colonel qui, plus d'une fois, nous fit part d'épisodes nâvrants sur la *faiblesse* de certaines gens. Nos pères disaient : « noblesse oblige! » Aujourd'hui, nulle obligation pour personne, si ce n'est celle d'augmenter sa fortune et de se procurer des jouissances matérielles.

Depuis longtemps, une sorte de mépris de l'uniforme était à l'ordre du jour dans la société française, et ceux-là même qui se glorifiaient de descendre des preux, témoignaient presque de l'aversion pour les *traîneurs de sabre* (1).

C'est donc à des armées composées d'officiers et de soldats qui ne portaient le fusil qu'à contre-cœur (2), que M. Gambetta prêchait la *guerre à outrance!* C'est devant la lassitude générale, devant le désir à peu près unanime de traiter qu'il lançait le fameux décret de dissolution des conseils généraux ! Ceux-ci étaient remplacés par des commissions départementales, formées d'hommes « *choisis d'urgence par le préfet!* » Cette mesure, qui mécontenta tout le monde, avait été prise parce que M. de Bismarck avait manifesté, dit-on, le désir de traiter de la paix avec les conseils généraux, le seul pouvoir qui, suivant lui, « eût reçu et conservé la consécration du suffrage universel, et, par conséquent de la nation. »

_______

(1) Mais l'aristocratie française a renié ces principes : au premier coup de canon, elle s'est ressouvenue de ses aïeux en prodiguant le sang de ses fils.

(2) Dieu merci il y a eu beaucoup et de bien nobles exceptions.

Le gouvernement de Bordeaux, ne tenant aucun compte de la volonté nationale, voulut, quand même, lutter contre le sentiment de la France entière.

Dans les départements envahis, l'autorité dut déployer la plus grande énergie pour faire partir les appelés. M. Testelin employa tous les moyens : prières et menaces. Les maires des communes envahies reçurent mystérieusement des affiches et et des placards, ainsi que des numéros du recueil des actes de la Préfecture française, qui leur enjoignaient de dresser les listes d'appel et de faire parvenir aux conscrits l'ordre de départ. On comprend l'embarras et l'hésitation de ces infortunés maires qui recevaient, en même temps, des préfets prussiens, des instructions portant que, par décret royal, la conscription était abolie dans toute l'étendue du territoire occupé. Les fonctionnaires allemands leur notifiaient, en outre, que c'était sur eux que pèserait la responsabilité des mesures rigoureuses qui seraient prises par l'autorité prussienne, s'il était constaté : « qu'ils n'avaient pas empêché de toute leur autorité le départ des conscrits (1). »

Les instructions de M. Testelin n'étaient pas moins sévères que celles des Allemands. Quel parti prendre dans ces conjonctures? Des mères de familles allèrent trouver l'autorité prussienne pour lui demander ce qu'elles devaient faire de leurs fils, le jour où l'autorité française les réclamerait : « Ce jour-là, leur fut-il répondu, vous me les enverrez, et je leur ferai signer une feuille de route... pour la Prusse : jusque là vous me répondez de leur présence ! »

(1) Lettre du préfet prussien, M. Landsberg, au maire de Laon.

Malgré beaucoup de défections et de lâchetés, bon nombre de jeunes gens de Vervins, Laon, St-Quentin, Château-Thierry, Soissons, etc., accoururent dans les départements du Nord. « On voyait, dit un écrivain distingué de l'Aisne, M. Fleury, on voyait nos routes sillonnées par de petits groupes de deux ou trois jeunes gens, prudents, silencieux, qui accomplissaient leur douloureux devoir sans enthousiasme, mais consciencieusement ; il passait même des conscrits de la Marne. »

*<br>* *

En hommes pratiques, les Prussiens faisaient marcher de front les opérations financières et militaires. Nous croyons utile d'indiquer ici la méthode qu'ils suivaient, pour percevoir les impôts et en retirer de gros profits :

La question des contributions pour l'année 1871 avait été réglée, par un arrêté du gouvernement de Reims, de la façon suivante : les impositions françaises étaient remplacées par une seule et même contribution directe, à laquelle devait s'ajouter une somme de 50 francs par chaque individu. Les maires étaient chargés de répartir la somme à payer entre tous les habitants de leur commune. Cet impôt serait prélevé, par douzièmes, au commencement de chaque mois. C'était, en un mot, l'ancien impôt direct multiplié environ par cinq. Ainsi, une commune de 400 habitants qui payait 5,000 francs environ d'impôts directs, était condamnée à verser 25,000 francs pour 1871.

A ces énormes contributions de guerre, aux réquisitions en nature de toutes sortes et aux autres

charges qu'entraînait l'occupation prussienne, venaient se joindre des souffrances morales qui en
doublaient le poids.

Pour comble de malheur, les excursions et les
pillages de quelques francs-tireurs achevaient de
jeter partout la désolation et la terreur. Que si un
certain nombre de ces francs-tireurs se conduisirent
vaillamment, beaucoup eurent bien des méfaits à se
reprocher. Aussi arriva-t-il dans quelques localités, à
Sissonne, par exemple, que les habitants sonnèrent le
tocsin à leur approche, et les menacèrent de leur faire
un mauvais parti. Ils furent obligés de se retirer.

Partout, aujourd'hui, on sait parfaitement à quoi
s'en tenir sur le rôle joué par certains francs-tireurs.
Cependant quelques-unes de leurs compagnies rendirent à l'armée de véritables services; mais celles-là
étaient attachées aux divisions et elles n'agissaient
que d'après les ordres des généraux.

La meilleure preuve que les francs-tireurs *libres*
n'étaient nullement redoutés de l'ennemi, c'est que
toute la région du Nord ne cessa d'être envahie par
les uhlans qui, seuls ou par deux, la parcouraient en
tous sens. Sur les ailes de l'armée, et même sur ses
derrières, les cavaliers allemands voltigeaient impu-
nément; ils poussèrent des pointes jusqu'aux portes
d'Arras, jusqu'à six kilomètres de Lille ! Deux de ces
hardis cavaliers eurent même l'effronterie de venir
faire des ordures à l'une des portes d'Abbeville, au
grand scandale des habitants (1) !

*<br>* *

(1) Fait rapporté par les journaux d'Abbeville.

C'est après Bapaume que l'on tenta de donner plus de consistance à la garde mobile en lui fournissant des cadres meilleurs que ceux qu'elle possédait. On prit dans l'armée régulière les sous-officiers les mieux notés, et on les nomma d'emblée capitaines dans la garde nationale mobile. Ces hommes, en général, possédaient une instruction militaire plus que médiocre, mais ils avaient certaines qualités et une expérience acquise sur les champs de batailles de l'armée du Rhin. Rudes et habitués à l'obéissance passive, ils savaient commander.

Malheureusement, dans la crainte d'appauvrir l'armée régulière en sous-officiers, on n'en put fournir qu'un petit nombre à l'armée auxiliaire.

Quelques officiers subalternes furent également tirés des troupes de ligne et reçurent le commandement des bataillons et des régiments de mobiles. Ces mesures eurent de bons résultats, nous le verrons à la bataille de St-Quentin.

Quant aux gardes nationales mobilisées, leur état étant, on le peut dire, désespéré, on chercha à les utiliser en les versant dans les troupes de l'armée active, où, bien encadrées, on espérait qu'elles se conduiraient passablement. Cette opération se fit très-lentement parce que le nombre de fusils-chassepot disponibles était restreint. Chaque division en reçut 300 environ. On s'empressa de leur donner le pantalon rouge, car on avait remarqué que l'uniforme *influait sur leur moral*. Ces hommes tremblaient d'abord à la pensée qu'ils allaient désormais se trouver au premier rang et au plus fort du danger. Mais, bientôt, le contact de leurs camarades, la conlance dont ils les voyaient animés, la bonne discipline qu'ils remarquaient, retrempèrent leur caractère. Nous les retrouverons à Beauvois, à Vermand et à St-Quentin, se battant, sous les yeux de leurs officiers, presque *comme de vieux soldats !*

Pour notre part, nous avons entendu plusieurs d'entre eux, le soir de cette fatale retraite, s'écrier, tout heureux, tout étonnés du courage qu'ils avaient montré : « n'est-ce pas que nous nous sommes bien battus ? » et c'était vrai, mille fois vrai !

Telle est l'influence des cadres !

*<br>* *

Pour faire un bon officier, il faut bien des conditions :

Courage et intelligence ; connaissance de l'art de la guerre et des manœuvres ; certaines qualités qui ne s'acquièrent qu'avec le temps, par exemple l'expérience, la fermeté, l'habitude du commandement qui fait que le soldat obéit à un geste, à un regard. Si l'on joint à ces qualités la patience et le calme devant les privations et le danger, le coup d'œil, l'esprit du devoir, le sentiment de l'honneur, celui du respect et de la discipline, l'on est vraiment digne de porter l'épaulette.

Un grand nombre d'officiers de mobiles possédaient le courage et l'intelligence. Mais que de qualités essentielles leur faisaient défaut ! En dehors du combat, où ils se conduisaient assez bien de leur personne, avaient-ils souci de ce qu'on attendait d'eux ? S'occupaient-ils de leurs hommes ? Veillaient-ils à ce qu'ils eussent des habits ou des souliers ? Avant de manger, allaient-ils voir si leurs soldats avaient de quoi faire la soupe ? Dans les marches, demeuraient-ils à leur rang ? Quand on leur confiait une position à défendre, y restaient-ils toujours en éveil, visitant les sentinelles, etc ? Enfin, le général pouvait-il compter sérieusement sur eux, quand il leur avait confié une mission ou un poste ? Pour bien peu, l'on aurait pu répondre affirmativement. Et comment s'en étonner ? Il aurait été bien singulier qu'il en fût autrement (1).

*
* *

Il y eut dans la garde nationale mobilisée une telle pénurie de sujets aptes à faire des officiers, que l'on vit nommer lieutenants et capitaines des hommes qui savaient à peine lire et écrire. Aussi, arriva-t-il qu'un valet de ferme, ex-caporal ayant fait un congé, fut nommé capitaine et appelé à commander son ancien maître qui était simple soldat.

Certes, cette armée républicaine donnait le plus bel exemple de l'égalité démocratique ; mais, dans une véritable armée, l'épaulette a toujours été considérée comme une sorte de noblesse. Or, dans la garde nationale, au contraire, nulle respect, nulle déférence pour l'officier, aucune hiérarchie.

A Paris, comme en province, on a vu des chefs se griser avec leurs hommes et oublier tous leurs devoirs en face de subordonnés qui les méprisaient profondément. Que de honte, parfois, il nous a fallu dévorer et dans nos cantonnements et sur les champs de bataille !

(1) Encore une fois, malgré toute leur bonne volonté, les officiers de mobiles ne pouvaient, en un jour, devenir des chefs accomplis, n'en déplaise à MM. tels et tels.

# CHAPITRE XII



L'activité des opérations militaires s'était ralentie
depuis Bapaume. On l'attribuait à l'extrême rigueur
de la saison et aux maladies. Nos troupes, cantonnées d'abord aux environs de Boisleux-Saint-Marc,
étaient demeurées dans un trop long repos, car
Péronne, lassée de sa longue résistance, allait bientôt
capituler. Le 7 janvier, l'armée s'avança jusqu'à
Fontaine, Hamelincourt, Wancourt et Guemappe.

La journée du 9 fut signalée par une petite escar-
mouche qui fit honneur aux éclaireurs du 22ᵉ corps.
Une trentaine d'hommes environ, commandés par le
capitaine de mobiles Delaporte, prirent quarante-trois
uhlans, dont deux officiers, après en avoir tué quelques-uns. Le village de Monchy-aux-Bois, théâtre de
ce coup de main, fut livré aux flammes par les
Prussiens.

A la nouvelle du mouvement du général Faidherbe,
les Allemands se préparèrent à évacuer Bapaume,
décidés à se retirer devant l'armée du Nord et prêts à
donner l'ordre à la division Von Barnekow de lever

le siége de Péronne ; mais les Français restèrent dans une inconcevable immobilité. Le 10 janvier, la petite forteresse capitula. L'ennemi y plaça une forte garnison, puis se retira derrière l'Hallue, certain désormais que les Français y regarderaient à deux fois avant de tenter le passage de la Somme. Le général Von Gœben remplaçait le général Von Manteuffel, appelé au commandement de l'armée qui opérait contre Bourbaki.

Ce même jour, le général Faidherbe tint conseil à Boisleux-aux-Monts, et donna aux généraux de division des ordres pour marcher sur Albert, dès le lendemain. Il affirmait que Péronne était dégagée.

Vers le soir, le général Derroja, dans une reconnaissance qu'il dirigeait lui-même, surprit une grand'garde prussienne et l'enleva tout entière ; 30 chevaux tombèrent entre ses mains. Alléché par ce succès, le général poussa jusqu'à Bapaume faiblement occupée et d'où l'ennemi s'était retiré, en partie, n'osant l'attendre. Le gros des Prussiens ayant quitté la ville dès le matin, elle fut enlevée, après un court engagement.

Le lendemain, fier de cet avantage, le général Faidherbe établit son quartier général à Bapaume, et data de ce lieu les dépêches qu'il adressait à Lille. Cet événement fut tenu pour un véritable succès et comme la confirmation de la victoire du 3 janvier, car on ignorait encore la prise de Péronne !

Le 11, l'armée française s'avança jusqu'à Bucquoy et Ablainzevelle. Les jours suivants ne furent signalés que par quelques mouvements sans importance. Mais, le 14 janvier, l'armée exécuta une marche sur Albert. De grand matin, nos troupes s'ébranlèrent. Albert, petite ville de 4,000 habitants, était occupée par un fort détachement prussien. Le 22e corps reçut l'ordre de l'en chasser et de s'y établir.

La division du Bessol, à la droite, s'avança par Puisieux et le Mesnil-Martinsart, en suivant la rive droite de la petite rivière d'Ancre, affluent de la Somme, tandis que la division Derroja arrivait par la grand'route de Bapaume, sur la rive gauche. La division Payen, du 23e corps, en réserve, ne poussa que jusqu'à Martinpuich ; la division des gardes nationales mobilisées était restée à Bapaume. Le mouvement s'exécuta sans difficulté. Les Prussiens évacuèrent Albert sans attendre l'attaque des Français.

Les tirailleurs de la division du Bessol échangèrent seuls des coups de fusil dans le bois d'Aveluy, en avant de la ville, avec quelques pelotons qui protégeaient la retraite de l'ennemi.

Les Français avaient exécuté, comme on peut le voir, un changement de front oblique, l'aile droite en avant. Leur ligne était à peu près parallèle à la Somme, face à Péronne : la droite, division du Bessol, à Albert ; le centre, divisions Derroja et Payen, à Rosières, Bazentin, Courcelette et Martinpuich ; la gauche, division Robin, à Bapaume.

Le lendemain, 15, une reconnaissance de la première division s'avança dans la direction de Bray, pour reconnaître la position de la 15e division prussienne, entre Etinehem et Suzanne. Elle avait ordre de se borner à une simple démonstration, sans engager un combat sérieux. La division du Bessol explora le pays jusqu'à deux kilomètres au-delà d'Hédouville et de Millencourt.

Les deux escadrons de dragons firent une reconnaissance le long du chemin de fer, vers Corbie, poussèrent audacieusement jusqu'en vue des troupes qui gardaient l'Hallue et qui leur envoyèrent une bordée d'obus.

Le 23e corps dirigea ses reconnaissances vers Péronne où se trouvait la 16e division prussienne, Von den Grœben, bien persuadé que le général Faidherbe prenait Amiens pour objectif, et qu'il n'avait rien négligé pour l'arrêter, soit qu'il voûlut attaquer cette ville en passant sur la rive gauche de la Somme, soit qu'il préférât suivre la route plus directe d'Albert, par Pont-Noyelles.

La position des Allemands, sur la rive droite de l'Hallue, où la lutte avait été si vive lors de la bataille de Pont-Noyelles, fut mise par eux en état de défense. Les villages, garnis de troupes, furent crénelés et barricadés. Mais l'ennemi n'étant pas en force se replia sur Amiens.

En même temps, des renforts arrivaient à Longueau, venant de la Normandie.

Tenter de franchir l'Hallue, avec l'ennemi sur son flanc gauche, et se jeter sur Amiens aurait été téméraire. Aussi, le général Faidherbe eut-il la prudence de ne point l'entreprendre. Quant au cours de la Somme, il était surveillé de Péronne à Corbie, et les passages à Bray, Cappy, Sailly et Corbie étaient soigneusement gardés par l'armée ennemie.

Grâce aux marais, un corps prussien peu considérable pouvait défendre l'abord du fleuve. C'est alors que le général Faidherbe comprit combien la perte de Péronne lui était préjudiciable. Maître de cette place, il

aurait pu passer la Somme et franchir sans peine
la ligne de l'Hallue, facile à tourner par Villers-Bretonneux et Corbie, en combinant ce mouvement avec
une attaque sur Pont-Noyelles.

Pendant que le commandant en chef se trouvait
aux prises avec ces graves difficultés, des hommes
exaltés, à Lille surtout, se plaignaient amèrement « de
la lenteur que l'armée française mettait à passer la
Somme et à se porter à la délivrance d'Amiens
d'abord, et de Paris ensuite (1). » L'*Echo du Nord*,
organe de la Préfecture, « blâma cette irritation ner-
veuse. » Il annonça que de grands renforts arrivaient
à Von Gœben et s'efforça de prouver que la possession
des voies ferrées permettrait à l'ennemi d'appeler
rapidement des forces contre lesquelles il serait impossible aux Français de lutter. Toutes ces considé-
rations, ajoutait l'écrivain avec infiniment de raison,
« imposaient au général Faidherbe une extrême circonspection dans sa marche offensive. » Mais ces
sages paroles ne furent malheureusement point goû-
tées : l'imagination des Jomini d'estaminet, pour qui
les marais de la Somme et de l'Hallue n'étaient point
des obstacles, ne pouvait s'expliquer la lenteur de
nos opérations.

*<br>* *

Le 15 janvier, le général Faidherbe s'enferma toute
la journée avec son chef d'état-major, et, vers le soir,
il envoyait à la brigade des gardes nationales mobilisées d'Arras (colonel Pauly) l'ordre de le rejoindre

---

(1) M. Fleury, dans ses éphémérides de l'Aisne.

à Achiet-le-Petit. En même temps, des courriers expédiés dans la direction de Cambrai et de Vervins, allaient y porter l'ordre de diriger sur Saint-Quentin toutes les troupes disponibles. Ces troupes, placées sous le commandement du colonel Isnard, eurent, ce jour-là même, un engagement avec les Prussiens de la division comte de Lippe.

Il semble résulter des déclarations du général Faidherbe que ce fut une dépêche reçue de Bordeaux qui le décida à exécuter une contre-marche vers Saint-Quentin. Nous laissons, au surplus, le général exposer lui-même son plan et les motifs de sa manœuvre :

« Nous ne pouvions avoir l'idée de forcer le passage de la
« Somme, sous Amiens, en présence d'une armée au moins
« aussi nombreuse que la nôtre, retranchée comme elle
« l'était, et qui avait la faculté de recevoir très-sûrement des
« renforts. D'un autre côté, *nous ne pouvions rester dans*
« *l'inaction.*

« Nous savions que la garnison de Paris allait faire un
« grand et suprême effort ; un télégramme de Bordeaux
« envoyé par M. de Freycinet, *en l'absence de M. Gam-*
« *betta,* avait averti le général Faidherbe que le moment
« d'agir vigoureusement était venu ; il importait surtout
« d'attirer sur nous le plus de forces possibles de Paris.

« Le général Faidherbe, intimement convaincu de cette
« nécessité, crut qu'il arriverait à ce but, en se dérobant à
« l'armée qui était devant lui, par quelques marches forcées
« vers l'Est et le Sud-Est, de manière à arriver rapide-
« ment au sud de Saint-Quentin , menaçant ainsi la
« ligne de La Fère, Chauny, Noyon et Compiègne. Il était
« sûr d'avoir bientôt affaire à des forces considérables, mais
« le moment de se dévouer était arrivé, et il pouvait espérer
« d'avoir le temps, lorsqu'il se verrait menacé par des forces
« supérieures, de se rabattre vers le Nord, en les attirant à

« lui, et d'aller les attendre, sous la protection des places
« fortes à Cambrai, Bouchain, Douai et même Valenciennes,
« où il pourrait leur tenir tête, quel que fût leur nombre, si
« elles osaient l'attaquer. »

Ainsi, on envoyait à l'improviste à un général l'ordre
de livrer bataille, *quand même*, et quelles que fussent
la position et la situation de son armée !

Le général Faidherbe, dans les lignes que nous
venons de citer, ne donne pas, croyons-nous, son
plan complet, car il ne parle pas de son projet de se
porter derrière l'Oise. Or, nous avons entre les mains
l'ordre qui prescrivait à l'armée de se cantonner, le
18 janvier, près de cette rivière, à Moy, Mézières-
sur-Oise, etc...

Voici, selon un officier très-distingué et qui approchait de près le général Faidherbe, voici quelle
aurait été, un instant, la pensée du commandant en
chef de l'armée du Nord :

Après avoir donné le change à l'ennemi par de
fortes reconnaissances vers l'Hallue, afin de lui faire
porter de ce côté la plus grande partie de ses forces,
on aurait quitté brusquement Albert, le 16 de grand
matin, et l'on aurait, ce jour-là, exécuté une marche
forcée, de façon que les forces cantonnées à Bapaume
pussent pousser jusqu'à Vermand, Pœuilly, Bertau-
court, Etricourt et les corps plus éloignés, c'est-à-dire
la 2ᵉ division arriver jusqu'à Hancourt.

Le lendemain 17, toute l'armée devait se trouver
autour de Moy, Berthenicourt, Mézières-sur-Oise,
Sery-les-Mézières, etc., prête à passer, le cas
échéant, sur l'autre rive.

L'armée du Nord se serait de la sorte établie, en

deux jours, dans une position très-forte, avant que l'ennemi, surpris de son brusque départ d'Albert, et ignorant sur quel point elle se dirigeait, eût pris des mesures pour la rejoindre.

Une fois en position, et la ligne du canal de Saint-Quentin et de l'Escaut gardée, ce qui permettait à l'armée de se retirer sur Cambrai, le général Faidherbe aurait envoyé de fortes colonnes de troupes d'élite, armées à la légère, pour couper, à Guignicourt, la voie ferrée entre Laon et Reims, entré Reims et Soissons. En même temps, un corps de volontaires, passant, déguisés, par la Belgique, serait allé couper la voie ferrée à hauteur de Carignan. On se rappelle qu'à cette époque les Prussiens avaient perdu l'une de leurs grandes voies de communication, parce que des francs-tireurs avaient fait sauter le tunnel des Ardennes. L'opération du général Faidherbe aurait privé les troupes qui assiégeaient Paris de toutes leurs autres communications ferrées avec l'Allemagne.

Ce plan, on le voit, ne manquait pas de grandeur. Mais le succès reposait sur la rapidité de la contre-marche d'Albert à Saint-Quentin, qui devait donner, selon toutes les prévisions, à l'armée du Nord, une avance de trois ou quatre jours sur les Prussiens en marche pour se concentrer vers Pont-Noyelles.

Les Allemands, probablement, eurent vent du projet, ou bien ils firent preuve d'un étonnant esprit de prévision, car, dès le 10 janvier, quelques francs-tireurs des Ardennes s'étant présentés aux environs de Guignicourt, l'ennemi envoya une compagnie de Landwehr occuper le village, pour protéger le pontviaduc contre un coup de main. Ce qui contribua surtout à faire manquer le projet du général, ce fut la marche de la colonne Isnard qui donna l'éveil aux Prussiens (1), puis le verglas qui força les Français à employer trois jours à faire un chemin qu'ils auraient pu franchir en un seul. Quoiqu'il en soit, les dispositions prises par le général Faidherbe étaient telles que, malgré tous les renforts envoyés aux Allemands, les Français, l'entreprise exécutée, auraient eu leur ligne de retraite assurée sur les places du Nord.

Le plan remarquable qu'avait conçu le commandant en chef de l'armée du Nord, nous le possédons, tracé de la main d'un officier qui a vu de trop près le général Faidherbe pour que nous puissions douter de l'exactitude des renseignements dont nous venons de faire usage (2).

Pourquoi le général en chef n'a-t-il point fait mention de ce plan dans sa brochure ? Nous ne saurions le dire.

(1) Nous en parlerons au chapitre suivant.

(2) Nous le possédons dessiné de la main même de M. le commandant du génie R. ***, aide-de-camp du général Faidherbe. Nous étions à Bayeux quand il nous fit l'honneur de nous le communiquer.

# CHAPITRE XIII



Les ordres de marche furent envoyés aux divisions,
le 15 au soir. Ils prescrivaient le départ d'Albert pour
le lendemain 16, à six heures du matin. Les convois
devaient précéder les colonnes ; mais l'on perdit beaucoup de temps à chercher les conducteurs, hommes
de réquisition, que l'on forçait à suivre l'armée avec
leur voiture et leurs chevaux. On ne put se mettre en
route qu'à neuf heures.

Les jours précédents, la neige avait commencé à
fondre, et l'on tenait pour certain que le dégel allait
arriver. Toutefois, dans la nuit du 15 au 16, la température étant redevenue extrêmement froide, les chemins se couvrirent de verglas. On eut beaucoup de
peine à avancer sur la grand'route. L'artillerie avait
pris ses précautions, mais la plupart des chevaux du
grand convoi n'étaient point ferrés à glace : il fallut
s'arrêter en plusieurs endroits pour accomplir l'opération.

La division Derroja exécuta une marche très-pénible,

mais elle put arriver au lieu indiqué comme cantonnement, ainsi que le 23e corps qui n'avait eu que peu
de chemin à faire ce jour-là. Quant à la 1re brigade
de la division du Bessol, qui formait l'arrière-garde
et se trouvait de beaucoup la plus éloignée, elle ren--
contra, à l'entrée de Contalmaison, une côte très-
-raide. On chercha d'abord à pousser les voitures du
grand convoi, une à une, mais le chemin était glissant,
et l'opération demandait trop de temps. Il fallut y
renoncer. On fit appel aux habitants pour jeter des
cendres et du fumier aux endroits les plus difficiles,
mais leur mauvaise volonté était manifeste ; et l'on
n'en put rien obtenir. On piocha alors le milieu de la
route. Malheureusement il tombait du verglas qui
rendit bientôt le sol extrêmement glissant. On essaya
de prendre la terre des côtés de la route pour la jeter
sous les pieds des chevaux ; mais elle était tellement
gelée qu'il fallut y renoncer. Alors, un bataillon de
mobiles du Gard, qui se trouvait derrière le convoi,
reçut l'ordre de déposer ses sacs et ses armes et de
traîner les voitures.

Le général commandant la division et son état-
major, ainsi que le colonel Fœrster, avec la 1re brigade, donnèrent l'exemple, s'attelant aux chariots, les
poussant et tenant la tête des chevaux. Il fallut de la
sorte faire marcher trois cents grosses voitures chargées des vivres de l'armée. On ne sortit de là que vers
deux heures de l'après-midi, après quatre heures
d'efforts inouïs. Pendant ce temps, les troupes, immo-
biles et massées dans le fond de la vallée, souffraient
cruellement de la gelée. La division du Bessol ne
s'arrêta qu'à la nuit, épuisée de fatigue et n'ayant fait

que la moitié du chemin qu'elle devait parcourir. Le grand quartier général s'établit à Sailly-Saillisel.

*
* *

Le même jour, la ville de St-Quentin fut attaquée par le colonel Isnard, qui commandait une colonne d'infanterie formée, en grande partie, de mobiles ou de mobilisés.

Dès huit heures du matin, les deux cents hommes qui composaient le corps franc des *Zouaves du Nord*, pénétrait dans la ville par le faubourg d'Isle, espérant surprendre l'ennemi. Mais celui-ci avait pris ses dispositions au petit jour, et ses préparatifs de départ étaient terminés, quand arrivèrent nos troupes. Une dépêche leur avait été envoyée pendant la nuit, pour les informer de la marche du général Faidherbe sur Saint-Quentin. Les Français échangèrent avec les Allemands une courte fusillade à la suite de laquelle ils firent quelques prisonniers, s'emparèrent de quelques voitures de provisions et surtout de caisses de tabac qui furent immédiatement partagées.

En se retirant, le comte de Lippe ordonna de lancer sur la ville une bordée d'obus, qui ne fit que peu de mal, puis il prit la route de Ham avec sa division.

A la nouvelle de cet événement, la garnison prussienne de Laon, peu nombreuse et craignant sans doute de se voir coupée de Reims, était dans une extrême agitation. Les postes avaient été doublés et toutes les précautions prises pour empêcher les Français de détruire la ligne du chemin de fer. La ville de la Fère, presque sans garnison, envoya demander du renfort à Laon qui ne put lui envoyer que deux compagnies, lesquelles se mirent en route pendant la nuit. Des renforts furent aussi demandés à l'armée de la Meuse.

*<br>* *

Le 17 au matin, l'armée du Nord se remit en marche, le 22e corps dans la direction de Vermand, en passant par Templeux-la-Fosse, Roisel, Bernes, Fléchin, Pœuilly ; le 23e corps dans la direction de St-Quentin, avec le grand convoi de l'armée. Cette marche de flanc, à petite distance de l'ennemi qui s'était massé sur la rive gauche de la Somme, était périlleuse.

Les colonnes Derroja et du Bessol, avec toute leur artillerie et leur convoi divisionnaire, dessinaient une longue ligne que l'ennemi pouvait à chaque instant attaquer à l'improviste, car, pour les préserver des surprises, il eût fallu les couvrir, sur leur flanc extérieur, par de la cavalerie. Au lieu de cela, les dragons marchèrent en tête de colonnes avec le général Faidherbe ou avec le 23e corps qui n'avait rien à craindre.

Vers neuf heures du matin, l'avant-garde de la division Derroja fut tout à coup assaillie, près de Templeux-la-Fosse, par un parti prussien en embuscade, qui tua aux Français une quinzaine d'hommes, puis se retira précipitamment, abandonnant la hauteur boisée de Buire. En même temps, le général de division von Barnekow, qui commandait le corps cantonné à Péronne, envoyait un bataillon et douze pièces d'artillerie prendre position au hameau de

16

Brusles, pour retarder la marche des Français, s'il était possible, et pour leur enlever quelques-unes des voitures du convoi, chose assez facile, puisque pas un peloton de cavalerie ne protégeait leur flanc. Par bonheur, nos troupes, au lieu de se diriger sur Bernes par Boucly, continuèrent à suivre la grand'route en passant par Roisel, et elles évitèrent ainsi, sans s'en douter, l'embuscade qui leur était dressée.

Le 22e corps poursuivit sa marche sans être inquiété; mais le dégel ayant commencé le matin, les cours d'eau, dans les vallées, étaient devenus des torrents qui, en plusieurs endroits, traversaient la grand'route. Entre Roisel et Bernes, on avait dû quitter le chemin qui passe par Hervilly, pour suivre celui qui mène directement à Bernes. Là, les soldats eurent parfois de l'eau jusqu'aux genoux, ce qui était d'autant plus pénible que la température était redevenue très-froide.

Les convois qui, les jours précédents, avaient marché sur le verglas avec des peines inouïes, rencontrèrent dans certains terrains détrempés des difficultés d'un autre genre.

Ce jour-là encore, les troupes n'arrivèrent qu'à la nuit à leurs cantonnements. Dans la deuxième division, aucune distribution ne put se faire, vu l'éloignement du convoi; chacun se procura des vivres comme il put. Le quartier général s'établit à Vermand qu'un corps prussien, avec artillerie et cavalerie, évacua précipitamment, à l'approche des Français. Nos dragons « leur donnèrent la chasse, » dit le général Faidherbe qui, remarquait-on, les aurait beaucoup mieux employés à éclairer l'armée et surtout à couvrir ses flancs qu'à faire des charges pour enlever quelques prisonniers.

*<br>* *

Dans la nuit du 17 au 18, les divisions reçurent les ordres de marche pour le lendemain. L'armée devait continuer à se diriger sur l'Est et aller établir ses cantonnements sur les bords de l'Oise, à Moy, Mézières-sur-Oise, Séry-les-Mézières, etc. Une division (la deuxième du 23e corps), était chargée d'assurer la ligne de retraite, en gardant le canal de St-Quentin et celui de l'Escaut. Elle avait mission, en outre, de défendre les deux ponts du canal, près de Bellenglise, avec le concours de la brigade Pauly. Ordre fut donné aux généraux de « réduire les convois divisionnaires au plus strict nécessaire, et de renvoyer rigoureusement toute voiture inutile. » Les convois devaient « marcher à part, sous une escorte suffisante, de manière qu'il n'entrât dans les colonnes que les troupes et l'artillerie (1). »

Les prescriptions les plus formelles étaient aussi données pour que, dès que le canon et la fusillade se feraient entendre en tête des colonnes, les troupes placées en arrière accélérassent vivement leur marche. Les capitaines devaient être prévenus qu'ils seraient sévèrement punis si un seul homme de leur compagnie « quittait le rang, à moins de nécessité absolue. » Voici l'ordre de marche : « Le 22e corps (division Derroja et du Bessol) gagnera la route de Péronne à Roupy, à Beauvois, en passant par Caulaincourt. Toutefois, les troupes cantonnées à Vermand mar-

---

(1) Ordre de marche du 18 janvier.

cheront sur St-Quentin. La 1re division du 23e corps se dirigera sur St-Quentin. La 2e du même corps se dirigera également vers St-Quentin et ira prendre ses cantonnements à Bellenglise, Pontruel, Pontru et Berthancourt.

« La brigade des mobilisés du général Pauly se portera dans la même direction, en passant par St-Quentin...

« La cavalerie ira se mettre à la disposition du général commandant le 23e corps. »

Le général von Gœben, dès le 17, avait transporté son quartier général à Nesle. Le lendemain, il s'établissait plus près encore de St-Quentin, à Ham.

En même temps il donnait l'ordre à toutes les divisions de son armée de se porter sur St-Quentin, tandis que la 16e division barrerait la route de Ham et que le comte de Lippe, à la tête d'une forte colonne, irait occuper Moy, le 18, jour où le général Faidherbe devait précisément passer l'Oise pour s'établir au même endroit (voir aux notes, ordre du 18 janvier). Toutes les précautions avaient été prises, du côté des Prussiens, pour arrêter les Français, de quelque côté qu'ils se présentassent.

Les passages de la Somme à Péronne, St-Christ-Briost, Ham, étaient gardés avec soin et des bataillons y étaient postés avec de l'artillerie, pour le cas où le général Faidherbe eût voulu se porter sur Amiens, par la rive gauche de la Somme.

Les Français se mirent en marche, le 18 de grand matin, car chacun pensait que de la rapidité de la marche dépendait le succès, et déjà le verglas, puis le dégel, avaient causé bien des retards. La division

Derroja dépassa Roupy, sans avoir été inquiétée.
Mais, vers onze heures, la queue de la division du
Bessol, qui n'avait point de cavalerie et qui s'était
attardée à Fléchin pour faire des distributions (1), fut
soudain attaquée à Beauvois. Au moment où elle s'y
attendait le moins, une épouvantable décharge d'artillerie vint creuser dans ses rangs des vides profonds. Quelques tirailleurs furent rapidement déployés par le colonel Fœrster sur le flanc de sa brigade
qui, du reste, continua sa marche vers Roupy où se
trouvait alors la première brigade avec le général
du Bessol. Ce dernier l'avait placée à cheval sur la
route de Ham et l'avait fait arrêter afin de permettre à
la 2e brigade de serrer sur la 1re et d'empêcher ainsi
toute tentative, de la part de l'ennemi, pour se jeter
entre deux.

Cependant, les Prussiens, avec une batterie et de la
cavalerie, suivaient le convoi de la division du Bessol,
qui marchait assez loin en arrière, et leurs projectiles
brisèrent un certain nombre de voitures qu'il fallut
abandonner sur la route. Le commandant Périer, du
69e de marche, qui commandait l'escorte, s'empressa
de faire changer de route aux prolonges, qu'il dirigea
sur St-Quentin par Vermand. Il se plaça, avec son
bataillon, en avant de Pœuilly, face à Vraignes, prêt
à résister à outrance à toute attaque, tant que le
convoi ne serait pas en sûreté. Il avait devant lui
toute la division Von Kummer.

Pendant ce temps, la brigade Fœrster, serrée de

<hr>

(1) Brigade Fœrster.

près par l'ennemi, et sans cesse en butte aux attaques de son artillerie, s'arrêta un moment pour le repousser. Deux pièces se placèrent face à Trefcon, sur la route de Péronne, à l'ouest du village de Beauvois. La canonnade devint alors très-vive, et les deux pièces de quatre furent obligées de se retirer. L'une d'elles, dans ce mouvement, reçut un obus, et les chevaux effrayés la firent tomber dans un abreuvoir. On chercha à la retirer, on brisa la glace et les artilleurs entrèrent dans l'eau jusqu'au cou, malgré la froide température. Après une heure d'efforts inutiles, sous le feu de l'ennemi, on dut l'abandonner pour continuer la route, d'après l'ordre de marche précis. On couvrit la pièce de branches, espérant la dérober ainsi aux regards des Allemands; mais des Français eurent l'indignité de la leur faire voir !

Pendant ce combat, nos tirailleurs avaient contenu facilement l'ennemi ; nous avions perdu quelques hommes atteints par les obus, mais, en résumé, il n'y avait pas eu réellement de lutte sérieuse sur ce point. Le général du Bessol, persuadé que l'ennemi n'avait d'autre but que de faire une reconnaissance offensive, ne crut pas devoir prolonger la lutte plus longtemps et, résolu de continuer sa route, envoya dire au colonel Foerster de se dégager au plus tôt, s'il le pouvait sans inconvénient, et de reprendre la marche dans la direction indiquée. Pour que ce mouvement pût s'exécuter en toute sécurité, le général déploya la brigade de Gislain en avant de Roupy, à cheval sur la route de Ham. En même temps, il écrivit au général Derroja qui se trouvait devant lui : « je suis attaqué, mais je continue à marcher, car je pense que l'intention de l'ennemi est de nous arrêter.» Ce billet malheureusement n'arriva pas, car il aurait évité à la 2ᵉ brigade de la division la contre-marche pénible et inutile qu'elle exécuta sur Vermand.

Le général du Bessol, après avoir pris ses dispositions à Roupy où la 1ʳᵉ brigade devait tenir à tout prix, si elle était attaquée, quitta ce point important et se dirigea sur Beauvois, avec un bataillon d'infanterie. Mais il rencontra au village de Vaux la 2ᵉ brigade déjà en marche sur Roupy. Son commandant, le colonel Fœrster, qui n'avait point attendu l'ordre du général pour se dégager, lui apprit alors la perte d'un canon. Il était deux heures, et le combat avait cessé complétement, quand apparurent aux yeux du général du Bessol, sur les hauteurs de Vermand, les bataillons du 23ᵉ corps, qui semblaient marcher dans la direction de Vermand. Le général ne les savait point engagés; mais du moment où la brigade Fœrster arrivait à Roupy, elle entendit soudain le canon retentir de nouveau. C'était le général Paulze d'Ivoy dont les marins, un moment dispersés, recommençaient l'action aux environs de Vermand.

Voici ce qui s'était passé sur ce point.

Le chef de bataillon Périer, du 69ᵉ de marche, qui avait le commandement de l'arrière garde du convoi de la 2ᵉ division du 22ᵉ corps, et que nous venons de voir en face de Vraignes, s'était remis en marche. Tout à coup il voit s'avancer un sous-lieutenant de dragons, envoyé sans doute en reconnaissance, et qui, sans s'informer aucunement de la situation, lui crie de loin : « Je vais chercher du secours ! » puis, ces paroles prononcées, s'élance du côté de Vermand. Quelques instants plus tard se montraient les têtes de colonnes du corps Paulze d'Ivoy. Si ce général avait été mieux renseigné, il n'aurait certainement point engagé un combat sans but, puisque la division du Bessol n'était nullement compromise. Après avoir repoussé facilement une charge de hussards, elle continuait tranquillement sa route sur Roupy. Seuls, les deux bataillons d'arrière-garde (69e et mobiles du Gard) restaient encore en face de l'ennemi, n'attendant, pour se diriger sur Roupy ou Vermand, suivant les circonstances, que l'avance prise par les convois fût assez grande (1).

Au moment où il allait se retirer, le commandant Périer recevait l'ordre du général Paulze de prendre position en avant de Caulaincourt, face à Trefcon, sur la rive gauche de l'Omignon, affluent de la Somme, en attendant l'arrivée du 23e corps.

En effet, au bruit du canon, la brigade Michelet, de la 1re division du 23e corps, s'était arrêtée et avait reçu l'ordre de revenir sur ses pas. La brigade Lagrange, qui déjà avait dépassé Vermand, dut faire de même. Les marins, appuyés par la batterie de quatre (Dieudonné), se portèrent sur la rive droite de l'Omignon, ayant devant eux, en tirailleurs, deux compagnies du bataillon du 69e de marche. Ces troupes s'engagèrent mal à propos dans le ravin profond qui s'étend de Tertry â Hancourt. L'artillerie ennemie ne tarda pas à les en chasser. Il y eut même un moment de débandade qu'il fut impossible de réprimer. Les marins et les mobiles ralliés prirent, une heure après

(1) Le général Faidherbe dit dans sa brochure que le corps Paulze d'Ivoy dégagea la division du Bessol. L'erreur est manifeste.

osition sur les crêtes dites du Moulin-le-Doux, et les
deux compagnies du 69e, qui avaient reculé avec ordre,
e déployèrent de nouveau à droite de Caulaincourt,
ace à Pœuilly. Le 19e chasseurs de marche vint se
placer à droite du Moulin-le-Doux. Une fusillade extrêmement vive s'engagea entre eux et l'ennemi qui
cherchait à tourner leur droite et s'avançait sur la route
de Vermand. Les Allemands ne purent pousser bien loin
ce mouvement, et, forcés d'abandonner la chaussée,
ils appuyèrent vers Soyécourt. Ils placèrent alors à
Pœuilly deux batteries qui écrasèrent l'artillerie française du Moulin-le-Doux et firent subir aux marins
et aux chasseurs des pertes cruelles. La batterie
Belvalette, en face de Trefcon, se retira après quelques
coups de canon. L'autre batterie de la division Payen
ne fut point employée par suite d'une mauvaise disposition.

Vers quatre heures et demie, les Prussiens établirent de nouvelles pièces à Soyécourt et forcèrent ainsi
les chasseurs et les marins à se replier en désordre.
La brigade Lagrange se maintenait difficilement sur
les hauteurs et dans le petit bois à l'est de Caulaincourt,
position importante. Cependant, privé des deux tiers
de son artillerie qui avait été placée par suite d'un
mal entendu dans une position d'où elle ne pouvait
tirer, menacé d'ailleurs par sa droite, le général Paulze
d'Ivoy dut reculer et prendre position près de Vermand. La batterie Dieudonné et le 33e de marche
couvrirent ce mouvement et résistèrent jusqu'à la nuit.

Les trois compagnies du 69e, qui étaient restées en
tirailleurs, en avant de Caulaincourt, près de la batterie
Dieudonné, furent oubliées, ne reçurent point d'ordres

pour la retraite et ne durent leur salut qu'à l'énergique résolution du commandant Périer, qui, s'élançant à travers Caulaincourt occupé par l'ennemi, s'ouvrit un passage, de vive force, et rejoignit le corps Paulze d'Ivoy à Vermand, après avoir perdu dans les rues un quart de son effectif et plusieurs officiers (1). Vers cinq heures et demie, arrivèrent quelques bataillons de la brigade Isnard, mais le combat était terminé.

Pendant que ces événements se passaient, le général Faidherbe, qui se trouvait près de St-Quentin, apprenant successivement que le général du Bessol et le 23ᵉ corps entier étaient engagés, crut à une attaque générale, d'autant plus qu'à cinq heures le canon de la division Payen grondait encore avec intensité. Il donna donc l'ordre à la 2ᵉ brigade (Aynès), de la division Derroja, déjà harassée par une longue marche, de se porter sur Vermand, et à la 1ʳᵉ (Pittié) de marcher sur Beauvois par le Grand-Séraucourt, pour soutenir la division du Bessol qu'il supposait aux prises avec l'ennemi.

Ainsi la division Derroja exécuta une marche forcée, sans avoir pu se reposer de toute la journée. Sa 1ʳᵉ brigade n'arriva qu'à huit heures du soir à Vermand, quand tout était fini, et ne rentra à St-Quentin qu'à dix heures. Le quart de ses bataillons resta en arrière, épuisé de fatigue et n'assista point le lendemain à la bataille. Aussi, à St-Quentin, le général Faidherbe avait-il une armée à moitié désorganisée par les marches, les combats et les fatigues de la veille. En outre la 1ʳᵉ division du 22ᵉ corps se trou-

---

(1) Dont un capitaine tué. Ce bataillon appartenait à la division du Bessol, du 22ᵉ corps.

vait avoir ses deux brigades séparées : la 1^re à Saint-Quentin, la 2^e à Gauchy.

La 2^e division avait continué sa route et s'était arrêtée au Grand-Séraucourt, n'ayant perdu que quelques hommes, tués ou blessés à l'arrière-garde de la brigade Fœrster. Mais un bataillon du 69^e de marche et deux de mobiles du Gard lui manquaient ; ils avaient été envoyés au convoi et s'étaient trouvés, comme on l'a vu, engagés à Caulaincourt par suite de l'arrivée du 23^e corps.

Quant au 23^e corps, il était harassé et avait perdu beaucoup de monde. Voilà, dans quelles conditions, l'armée du Nord devait soutenir, le lendemain, pendant dix heures, l'effort de 60,000 Prussiens à Saint-Quentin !

# CHAPITRE XIV



Le 19 janvier, de grand matin, l'armée du Nord était sur pied ; le 23ᵉ corps, campé sur la rive gauche de la Somme, s'appuyait, d'un côté, au village de Fayet, de l'autre au canal.

Il se trouvait ainsi à cheval sur les routes de Ham et de Péronne, par où l'ennemi était signalé ; à droite, la division des gardes nationales mobilisées, général Robin ; au centre, la brigade Isnard, nouvellement arrivée et composée, moitié de troupes régulières, moitié de mobiles ; à gauche, la division Payen.

Le 22ᵉ corps, général Lecointe, occupait la rive gauche de la rivière et se trouvait complétement isolé du 23ᵉ corps par le canal et par plusieurs bras de la Somme.

Pour communiquer d'un corps d'armée à l'autre, il fallait faire un grand détour. On avait donné l'ordre de multiplier les points de passage sur le fleuve, entre Grugies et Saint-Quentin ; mais cette opération demandait beaucoup de temps, non-seulement à cause des nombreux ponts qu'il fallait jeter, mais surtout à cause des marais.

La division du Bessol occupait la droite du 22ᵉ corps, à Castres et Grugies ; les trois bataillons, chargés la veille d'escorter les convois, n'avaient pu la rejoindre. La division Derroja, séparée également en deux le 18, occupait Gauchy et le faubourg d'Isle.

Ces deux divisions étaient placées entre elles *par inversion*.

Dès la pointe du jour, les Prussiens s'étaient mis aussi en mouvement. Trois fortes colonnes, précédées par la brigage de cavalerie, comte de Lippe, s'avançaient, par les routes de La Fère, de Chauny, et par la chaussée Brunehaut, à la rencontre du 22ᵉ corps français, composé seulement de deux petites divisions, à moitié désorganisées par les combats et surtout par les marches de la veille.

Deux autres colonnes prussiennes marchaient également contre le 23ᵉ corps de l'armée du Nord, qui se trouvait dans les mêmes conditions que le 22ᵉ. Elles étaient signalées sur les routes de Ham et de Péronne.

La division du Bessol fut attaquée la première.

Dès huit heures du matin, la cavalerie allemande chargeait les avant-postes de la 2ᵉ brigade, en avant de Castres. Le colonel de Gislain faillit être enlevé par elle au moment où il examinait le terrain en avant du village.

A huit heures et demie, des tirailleurs prussiens se montrèrent et commencèrent l'attaque avec une extrême vivacité. La brigade de Gislain se maintint énergiquement à Castres, quoique ce hameau soit dominé de tous côtés par des hauteurs qu'occupait l'ennemi. Le général du Bessol plaça son autre brigade en avant de Grugies, sur un petit plateau, et

à cheval sur la chaussée Brunehaut. La brigade
Pittié, de la division Derroja, fut déployée par le général Lecointe, qui commandait le corps d'armée, à
environ trois kilomètres plus en arrière et près du
moulin de Tout-Vent.

Castres et Grugies étaient beaucoup trop en flèche,
et la division du Bessol, resserrée sur un espace très-
restreint, était mal à l'aise pour se déployer et combattre. En outre, elle pouvait être prise de flanc par
l'artillerie ennemie, établie sur sa gauche, à Urvillers, sur sa droite, au sommet des pentes de la rive
droite dominant Fontaine-lès-Clercs et Dallon. L'espace que devait couvrir la division Derroja était au
contraire beaucoup trop considérable, en sorte que
cette division présentait sur son front des vides ef-
frayants, et formait une ligne excessivement mince.

La division du Bessol se maintint vigoureusement
dans les deux villages, ne sachant point encore si
l'ennemi faisait une attaque partielle, ou commençait
une action générale. Une batterie de quatre fut d'abord
placée près du moulin qui domine Castres, pour contre-
battre l'artillerie ennemie établie sur les hauteurs de
Contescourt. Mais, bientôt, les Allemands, s'étendant
vers notre gauche, démasquaient d'autres pièces.
La deuxième batterie de quatre, capitaine Chastang,
courut alors se placer près de la tranchée du chemin
de fer, sur la chaussée Brunehaut et face à Essigny-
le-Grand.

Après un combat dont l'énergie dénotait, chez
l'ennemi, une offensive bien décidée, le général du
Bessol dut faire avancer la batterie de réserve (1),

_______

(1) Batterie de douze.

capitaine Beauregard. Elle prit position à côté de la batterie Chastang. Ce puissant auxiliaire força les Allemands à reculer leur artillerie ; mais, en même temps, les tirailleurs allemands s'avançaient résolument. Les nôtres leur opposèrent une vigoureuse résistance, et bientôt même les contraignirent à reculer. Mais la lutte devint alors tellement acharnée, que les deux lignes se rapprochèrent jusqu'à vingt pas, tirant presque à bout portant.

Cependant, de nombreux bataillons ennemis ne cessaient de venir se placer devant la division du Bessol, tandis que de nouvelles batteries prenaient position sur les hauteurs. Déjà même une ligne de hussards, pour la tourner, s'avançait sur notre gauche dans la direction de Neuville-St-Amand et de Mesnil-St-Laurent, dont elle espérait se rendre maîtresse sans coup férir, lorsque la brigade Pittié vint s'établir à gauche du moulin de Tout-Vent, à cheval sur la route de Chauny. Aussitôt les tirailleurs français descendirent promptement dans la vallée. A peine les hussards prussiens eurent-ils aperçu ces troupes, qu'ils partirent au trot, avec l'intention de les charger. Mais nos soldats ne leur laissèrent pas le temps de prendre le galop et les foudroyèrent à grandes distances. En un clin d'œil, la cavalerie allemande disparut derrière un nuage de fumée produit par une batterie allemande de soutien inopinément démasquée.

Un quart-d'heure après, une ligne serrée de tirailleurs prussiens s'avançait contre la brigade Pittié.

Le combat sur ce point s'engagea avec la même vivacité qu'à Castres et à Grugies. Tout à coup, des hauteurs d'Urvillers partirent de formidables décharges d'artillerie : c'était une division ennemie qui prenait position. La batterie française, établie au moulin de Tout-Vent, fut en un instant couverte d'obus et de mitraille. Le flanc gauche des villages de Castres et de Grugies était en même temps balayé par ces batteries. Au moment où le général du Bessol donnait des ordres au capitaine Beauregard et lui indiquait une position pour ses pièces de douze, un éclat d'obus vint frapper au ventre le commandant de la 2e division, qui tomba blessé grièvement.

Il était onze heures et demie, lorsque apparut la 2e brigade de la division Derroja, laquelle avait passé la nuit à Saint-Quentin.

*<br>* *

Vers dix heures et demie, les têtes de colonnes des divisions Kummer et Von der Grœben s'étaient montrées à hauteur des villages d'Holnon et de Savy, chassant devant elles les grand'gardes du 23e corps. Voici quelle était, à onze heures, la position des Français :

23e Corps. — A l'extrême droite, la division des gardes nationales mobilisées, général Robin, occupait Fayette et se trouvait déployée jusqu'au-delà de la route de Cambrai. Placée à cheval sur cette route, la division Robin avait pour mission d'empêcher l'ennemi de nous tourner de ce côté et de nous couper notre ligne de retraite.

La brigade Isnard s'étendait de Francilly à la route de Savy.

La 2e division, général Payen, avait une de ses

brigades en réserve, derrière le centre du 23ᵉ corps ; l'autre brigade (colonel Lagrange) appuyait sa gauche au canal et se reliait à la brigade Isnard.

L'artillerie du 23ᵉ corps avait d'excellentes positions : deux batteries de réserve étaient placées derrière la division Robin, munie seulement de pièces de quatre de montagnes ; d'autres batteries se trouvaient sur les hauteurs, à gauche de Francilly. En arrière de la brigade Lagrange, était une batterie de douze de réserve.

22ᵉ Corps. — La division du Bessol, à droite, s'appuyait au canal et occupait Castres et Grugies.

La brigade de Gislain, dans Castres, la brigade Fœrster sur la gauche de Grugies, déployée sur un petit plateau, face à Essigny et Urvillers ; toute l'artillerie de la division se trouvait sur la même ligne.

La division Derroja était en bataille entre Gauchy et la route de La Fère ; la brigade Pittié au moulin Tout-Vent ; la brigade Aynès marchait dans la direction de la ferme de Raulieu ; à l'extrême gauche arrivaient les trois bataillons égarés de la division du Bessol, deux de mobiles et l'autre du 69ᵉ de marche. Ces troupes, qui s'étaient battues à Vermand, n'avaient pu rejoindre, on le sait, leurs régiments, ne sachant où ils étaient ; elles vinrent à tout hasard se placer à la ligne de bataille, à côté de la brigade Aynès, près de laquelle elles avaient passé la nuit.

L'artillerie de la division Derroja couronnait les hauteurs et défendait les routes de La Fère et de Chauny.

En arrière du 22ᵉ corps se tenaient deux cents

hommes formant le corps irrégulier, dit des zouaves du Nord, et la batterie Guaygneau, composée de six pièces de douze de réserve.

On attendait encore de Cambrai la brigade des mobilisés, général Pauly. Nous verrons le grand rôle que joua ce corps, qui cependant ne fut point engagé.

*
* *

Les Prussiens s'étaient avancés contre les Français formant deux corps principaux. A leur droite, les divisions Von Barnekow, prince Albrecht, comte de Lippe. A gauche, les divisions Von Kummer, et Von der Grœben.

Ces forces montaient à 60,000 hommes au moins (1). En outre, le chemin de fer amenait sans cesse à Ham, Laon, La Fère et Amiens des renforts et des munitions. C'était plus qu'il n'en fallait pour écraser 31,000 Français à demi désorganisés et accablés de fatigue (2).

Sur la rive gauche de la Somme, c'est-à-dire du côté du corps Paulze d'Ivoy, le combat à midi n'était

(1) Les Prussiens comptaient 40 bataillons, 53 escadrons et 27 batteries :

| | | | |
|---|---|---|---|
| Division Grœben | 8 batail. | 15 escadr. | 5 batteries. |
| Division Kummer | 13 » | 3 » | 11 » |
| La réserve | 3 » | 3 » | 3 » |
| Détachement prince Albrecht | 5 » | 5 » | 3 » |
| Division Barnekow | 8 » | 11 » | 4 » |
| Division comte de Lippe | 2 » | 16 » | 2 » |
| 16ᵉ brigade, armée de la Meuse | 1 » | 0 » | 0 » |

(2) A Saint-Quentin, le général Faidherbe n'avait que 31,000 hommes au plus. (Voir le calcul à la fin du récit de la bataille).

encore que mollement engagé; c'est sur l'autre rive, où se trouvait le corps Lecointe, que l'ennemi dirigea tout d'abord ses plus grands efforts. La 2e brigade de la division Derroja n'était entrée en ligne qu'à onze heures et demie ou midi. En cet instant, le 24e de marche, placé à droite de la batterie Collignon, au moulin de Tout-Vent, ayant eu à subir des décharges terribles de mitraille, envoyées par les batteries établies à Urvillers et en avant d'Essigny, était très-ébranlé. Un bataillon même de ce régiment s'était retiré en désordre, et bon nombre d'hommes avaient pris la fuite jusqu'à la tranchée du chemin de fer près de Gauchy. Ils furent ralliés par leurs officiers et ramenés peu après à leur place de bataille.

La batterie de quatre (Bocquillon) et la batterie de huit (Montebello) vinrent prendre position, à midi, à droite de la route de La Fère et elles ouvrirent immédiatement leur feu.

Aussitôt l'artillerie prussienne, qui avait éteint les batteries de la 2e division et de la brigade Pittié, placées au moulin de Tout-Vent, fut forcée de diviser son tir. Les tirailleurs de la brigade Aynès descendirent en même temps dans la vallée, et, prenant le pas de course, s'avancèrent jusqu'au ruisseau du Pontchu (1), où ils furent arrêtés par l'ennemi déployé en avant d'Essigny-le-Grand et d'Urvillers.

Cependant, la brigade de Gislain, que les Allemands menaçaient de tourner, et qui avait repoussé quatre assauts dirigés avec acharnement contre Castres,

_______

(1) Ce petit ruisseau n'a aucun nom, nous l'avons désigné par celui d'une grande ferme qu'il arrose.

reçoit l'ordre d'évacuer cette position périlleuse. Postées dans le fond de la vallée, les troupes qui défendent le village sont battues de front et de flanc par l'artillerie prussienne, et de nombreux cadavres couvrent le terrain qu'ils ont eu grand peine à conserver.

Le mouvement de retraite des Français sur ce point est aperçu par les Allemands qui ne sont qu'à 100 mètres au plus du village. Ils se précipitent aussitôt dans le rues, en poussant trois hurrahs, pendant que d'autres, descendant des hauteurs sur la droite de Contescourt, s'élancent pour couper la retraite à nos soldats par la route vicinale d'Urvillers à Castres.

La batterie de quatre Chastang, dont le commandant vient d'être blessé, prend aussitôt position près du moulin de Giffecourt, et arrête l'ennemi qui réussit cependant à faire une cinquantaine de prisonniers dans Castres.

La brigade de Gislain prend alors position à gauche de la brigade Fœrster, sur la même ligne, et replie sa droite (mobiles de la Somme et de la Marne), pour empêcher les Allemands de se glisser le long du canal et des marais. Ces mobiles protégèrent utilement la droite de la 2e division.

A deux heures, de nouvelles colonnes prussiennes sont aperçues, se dirigeant vers notre gauche. Le général Derroja fait avancer le plus loin possible sur les crêtes qui dominent le Pontchu, affluent de la Somme, la batterie de 8, *Montebello*, qui, grâce à la grande portée de ses pièces, envoie des obus au milieu des bataillons serrés de l'ennemi. Les Allemands s'arrêtent alors, reculent de quelques centaines de pas, pour se mettre hors de portée, puis reprennent leur mouvement vers notre gauche.

* * *

Pendant que ces choses se passaient au 22e corps, le 23e s'était vu attaquer, vers une heure, avec une extrême énergie.

Le village de Fayet, confié à la division des gardes nationales mobilisées, fut enlevé par les Prussiens, avec une *inconcevable facilité*. Fayet était pourtant une position tellement importante qu'une fois aux mains de l'ennemi, il devenait impossible aux Français d'éviter un désastre semblable à celui de Sedan.

A la nouvelle de la retraite des gardes nationaux, le général Faidherbe envoya, en toute hâte, une batterie et demie de réserve (pièces de douze), qui se mit en devoir de tirer sur Fayet et chercha à empêcher les Allemands d'y envoyer des renforts.

En même temps, la brigade Michelet, la meilleure du 23e corps, restée jusqu'alors en réserve, était lancée tout entière sur le village qu'il fallait reprendre au plus vite et coûte que coûte. Elle partit au pas de course ; le 19e chasseurs de marche et les fusiliers-marins, auxquels on avait fait comprendre que de leurs efforts dépendait le salut de l'armée, se précipitent au devant de l'ennemi avec une véritable furie. Les Prussiens, qui ne s'attendent point à ce brusque retour offensif et qui n'ont pas le temps de prendre des dispositions pour résister à une attaque en masse, sont culbutés et se retirent précipitamment. Le 48e de mobiles (du Nord) est chargé de défendre le village qui vient d'être si vigoureusement arraché aux Allemands.

Le général Faidherbe, ne comptant plus désormais sur la division Robin pour défendre les positions qu'on lui avait confiées, plaça les marins, dont il venait d'utiliser si habilement les aptitudes, à l'extrême droite, pour protéger cette aile contre les colonnes qui s'avançaient en masse de ce côté (1).

A la gauche de ce même corps d'armée, les brigades Isnard et Lagrange tenaient tête à l'ennemi qu'elles empêchaient de déboucher des bois de Savy et du grand village d'Holnon. La batterie Alphein, tirant admirablement partie de sa position avantageuse, et munie de projectiles nouveaux à éclatement perfectionné (2), arrêtait les colonnes allemandes qui cherchaient à se jeter entre elle et le canal.

Sur la rive gauche de la Somme, l'action s'était étendue jusqu'en face de la Neuville-Saint-Amand, extrême gauche du 22e corps. L'artillerie de la division Derroja, se plaçant sur une seule ligne, força l'ennemi à reculer dans la direction du village d'Hancourt. Il était trois heures et demie, le combat semblait se ralentir un instant. Les Prussiens se préparaient sans doute à frapper le grand coup. Soudain, en effet, les Français aperçurent des masses considérables qui s'avançaient contre eux et descendaient les pentes au

---

(1) Il nous a été donné d'entendre raconter un événement par bon nombre d'officiers de la garde nationale mobilisée, et c'était le cœur nâvré qu'ils nous disaient : « Ce n'est pas le courage personnel qui manque à nos hommes, mais que faire sans chefs expérimentés et avec des fusils à baguettes? »

(2) Invention récente du général Treuil de Beaulieu.

sommet desquelles sont situés les villages d'Essigny-le-Grand, d'Urvillers et d'Itancourt. L'artillerie du 22e corps, tirant à toutes volées sur les colonnes allemandes, les força à rétrograder pour se mettre hors de portée. La batterie Gaignaud, de la réserve, entra en ligne à ce moment. Ne pouvant aborder les Français sur leur front, l'ennemi porta le gros de ses forces vers la gauche du 22e corps. Deux bataillons de mobiles et un bataillon du 69e de marche, masqués par un ravin, aperçurent tout-à-coup un régiment de cavalerie qui s'avançait vers Saint-Quentin, par la route de Sissy. A peine la cavalerie allemande eut-elle entrevu les bataillons français qu'elle tourna bride et se sauva au galop. Plusieurs décharges vinrent, malgré la rapidité de leur fuite, creuser dans leurs rangs des vides profonds.

*<br>* *

De l'autre côté de la Somme, vers 4 heures, le 23e corps commençait à plier. Les Prussiens avaient reçu un renfort considérable. Un corps d'infanterie, sous les ordres du général Mémerty, débarqué du chemin de fer dans la matinée, venait d'entrer en ligne et s'avançait contre les brigades Isnard et Lagrange. La batterie de quatre (Alphein) et quelques pièces de douze de réserve soutinrent, contre l'artillerie allemande, trois fois plus nombreuse, une lutte acharnée. En même temps, les Allemands, débouchant du village de Savy, se jetèrent dans un ravin sur la gauche du village, et, formant dans le bois plusieurs colonnes d'attaque, ils commencèrent à gravir le mamelon élevé au sommet duquel se trouvaient les batteries françaises. Les tirailleurs de la brigade Isnard soutinrent bravement le choc, et, malgré la supériorité numérique écrasante de l'ennemi, ils le forcèrent à abandonner, pour l'instant du moins, son projet.

Pendant ce temps, une grosse colonne se dirigeait contre la brigade Lagrange. Elle se jeta tout-à-coup à droite et chercha à s'ouvrir un passage entre le anal et les Français. Après s'être emparés du village d'Estrées, les Allemands se mirent en devoir de gravir les pentes du moulin de Rocourt. La brigade Lagrange, forcée de battre en retraite, envoya demander du renfort au général Faidherbe qui ne put la faire soutenir que par un seul bataillon, car tout le 23e corps était engagé (nous ne parlons pas des mobilisés). En ce moment, des masses considérables s'avançaient dans la direction de la route de Cambrai, avec l'intention évidente de couper à l'armée du Nord sa ligne de retraite. La position des Français devenait critique. Il fallait, à tout prix, conserver libre la route de Cambrai. Trente pièces, dont 18 de gros calibre, en interdisaient l'abord à l'ennemi. Calme mais l'œil fixé sur l'horizon, sans s'inquiéter le moins du monde des obus qui pleuvaient autour de lui, le général Faidherbe suivait les progrès des Prussiens sur sa droite. La formidable ligne de batteries françaises continuait à faire des efforts surhumains ; mais l'ennemi ne cessait de s'avancer de ce côté, en portant toujours en avant ses nombreuses bouches à feu.

En ce moment, le chef d'état-major général, du 23e corps d'armée, se présentait devant le général Faidherbe :

— Mon général, jusqu'ici nous avons arrêté l'ennemi ; mais cela ne peut durer longtemps ; nous allons être cernés, que faut-il faire ?

— Réapprovisionner les cartouchières et les caissons, répondit froidement le général Faidherbe, et tenir bon !

— Mais nous serons refoulés sur Saint-Quentin, mon général !

— Je le sais bien, colonel.

— Et que ferons-nous après ?

— Nous recommencerons la lutte demain.

— Mais, mon général, alors c'est Sedan !

—Pas du tout ; nous brûlerons nos cartouches ; nous ferons sauter le matériel, et, quand nous n'aurons plus de munitions, nous nous défendrons à la baïonnette. Ceux qui pourront se sauver se sauveront. Mais nous ne nous rendrons pas ! Ceux qui seront cernés et n'auront plus la force de se battre ou de se sauver, se laisseront prendre ; néanmoins, on ne se rendra pas !

— Est-ce votre dernier mot, mon général ?

— Oui ! Les journaux se moquent de nous et disent que nous nous replions toujours ; eh bien, cette fois, nous ne nous replierons pas (1) !

Pendant ce temps, la gauche du 23e corps reculait, serrée de près par des forces écrasantes. Le 33e de marche, commandé par le capitaine Audibert, et le 19e chasseurs s'élancèrent plusieurs fois, tête baissée, sur les masses prussiennes.

Le 64e tenait bravement, de son côté.

(1) Dans le Nord, comme au siége de Paris, les stratégistes d'estaminet ne cessaient de pousser, à tort et à travers, les généraux au combat.

Les mobiles, dont les cadres avaient été réformés, comme nous l'avons dit, se conduisirent vaillamment : le terrain était jonché de cadavres des leurs.

Le canon continuait à gronder de plus en plus du côté de la route de Cambrai, où l'ennemi avançait toujours.

Il était quatre heures et demie environ, quand on vint annoncer au général Faidherbe que la gauche du 22e corps était forcée d'abandonner ses positions, qu'elle reculait vers le faubourg Saint-Martin. Le général en chef ne répondit rien et continua à regarder fixement, et avec calme, l'ennemi qui s'avançait, menaçant, sur sa droite.

Pendant ce temps, le génie travaillait à construire des barricades à l'entrée de Saint-Quentin où l'on devait s'enfermer pour résister à outrance. Les Français semblaient perdus, et l'immense cercle de feu qui les entourait, s'étendait de plus en plus sur les deux ailes. La vue du sinistre spectacle nous serrait le cœur, et nous nous demandions quel allait en être l'horrible dénouement. Les habitants de St-Quentin, éperdus, commençaient déjà à prévoir le bombardement de leur cité, et déjà ils entendaient les sourds grondements du canon qui se rapprochaient d'instants en instants, à mesure que les Français reculaient vers la ville.

Le général Faidherbe, malgré son calme apparent, devait être en proie à d'horribles souffrances. Sedan se dressait sans doute devant lui. Mais il avait pris la résolution de s'ensevelir, avec toute son armée, sous les ruines de Saint-Quentin, et il ne dépendit pas de lui que le fait ne s'accomplît. Il se trouvait sur la route de Fayet, quand un cavalier arriva, ventre à terre, pour lui annoncer que le 22ᵉ corps, général Lecointe, battait en retraite.

— Comment en retraite ? s'écria le général en chef avec vivacité !

— Oui, mon général !

Le commandant de l'armée du Nord resta un instant pensif.

Cette retraite, ce n'était pas lui qui l'avait ordonnée, car il ne la croyait pas possible, en raison de l'excessive fatigue de son armée. De plus, il tenait pour certain que les Prussiens seraient avant peu sur la route de Cambrai et qu'ils tailleraient en pièces les colonnes qui chercheraient à s'échapper, soit par la route du Catelet, soit par celles de Montbrehain et de Bussigny. Une autre considération semblait aussi tenir une grande place dans les préoccupations du général Faidherbe : battre en retraite, (manœuvre qu'il avait fallu tant de fois exécuter), après les ordres impératifs de M. Gambetta et les sarcasmes de journalistes ignorants, n'était-ce pas s'exposer à des reproches de trahison et presque au déshonneur (1) ?

Voici ce qui s'était passé au 22ᵉ corps et ce qui avait déterminé sa retraite. Longtemps on y avait résisté à toutes les attaques de l'ennemi. Quarante deux pièces de canon, placées sur une même ligne, protégeaient le front des Français, mais l'ennemi faisait des progrès sensibles vers notre gauche. La brigade

---

(1) On se rappelle que le général Bourbaki, sur le point de passer en Suisse, privé de vivres, sans munitions, reçut l'ordre d'avancer quand même. Forcé de battre en retraite, il craignit d'être accusé de trahison et voulut se donner la mort.

Aynès chercha longtemps à arrêter deux colonnes prussiennes qui s'étaient emparées de la Neuville-St-Amand et de Mesnil-Saint-Laurent. Le lieutenant-colonel Aynès établit le 67e de marche dans un enclos fermé de haies vives, qui dépendait de la ferme de Patte. A l'extrême gauche, le 2e chasseurs et les trois bataillons de la division du Bessol prirent leurs dispositions pour repousser les Prussiens, dès qu'ils essaieraient de déboucher des villages.

Les Allemands, en effet, ne tardèrent pas à exécuter un mouvement offensif contre la ferme de Patte. « Il faut tenir ici le plus longtemps possible, avait dit le lieutenant-colonel Aynès, car c'est nous qui gardons la gauche et si nous reculons seulement de quelques mètres, toute l'armée est tournée ! »

L'ennemi s'avançait en masse contre cette ferme de Patte ; mais il fut repoussé avec perte. Alors, l'artillerie prussienne arriva et se mit à labourer l'enclos. Peu de temps après, les Allemands s'avancèrent, pour la seconde fois, précédés par des tirailleurs. Seul à cheval, tenant une carte à la main, le lieutenant-colonel commandant la 2e brigade (division Derroja), donnait des ordres pour repousser énergiquement la nouvelle attaque, quand il tomba mortellement frappé d'une balle au front. La mort de l'intelligent et vaillant officier entraîna la retraite du 67e de marche. Deux compagnies de ce régiment, à la tête desquelles se mit le commandant Tramont, essayèrent encore quelque temps de se maintenir et d'arrêter l'ennemi. Elles soutinrent bravement une lutte disproportionnée contre les masses prussiennes, dont les tirailleurs répondaient avec la plus grande vivacité à la fusillade qui partait de l'enclos.

C'est alors qu'apparurent tout-à-coup, de l'autre côté du canal, sur les hauteurs occupées peu d'instants auparavant par l'artillerie du corps Paulze-d'Ivoy (1), de nouvelles batteries prussiennes qui ouvrirent aussitôt leur feu, prenant à revers et d'écharpe le 22e corps. Il fallut reculer et occuper une position en arrière. Pendant que ce mouvement s'exécutait avec ordre, malgré les décharges meurtrières envoyées par les canons allemands de la rive droite, le général Lecointe recevait avis que les Prussiens s'avançaient sur la droite du 23e corps pour barrer la route de Cambrai. Il était du reste facile de se rendre compte de la retraite de la brigade Lagrange, en entendant le feu de mousqueterie qui partait du village d'Œstrées. Le régiment des gardes mobiles de la Somme et de la Marne, division du Bessol, fut bientôt assailli par les Prussiens qui, ayant réussi à traverser les marais, cherchaient à tomber sur le flanc des Français, à la hauteur de Gauchy. L'énergique résistance des mobiles arrêta quelque temps l'ennemi de ce côté.

Le 22e corps pouvait résister encore longtemps sur les hauteurs, à un kilomètre en avant de la ville. Mais à quoi pouvait servir ce suprême effort? Ne valait-il pas mieux chercher à sauver ses canons, en battant en retraite, que de se laisser cerner dans Saint-Quentin?

Le général Lecointe attendait, plein d'anxiété, les ordres du général en chef. Néanmoins, pendant ce

_______________
(1) 23e corps.

temps, il préparait tout, afin de pouvoir faire franchir rapidement à son corps le seul pont qui lui permît de passer la Somme et d'avoir accès dans St-Quentin.

Toutes les batteries de la division Derroja, auxquelles s'étaient jointes les deux batteries de douze, Gaignaud et Beauregard, couvraient complétement le front du 22e corps. En avant se trouvait une ligne de tirailleurs, et derrière les batteries se tenaient les troupes désignées pour protéger la retraite. C'était un bataillon du 69e de marche, un bataillon du 67e de marche et le 2e chasseurs. Plus en arrière, massé et prêt à repasser le canal, le gros des deux divisions du Bessol et Derroja attendait silencieusement.

Les zouaves du Nord, qui, pendant toute l'action, étaient restés dans le chemin conduisant de Gauchy à la route de Chauny, furent chargés également de soutenir la retraite. Ces troupes n'avaient point pris part au combat. Elles se dirigèrent vers Gauchy ; mais, à la vue des nombreux bataillons qui se retiraient, elles se replièrent incontinent.

Le général Lecointe attendait toujours, prêt à s'élancer de nouveau sur l'ennemi, s'il le fallait, ou à battre en retraite. Dans ce dernier cas, il pouvait traverser Saint-Quentin, sans s'y arrêter, en laissant dans le faubourg d'Isle quelques bataillons.

Il était libre alors, suivant les circonstances, ou de filer sur Cambrai ou de venir se joindre au 23e corps, pour l'aider à refouler l'ennemi dans le cas où il barrerait la ligne de retraite. Enfin, vers cinq heures, ne recevant pas d'ordre, le général prit sur lui la responsabilité de la retraite, et, par cette résolution, il sauva l'armée du Nord.

Il n'y avait plus, en effet, une minute à perdre ; il fallait que toutes les troupes s'écoulassent par le seul pont du faubourg d'Isle. Le général Lecointe donna donc l'ordre à ses deux divisions de battre en retraite et de suivre la route de Busigny. En ce moment, la ferme de Patte, longtemps disputée, venait de tomber au pouvoir de l'ennemi.

Le général Derroja déploya alors devant lui le bataillon du 69e de marche, en lui enjoignant de tenir le plus longtemps possible.

Le 22e corps exécuta son mouvement, emmenant avec lui toutes ses batteries. Les troupes marchaient dans le plus grand ordre, seul moyen d'aller vite et d'éviter l'encombrement dans le passage du pont.

*<br>* *

Peu après, le 23e corps battait également en retraite. Le 24e chasseurs de marche, le bataillon du 33e, un bataillon du 65e de marche et un demi-bataillon de fusiliers-marins protégeaient le mouvement. Le 23e corps se retira avec tous ses canons. Les mobilisés de la division Robin gagnèrent directement la route de Cambrai dans le plus grand désordre et en laissant des traînards partout, quoiqu'ils n'eussent pas été pour ainsi dire engagés. L'armée du Nord s'écoula donc tout entière à travers la ville. Les troupes qui soutenaient la retraite se défendaient, pendant ce temps, derrière des barricades, dans les faubourgs d'Isle et de St-Martin.

Le général Derroja, dans le faubourg d'Isle, opposait aux Allemands la plus énergique résistance.

La grande rue avait été barrée au moyen d'un retranchement formé par des ballots de laine.

Trois autres barricades construites sur la place et près de la gare, avec des portes de maisons et quelques chariots renversés, devaient arrêter l'ennemi qui s'avançait par la voie ferrée. Une pièce de quatre tirait dans l'axe de la chaussée du chemin de fer. Dans le faubourg St-Martin la résistance était des plus tenaces, malgré la position défavorable des Français qui se trouvaient dominés de toutes parts. Plusieurs fois, l'ennemi tenta d'enlever ces obstacles en se ruant sur eux à la baïonnette ; mais ils furent toujours repoussés par les marins et par le 33e restés les derniers. Pendant que la fusillade retentissait avec fureur aux abords de la ville, les batteries prussiennes avaient été braquées sur le beffroi qui se trouve au centre de la cité. Tout-à-coup, d'horribles détonations se firent entendre ; les obus pleuvaient sur St-Quentin et naturellement il en résultait un effroyable tumulte parmi les colonnes qui serpentaient dans les rues encombrées de canons et de voitures. Les chariots emportés par les chevaux affolés de terreur s'entrechoquaient, se brisaient avec fracas, écrasant les malheureux qui se trouvaient sur leur passage. Ce n'était que cris d'effroi, que jurements, qu'imprécations. Les conducteurs des convois, bourgeois ou paysans, forcés par réquisition de suivre l'armée, et, partant, peu habitués au sifflement des projectiles, se sauvaient, abandonnant à eux-mêmes leurs attelages effrayés. Bientôt les rues furent remplies de voitures brisées. On s'efforçait de les rejeter sur les côtés de la voie ; mais, au bout de peu d'instants, les chariots s'entassaient sur les chariots et il devenait impossible de sortir de cet inextricable encombrement.

Les obus cependant continuaient à pleuvoir sur la ville et plus d'un soldat, qui avait échappé aux projectiles de l'ennemi, fut écrasé par les décombres qui tombaient des maisons . Ajoutez à ce terrible spec-tacle les cris des habitants dont quelques-uns, éperdus, couraient çà et là dans les rues, comme s'ils étaient frappés de folie. La nuit vint mettre le comble à ce chaos. Les barricades résistaient encore et l'on entendait toujours aux entrées de la ville le crépitement de la fusillade. Mais toute chose doit avoir une fin. Les troupes chargées de protéger la retraite de l'armée du Nord durent se retirer. Le général Faidherbe se tenait au milieu d'elles. Tout à coup les Prussiens cessent de tirer le canon pour faire agir leur infanterie. La division prince Albrecht se jette sur la gare du chemin de fer, que le général Derroja vient d'abandonner (1). Aussitôt St-Quentin est envahi et les héroïques défenseurs du faubourg St-Martin sont pris à dos par l'ennemi qui a fait irruption par la Chapelle et par le faubourg St-Jean. L'état-major du général Paulze d'Ivoy tout entier se trouve cerné, avec un bataillon du 33e, un demi-bataillon de fusiliers marins, et des débris de tous les régiments.

Pendant ce temps, triste et morne, l'armée du Nord se retirait vers Cambrai. Ce fut une véritable retraite de Moscou, en pleine France ! Brisés de fatigues, beaucoup de nos malheureux soldats, ne pouvant plus

(1) Les Prussiens dans leurs dépêches disent qu'ils l'ont enlevée d'assaut: c'est une inexactitude manifeste.

avancer, tombaient ou se couchaient sur la terre dé-trempée. « Leurs souliers de carton, cet horrible produit de la spéculation la plus éhontée, la plus *scélérate*, leurs souliers de carton tombaient en lambeaux, livrant leurs pieds à une pénétrante humidité, comme ils les livraient tout-à-l'heure aux horreurs de la gelée. Plusieurs portaient des sabots, quelques-uns un sabot et un soulier éculé, beaucoup étaient tout-à-fait déchaussés. Il y en avait qui tombaient d'inanition (1) ! »

Le 22ᵉ corps se retira par la route de Busigny, le 23ᵉ par celle plus directe du Catelet. Le général Paulze d'Ivoy et son état-major, qui étaient parvenus à se sauver, grâce à un habitant de St-Quentin qui les conduisit à travers des jardins, rejoignirent leur corps.

A chaque instant, on s'attendait à être chargé par la cavalerie allemande, qui aurait eu beau jeu de tomber sur nos colonnes dont *l'allongement* était énorme ; mais il n'en fut rien. La route de Cambrai était restée libre au grand étonnement de tous !

On se demandera sans doute comment les Prussiens ne parvinrent pas à couper la retraite aux Français. Rien n'était en effet plus facile, et si la chose ne s'exécuta point, c'est grâce à une circonstance bien heureuse pour l'armée du Nord. Voici ce qui s'était passé.

La brigade Pauly, qui venait de Cambrai, était arrivée à Bellenglise vers la fin de la bataille. Les Prussiens, à la vue des masses qui se montraient sur la route de Cambrai et dont ils ignoraient la force et la

_______________

(1) M. Fleury, dans ses Ephémérides de l'Aisne.

composition, n'osèrent se diriger de ce côté, craignant d'être pris entre deux feux. En outre, menacés de flanc, les Prussiens restèrent dans l'inaction à Cricourt et Pontru et ne tentèrent même pas une attaque contre les gardes nationaux mobilisés du général Pauly. Ces troupes, dont l'organisation offrait si peu de solidité, qui n'avaient point encore vu le feu, qui n'étaient armées que de vieux fusils à pierre, transformés en fusils à piston, n'auraient certes pas résisté longtemps à une attaque un peu vigoureuse de l'ennemi, bien qu'elles fussent abritées derrière le canal. Un échec de ce côté eût entraîné la perte de toute l'armée du Nord. Heureusement, la prudence peut-être exagérée des Allemands nous vint en aide en ce péril suprême.

Tandis que l'ennemi restait dans une inaction vraiment providentielle pour l'armée du Nord, celle-ci filait sur Cambrai par les trois routes du Cateau, Montbrehain et Cambrai. On a reproché au général en chef de n'avoir point, durant cette retraite, tiré parti de sa cavalerie. Au lieu de se diriger sur Essigny, entre les deux colonnes d'infanterie, nos escadrons n'auraient-ils pas dû marcher sur le flanc le plus menacé, c'est-à-dire sur le chemin de Cambrai? A cela on peut répondre, il est vrai, que nos dragons avaient dû charger plusieurs fois, pendant la bataille, et que les chevaux étaient à peine capables de porter leurs cavaliers, tant ils étaient fatigués. Quoiqu'il en soit, pendant toute la première partie de sa route, le 23e corps s'attendait à tout instant à être chargé par la cavalerie allemande, car son flanc gauche était absolument découvert.

Le canal de St-Quentin coule sous terre, comme on sait, depuis le Catelet jusqu'à hauteur de Nauroy. Notre situation était des plus périlleuses; une faible troupe ennemie aurait suffi pour tailler en pièces les débris de notre pauvre armée dont les longues colonnes se composaient de soldats ne pouvant qu'à grand'peine porter leurs armes, et de chevaux n'ayant plus la force de traîner les canons et les lourdes voitures du convoi.

Comment s'expliquer le manque d'audace des Allemands en une telle occurrence? Certes, il y a là l'hommage le plus éclatant à la vaillance de nos soldats qu'on trouvait encore redoutables après un pareil désastre !

*<br>* *

Les Français eurent plus de trois mille hommes tués ou blessés dans cette journée. Huit cents hommes cernés dans la ville, en défendant les barricades jusqu'au dernier moment, furent pris les armes à la main par les Allemands qui ramassèrent aussi, dans les rues, environ deux mille éclopés, que l'excès de fatigue ou le manque de chaussures avaient empêchés de suivre leurs corps. Pendant les deux jours qui suivirent la bataille, le général von Goeben fit en outre prisonniers quelques milliers de mobiles ou mobilisés, appartenant, pour la plupart, à la classe indisciplinée des traînards de profession. Deux pièces de quatre et quatre petits canons appartenant à la brigade Isnard tombèrent aussi entre les mains de

Prussiens par suite d'une circonstance toute particulière (1).

Les Allemands achetèrent leur victoire par des pertes cruelles : plusieurs officiers généraux furent grièvement blessés et trois mille cinq cents des leurs, tués ou blessés, restèrent sur le terrain.

(1) En allant prendre position en face de Francilly, la brigade Isnard n'avait pas emmené tous ses canons. On en avait utilisé comme pièces de position aux barricades.

# CHAPITRE XV



Le général Faidherbe a dit dans sa brochure :

« Ce qui venait de se passer le 18 prouva que la concen-
« tration des forces prussiennes était déjà trop complète
« pour qu'il fût possible de tenter une marche vers le Nord,
« afin d'aller s'appuyer aux places fortes. On était obligé
« d'accepter la bataille autour de Saint-Quentin. Par une
« heureuse coïncidence, c'était le jour même où l'armée de
« Paris livrait la bataille de Buzenval. »

Ces lignes, où le général exprime implicitement la
pensée qu'il eût mieux valu battre en retraite que de
livrer bataille, le 19 janvier, appellent l'attention ; elles
prouvent évidemment que le commandant en chef
croyait qu'il était à peine possible, en ce moment,
de se retirer vers le Nord. Or, le général Faidherbe
qui, avant la bataille, jugeait la retraite si difficile,
pouvait-il se flatter d'être en mesure de l'exécuter,
avec moins de difficultés, le lendemain du combat,
après une lutte acharnée qui devait nécessairement
affaiblir encore la force physique et morale des

roupes ? S'arrêter pour combattre, alors qu'on
royait déjà la retraite presque impossible, n'était-ce
)as désespérer complétement du salut de l'armée ?

Tous les mouvements de l'ennemi annonçaient
n effet clairement l'intention de se jeter en masse
ntre les Français et les places fortes.

N'eût-il pas été prudent, lorsque la route n'était
)oint encore sérieusement menacée, lorsqu'on pou-
'ait prendre une avance de quelques heures sur l'en-
iemi, et que nos soldats n'avaient point épuisé toutes
eurs forces, n'eût-il pas été prudent de se replier au
)lus vite, au lieu de livrer bataille sans espoir de
)uccès ?

Si les Français avaient battu en retraite, nul doute
ju'ils n'eussent été poursuivis avec acharnement ;
nais, contrairement à une assertion du général Faid-
ierbe, qui ne se rappelait plus certaines paroles anté-
·ieures, insérées dans sa brochure (1), plusieurs pensent
ju'il était possible de battre en retraite, car les Fran-
;ais pouvaient prendre les routes de Cambrai et du
Jateau, protégées, sur le flanc menacé, par le canal
le Saint-Quentin depuis le Catelet jusqu'à Cambrai.

Le général Von Gœben, en ordonnant que, si les
Français se retiraient, on fît pour les atteindre « les
efforts les plus grands, » prouvait évidemment qu'il
croyait exécutable la retraite de l'armée du Nord, le
matin du 19 :

« S'il arrivait que l'ennemi n'attendît pas notre attaque,
il faudrait se mettre à sa poursuite, avec la plus grande énergie,

_________

(1) « La brigade des mobilisés (général Pauly) qui se trouvait à
Bellicourt, était *à même de protéger les lignes* de retraite. » — (Brochure,
page 63 )

au prix des efforts les plus grands, car l'expérience nous apprend que, contre des troupes *aussi faiblement organisées*, ce n'est pas tant le combat lui-même qui donne les plus grands résultats que son action dissolvante, et c'est cette action qu'il nous faut exploiter.

« Ham, le 18 janvier, 10 heures du soir. »

« *Signé :* Von Gœben. »

Le général Von Gœben disait vrai. Les combats du 18 janvier avaient à moitié désorganisé l'armée du Nord, dont l'effectif total ne s'élevait pas, sur le papier, à plus de 31,097 combattants.

Comme ce chiffre a paru *fabuleux* aux Allemands qui croyaient l'armée du Nord forte de 70,000 hommes, nous allons donner ici des chiffres incontestables (1) :

EFFECTIF DE L'ARMÉE DU NORD.

| | |
|---|---:|
| Etat-major-général . . . . | 85 |
| id.       de l'artillerie . . | 13 |
| id.       du génie . . . . | 9 |
| Intendance . . . . . . . | 9 |
| Service de santé . . . . . | 36 |
| Administration . . . . . . | 63 |
| Artillerie, 15 batteries . . . | 2,171 |
| Génie, 4 compagnies . . . . | 462 |
| Cavalerie, dragons . . . . | 224 |
| Gendarmerie à cheval . . . | 260 |
| Train . . . . . . . . . | 264 |
| *A reporter* . . . | 3,596 |

(1) Ces chiffres ont été fournis par M. T. de Falcou, lieutenant d'état-major, attaché au grand état-major général et chargé spécialement des archives et de l'établissement des effectifs. L'auteur des lettres se trouvait alors à Bayeux avec la division du Bessol.

|  |  |  |
|---|---|---|
|  | *Report* . . . . | 3,596 |
| 22e corps | Infanterie (Derroja, du Bessol). | 11,017 |
|  | Brigade de Pauly (mobilisés du Pas-de-Calais) | 2,785 |
| 23e corps | Division Payen. . . . . . | 6,277 |
|  | Id.   Robin. . . . . . | 4,520 |
|  | Brigade Isnard. . . . . | 2,800 (environ) |
|  | Ouvriers d'administration . . | 102 |
|  | TOTAL . . . . | 31,097 |

*<br>* *

Livrer bataille à l'ennemi que l'on savait si nombreux, était pour les 31,000 Français un véritable coup de désespoir. Il est certain que l'armée du Nord, étant, le 19 au matin, accablée de fatigue, une retraite pouvait sembler une opération des plus difficiles pour elle. Mais, à la guerre, est-il jamais permis de se laisser aller au découragement?

Dans l'intérêt de l'avenir, peut-être n'est-il pas sans utilité d'indiquer ici la somme de fatigue que peut supporter une armée dans un moment suprême :

Le 16 et le 17, les troupes françaises marchèrent sur le verglas, depuis le matin jusqu'à 10 heures du soir, *sans prendre le temps de faire la soupe*. Le 18, elles opérèrent un mouvement depuis la pointe du jour jusqu'à 9 heures du soir, et elles se battirent une partie de la journée, *sans pouvoir trouver encore le temps de faire la soupe*. Heureusement la nuit du 18 au 19 fut tranquille.

Le 19, à 4 heures du matin, le 22e corps, presque tout entier et une partie du 23e, étaient sur pied et se rapprochaient de St-Quentin où des cantonnements leur avaient été désignés.

A peine installés, nos soldats, qui avaient pu à peine prendre quelque nourriture, durent courir aux armes. Le 19 janvier, ils se battirent toute la journée et firent encore près de 40 kilomètres pendant la nuit !

Le 20 janvier, point de repos : il fallut exécuter une marche forcée pour arriver à Cambrai.

Comme dernier trait, nous ajouterons que bon nombre de soldats allèrent à Saint-Quentin et opérèrent ensuite la retraite, presque pieds nus et par des chemins épouvantables !

Il y a dans ces faits, croyons-nous, un enseignement des plus précieux : il en ressort, en effet, que, dans les grandes circonstances, on peut mettre à profit la force de locomotion, la vigueur de caractère, l'énergie contre la souffrance, qui est assurément chez le soldat français plus développée que chez ceux des autres nations européennes.

Notre conclusion sera donc celle-ci :

Le 19 janvier, au matin, la retraite étant devenue nécessaire, le général Faidherbe pouvait l'exécuter avec des chances de succès.

Assurément, si l'armée du Nord avait abandonné Saint-Quentin, sans combattre, les stratégistes de tabagie, les orateurs de guerre à outrance n'auraient pas manqué d'accuser nos chefs de lâcheté et peut-être même de trahison.

Mais, le 19 janvier, le général en chef n'avait-il pas, sans qu'il fût nécessaire de combattre, obtenu le résultat qu'il poursuivait, c'est-à-dire attiré sur lui, pour faciliter la sortie du général Trochu, une partie des Allemands qui bloquaient Paris?

En livrant bataille à St-Quentin, avec la certitude d'un échec, quel autre avantage pouvait donc obtenir le général Faidherbe? Aucun. Il rendait, au contraire, disponible, dès le soir, la plus grande partie des troupes allemandes, employées contre l'armée du Nord, tandis que, s'il s'était replié sur Cambrai, sans engager son armée, il aurait retenu les forces ennemies plus longtemps devant lui. On ne saurait donc trop se le répéter: la guerre doit être considérée non comme un tournoi, mais comme un calcul mathématique, où ne comptent pour rien et les préoccupations et les critiques de l'opinion publique. C'est ainsi que les Prussiens ont procédé contre nous. Croire que reculer c'est s'avouer vaincu, est une erreur dans laquelle tombent, le plus souvent, ceux qui, n'étant point du métier, ignorent que la stratégie fait avancer et rétrograder les corps de troupes comme le joueur d'échec ses pièces sur un échiquier. Sans doute il est souvent douloureux à un général de fermer l'oreille aux insultes des ignorants; mais il faut savoir résister à ces manifestations irréfléchies. Au fond, telle est certainement l'opinion du général Faidherbe; mais peut-être qu'en renonçant à battre en retraite, le 19 au matin, le général s'exagérait-il les conséquences et les difficultés de l'opération. Peut-être ne se rendait-il pas un compte bien exact de la *somme de fatigues* à laquelle peut être soumise une troupe, à un moment donné. L'auteur des lettres dont nous faisons usage a eu, du reste, l'honneur d'entendre le général Faidherbe lui-même s'expliquer sur cette grave question :

« Je ne croyais pas, disait-il, qu'après tant de marches forcées, tant de fatigues et de combats, l'armée du Nord eût encore la force de battre en retraite et d'échapper à l'ennemi, le soir de Saint-Quentin, et c'est surtout à cause de cela que j'avais résolu de résister à outrance dans la ville. »

Le soir de la bataille, la possibilité de battre en retraite était en effet problématique, mais nullement le 19 au matin.... Sur ce dernier point, il y aurait eu profit à connaître la pensée du général qui, dans sa brochure, se borne à donner cette explication qu'on trouvera peut-être un peu vague : « La concentration des forces prussiennes était déjà trop complète pour penser à nous retirer vers le Nord... »

*<br>* *

« La situation en avant de Saint-Quentin n'était, du reste, pas mauvaise, dit aussi le général Faidherbe ; avec toutes les ressources d'une grande ville à portée, nous trouvions dans les hauteurs qui entourent Saint-Quentin d'excellentes positions de combat. »

Tel est le jugement du général Faidherbe sur la ligne de bataille des Français à Saint-Quentin. Sans doute les hauteurs dont il parle constituaient d'excellentes positions, mais qui ne se reliaient pas entre-elles. Du reste là n'est pas le point capital : nous ne parlerons pas des postes trop avancés de Castres et de Grugies, où le canal rendait presque impossible toute communication entre les deux corps d'armée français. Mais nous devons dire quelques mots de la position de l'armée du Nord, au point de vue stratégique. Ne péchait-elle pas gravement en ceci, que la ligne de retraite pouvait, *pendant qu'on acceptait le combat* en

avant de Saint-Quentin, être facilement coupée ?
Ajoutons que la plupart des militaires expérimentés sont d'avis que ce n'est pas un avantage
de livrer bataille avec une grande ville à dos et à petite
distance. En effet, pour peu que l'ennemi obtienne le
moindre avantage sur un point quelconque de la
ligne, ne lui est-il pas facile de s'approcher assez près
pour envoyer des obus sur la cité ? Or, un tel fait démo-
ralise les troupes qui croient immédiatement la bataille perdue et redoutent que leur retraite ne soit
coupée. En outre, l'armée qui forme le demi-cercle
autour d'une ville, occupe une position nécessairement défensive et passive, en sorte que l'ennemi
peut manœuvrer, tandis qu'elle en est réduite, elle,
à l'immobilité et doit avoir pour principal souci
d'empêcher son adversaire d'exécuter un bombardement. En de telles situations, on finit presque toujours par être enveloppé, acculé contre la ville,
surtout quand l'ennemi est supérieur en nombre. Les
Allemands nous livrèrent sans doute bataille à Pont-
Noyelles, avec Amiens à dos ; mais il faut se rappeler
qu'ils vinrent nous attaquer à 20 kilomètres de la ville.

*<br>* *

Dans la journée de Saint-Quentin, les Français
n'eurent d'autre tactique que de se maintenir de
pied ferme sur le front de leurs positions, comme s'ils
étaient assiégés, et les Prussiens eurent recours à
leur manœuvre ordinaire, quand ils investissent une
place, c'est-à-dire qu'ils tournèrent nos deux ailes
pendant que nos soldats défendaient bravement de
front la ligne de bataille.

Le général Lecointe se retira fort à propos et le général Paulze d'Yvoy, sur la droite, ne dut son salut qu'à la brigade Pauly et au peu d'audace des Prussiens en cette occasion.

L'armée du général Von Gœben manqua certainement, le 10 janvier, un beau coup de filet. Nous ne connaissons pas assez les manœuvres exécutées par les Allemands pour pouvoir émettre un avis sur ce point; mais il nous semble qu'il eût été plus habile d'attaquer les Français par le Nord.

En somme, les Prussiens ne réussirent point complétement dans leur entreprise. L'armée du Nord avait sans doute perdu près de 10,000 hommes (1); elle était presque complétement désorganisée ; mais on pouvait s'attendre à la voir renaître prochainement, plus forte que jamais. Les Allemands, arrivés devant Cambrai, furent étonnés de trouver les portes fermées, car ils espéraient y entrer par suite de la démoralisation qu'avait dû produire leur dernière victoire.

Après avoir lancé un petit nombre d'obus sur la ville, l'ennemi fit quelques sommations, puis, désappointé, il se retira.

*
* *

Un mot, avant de terminer, sur les troupes qui prirent part à la bataille de Saint-Quentin. Il est incontestable que les mobiles, ce jour-là, se conduisirent bravement, car ils se firent tuer sur place comme de vieux soldats.

Les mobilisés furent à peine engagés, et nous les avons vus abandonner le point si important de Fayet.

---

(1) Tués, blessés, disparus ou déserteurs en grandes bandes.

Quant aux troupes régulières de toutes armes, elles se montrèrent héroïques, mieux que cela, sublimes !

Les dépêches prussiennes annonçaient une poursuite à outrance :

« Aujourd'hui, nous avons combattu, disaient-elles; demain il nous faudra marcher pour achever la déroute de l'ennemi. »

L'Europe et la France, en apprenant cette nouvelle, considéraient l'armée du Nord comme anéantie. Saint-Quentin avait été pour elle, croyait-on, le dernier effort. On se trompait : quinze jours plus tard, l'armée du Nord se redressait aux yeux du pays étonné, et, la capitulation de Paris signée, elle s'apprêtait à continuer la lutte, sinon avec l'espérance de vaincre, du moins avec la ferme résolution de tomber glorieusement.

A la suite de la bataille de Saint-Quentin, l'armée du Nord campa autour des villes de Cambrai, Douai, Valenciennes, Arras et Lille, où elle ne fut point attaquée.

*<br>* *

Le 20 janvier, le cri : Gambetta ! Gambetta ! se répandit comme une traînée de poudre dans toutes les rues de Lille. Une voiture, en effet, venait de traverser la ville et de s'arrêter à la préfecture.

Là, devant une foule nombreuse et enthousiaste, l'orateur-ministre prononça l'une de ses harangues les plus enflammées. Il y promettait de chasser l'ennemi, proclamait notre incontestable supériorité, exaltait les mesures prises par son gouvernement et enfin garantissait *la victoire*, si l'on écoutait ses conseils (1).

Mais, la semaine suivante, (le 29 janvier), arrivait à Lille une dépêche que le télégraphe dut se hâter de faire connaître dans toute la région du Nord, car déjà le 22e corps (général Lecointe) avait repris la campagne et porté ses cantonnements en avant de Cambrai :

Versailles, 28 janvier, 11 h. 15 m. soir.

*M. Jules Favre, ministre des affaires étrangères, à délégation de Bordeaux :*

Nous signons aujourd'hui un traité avec M. le comte de Bismarck.

Un armistice de 21 jours est convenu.

Une assemblée est convoquée à Bordeaux pour le 15 février.

Faites connaître cette nouvelle à toute la France, faites exécuter l'armistice, et convoquez les électeurs pour le 8 février.

Un membre du Gouvernement va partir pour Bordeaux.

Jules FAVRE.

Un décret, qui sera ultérieurement publié, fera connaître les mesures prises pour assurer l'exécution des dispositions ci-dessus.

*Pour copie conforme,*<br>G. LAURIER.

La cessation des hostilités entre le général Faidherbe et le général Von Goeben fut réglée momentanément sur le pied du *statu quo*.

---

(1) Voir aux pièces justificatives cette harangue arrangée par M. de Freycinet.

Bientôt arriva le texte de la convention du 28 janvier 1871, qu'on lira ci-dessous (1).

## (1) CONVENTION DU 28 JANVIER 1871.

Art. 1er. — Un armistice général, sur toute la ligne des opérations militaires en cours d'exécution entre les armées allemandes et les armées françaises, commencera pour Paris aujourd'hui même ; pour les départements, dans un délai de trois jours. La durée de l'armistice sera de vingt-et-un jours, à dater d'aujourd'hui, de manière que, sauf le cas où il serait renouvelé, l'armistice se terminera partout le dix-neuf février à midi.

Les armées belligérantes conserveront leurs positions respectives qui seront séparées par une ligne de démarcation. Cette ligne partira de Pont-l'Évêque, sur les côtes du département du Calvados, se dirigera sur Lignières, dans le nord-est du département de la Mayenne, en passant entre Briouze et Fromentet ; en touchant au département de la Mayenne, à Lignières, elle suivra la limite qui sépare ce département de ceux de l'Orne et de la Sarthe, jusqu'au nord de Morannes, et sera continuée de manière à laisser à l'occupation allemande les départements de la Sarthe, d'Indre-et-Loire, du Loir-et-Cher, du Loiret, de l'Yonne, jusqu'au point où, à l'est de Quarré-les-Tombes, se touchent les départements de la Côte-d'Or, de la Nièvre et de l'Yonne. A partir de ce point, le tracé de la ligne sera réservé à une entente qui aura lieu aussitôt que les parties contractantes seront renseignées sur la situation actuelle des opérations militaires, en exécution dans les départements de la Côte-d'Or, du Doubs et du Jura. Dans tous les cas, elle traversera le territoire composé de ces trois départements, en laissant à l'occupation allemande les départements situés au nord, à l'armée française ceux situés au midi de ce territoire.

Les départements du Nord et du Pas-de-Calais, les forteresses de Givet et de Langres, avec le terrain qui les entoure à une distance de dix kilomètres, et la péninsule du Havre jusqu'à une ligne à tirer d'Étretat, dans la direction de Saint-Romain, resteront en dehors de l'occupation allemande.

Les deux armées belligérantes et leurs avant-postes, de part et d'autre, se tiendront à une distance de dix kilomètres au moins des lignes tracées pour séparer leurs positions.

Chacune des deux armées se réserve le droit de maintenir son autorité dans le territoire qu'elle occupe, et d'employer les moyens que ses commandants jugeront nécessaires pour arriver à ce but.

L'armistice s'applique également aux forces navales des deux pays, en adoptant le méridien de Dunkerque comme ligne de démarcation, à l'ouest de laquelle se tiendra la flotte française, et à l'est de laquelle se retireront, aussitôt qu'ils pourront être avertis, les bâtiments de guerre allemands qui se trouvent dans les eaux occidentales. Les captures qui seraient faites après la conclusion et avant la notification de l'armistice

Il ressort de cette convention que les seuls départements du Pas-de-Calais et du Nord devaient être « *exclus de l'occupation allemande.* » Une partie du département de la Somme, avec la ville forte d'Abbeville à la possession de laquelle le général Faidherbe attachait, avec raison, un grand prix, allait donc être cédée aux Prussiens !

M. Jules Favre, auquel on a reproché d'avoir *oublié* l'armée du général Bourbaki dans les neiges des Vosges, ne se rappela pas non plus, paraît-il, qu'Abbeville était dans le département de la Somme, et que cette place (importante pour l'armée du Nord) appartenait encore aux Français !

seront restituées, de même que les prisonniers qui pourraient être faits de part et d'autre, dans des engagements qui auraient eu lieu dans l'intervalle indiqué.

Les opérations militaires sur le terrain des départements du Doubs, du Jura et de la Côte-d'Or, ainsi que le siége de Belfort, se continueront, indépendamment de l'armistice, jusqu'au moment où l'on se sera mis d'accord sur la ligne de démarcation dont le tracé à travers les trois départements mentionnés a été réservé à une entente ultérieure.

Art. 2. — L'armistice ainsi convenu a pour but de permettre au gouvernement de la Défense nationale de convoquer une Assemblée librement élue, qui se prononcera sur la question de savoir : si la guerre doit être continuée, ou à quelles conditions la paix doit être faite.

L'Assemblée se réunira dans la ville de Bordeaux.

Toutes les facilités seront données par les commandants des armées allemandes pour l'élection et la réunion des députés qui la composeront.

Art. 3. — Il sera fait immédiatement remise à l'armée allemande, par l'autorité militaire française, de tous les forts formant le périmètre de la défense extérieure de Paris, ainsi que de leur matériel de guerre. Les communes et les maisons, situées en dehors de ce périmètre et entre les forts, pourront être occupées par les troupes allemandes jusqu'à une ligne tracée par les commissaires militaires. Le terrain restant entre cette ligne et l'enceinte fortifiée de la ville de Paris sera interdit aux forces armées des deux parties. La manière de rendre les forts et le tracé de la ligne mentionnés formeront l'objet d'un protocole à annexer à la présente convention.

Art. 4. — Pendant la durée de l'armistice, l'armée allemande n'entrera pas dans a ville de Paris.

Art. 5. — L'enceinte sera désarmée de ses canons, dont les affûts

Le colonel de Villenoisy courut à Amiens et fit tous ses efforts pour obtenir du général Von Gœben que la zône allemande, déterminée par l'armistice, ne comprît pas cette place forte, *qui n'avait même pas été attaquée*. Mais M. Jules Favre *avait signé*, et l'on fut inexorable ! Abbeville eut la douleur et la honte de recevoir une garnison allemande.

*<br>* *

Pendant que ces choses se passaient, le gouvernement de Bordeaux croyait devoir exclure de l'éligibilité tous les anciens ministres, les sénateurs, les conseillers d'Etat de l'empire déchu, tous les députés

seront transportés dans les forts à désigner par un commissaire de l'armée allemande (1).

Art. 6. — Les garnisons (armée de ligne, garde mobile et marins) des forts et de Paris seront prisonnières de guerre, sauf une division de douze mille hommes que l'autorité militaire dans Paris conservera pour le service intérieur.

Les troupes prisonnières de guerre déposeront leurs armes, qui seront réunies dans des lieux désignés et livrés suivant règlement par commissaires, suivant l'usage ; ces troupes resteront dans l'intérieur de la ville, dont elles ne pourront pas franchir l'enceinte pendant l'armistice. Les autorités françaises s'engagent à veiller à ce que tout individu appartenant à l'armée et à la garde mobile reste consigné dans l'intérieur de la ville. Les officiers des troupes prisonnières seront désignés par une liste à remettre aux autorités allemandes.

A l'expiration de l'armistice, tous les militaires appartenant à l'armée consignée dans Paris auront à se constituer prisonniers de guerre de l'armée allemande, si la paix n'est pas conclue jusque-là.

Les officiers prisonniers conserveront leurs armes.

Art. 7. — La garde nationale conservera ses armes ; elle sera chargée de la garde de Paris et du maintien de l'ordre. Il en sera de même de la gendarmerie et des troupes assimilées, employées dans le service municipal, telles que la garde républicaine, douaniers et pompiers; la totalité de cette catégorie n'excèdera pas trois mille cinq cents hommes.

Tous les corps des francs-tireurs seront dissous par une ordonnance du gouvernement français.

1. Dans le protocole, cette condition du transport des affûts dans les forts a été abandonnée par les commissaires allemands, sur la demande des commissaires français.

élus jadis avec l'appui du gouvernement et qu'on appelait naguère candidats officiels.

Il y eut de nombreuses protestations. C'était, disaient les vrais libéraux, *l'ostracisme prononcé par un seul homme contre une foule de citoyens*, en un mot, c'était une loi de suspects électoraux !

M. de Bismarck lui-même s'empressa d'adresser la lettre suivante à Bordeaux :

Versailles, le 3 février 1871.

*A M. Léon Gambetta. — Bordeaux.*

Au nom de la liberté des élections stipulées par la convention d'armistice, je proteste contre les dispositions émises en votre nom pour priver du droit d'être élus à l'Assemblée

Art. 8. — Aussitôt après la signature des présentes et avant la prise de possession des forts, le commandant en chef des armées allemandes donnera toutes facilités aux commissaires que le gouvernement français enverra, tant dans les départements qu'à l'étranger, pour préparer le ravitaillement et faire approcher de la ville les marchandises qui y sont destinées.

Art. 9. — Après la remise des forts et après le désarmement le l'enceinte et de la garnison, stipulés dans les articles 5 et 6, le ravitaillement de Paris s'opérera librement par la circulation sur les voies ferrées et fluviales. Les provisions destinées à ce ravitaillement ne pourront être puisées dans le terrain occupé par les troupes allemandes, et le gouvernement français s'engage à en faire l'acquisition en dehors de la ligne de démarcation qui entoure les positions des armées allemandes, à moins d'autorisation contraire donnée par les commandants de ces dernières.

Art. 10. — Toute personne qui voudra quitter la ville de Paris devra être munie de permis réguliers délivrés par l'autorité militaire française, et soumis au visa des avant-postes allemands. Ces permis et visas seront accordés de droit aux candidats à la députation en province et aux députés à l'Assemblée.

La circulation des personnes, qui auront obtenu l'autorisation indiquée, ne sera admise qu'entre six heures du matin et six heures du soir.

Art. 11. — La ville de Paris paiera une contribution municipale de guerre de la somme de deux cents millions de francs. Ce paiement devra être effectué avant le quinzième jour de l'armistice. Le mode de paiement sera déterminé par une commission mixte allemande et française.

Art. 12. — Pendant la durée de l'armistice, il ne sera rien distrait des

des catégories nombreuses de citoyens français. Des élections faites sous un régime d'oppression arbitraire ne pourraient pas conférer les droits que la convention d'armistice reconnaît aux députés librement élus.

Signé : BISMARCK.

Devant ces protestations, qui ajoutaient à nos humiliations, M. Gambetta se vit obligé de donner sa démission. Les élections se firent le 8 février, et leur signification fut, on le peut dire, *la paix à outrance.*

Les députés se réunirent à Bordeaux, le 12 février, au nombre de cinq cents, et l'Assemblée se constitua immédiatement.

Le 15 février, une dépêche du ministre de la guerre prescrivait au général Faidherbe d'embarquer

valeurs publiques pouvant servir de gages au recouvrement des contributions de guerre.

Art. 13. — L'importation dans Paris d'armes, de munitions ou de matières servant à leur fabrication, sera interdite pendant la durée de l'armistice.

Art. 14. — Il sera procédé immédiatement à l'échange de tous les prisonniers de guerre qui ont été faits par l'armée française depuis le commencement de la guerre. Dans ce but, les autorités françaises remettront, dans le plus bref délai, des listes nominatives des prisonniers de guerre allemands aux autorités militaires allemandes à Amiens, au Mans, à Orléans et à Vesoul. La mise en liberté des prisonniers de guerre allemands s'effectuera sur les points les plus rapprochés de la frontière. Les autorités allemandes remettront en échange sur les mêmes points, et dans le plus bref délai possible, un nombre pareil de prisonniers français, de grades correspondants, aux autorités militaires françaises.

L'échange s'étendra aux prisonniers de condition bourgeoise, tels que les capitaines de navires de la marine marchande allemande, et les prisonniers français civils qui ont été internés en Allemagne.

Art. 15. — Un service postal pour des lettres non cachetées sera organisé entre Paris et les départements, par l'intermédiaire du quartier général de Versailles.

En foi de quoi les soussignés ont revêtu de leurs signatures et de leur sceau les présentes conventions.

Fait à Versailles, le 28 janvier mil huit cent soixante-et-onze.

Signé : Jules FAVRE. — BISMARCK.

20.

à Dunkerque, à destination de Cherbourg, le 22ᵉ corps d'armée, composé de 18,000 hommes environ et de 10 batteries d'artillerie.

Le 23ᵉ corps (24,000 hommes), auquel s'étaient joints plusieurs bataillons réguliers de nouvelle formation, devait rester dans la région du Nord, qu'il était question d'inonder, afin d'en rendre l'accès plus difficile à l'ennemi, au cas où l'armistice n'aboutirait pas. L'embarquement du 22ᵉ corps dura six jours. Commencé le 18, il était terminé le 23. Le général Faidherbe devait rester à Lille.

Le 26 février, le général Lecointe recevait l'ordre d'échelonner ses troupes entre Flers et Caen. Mais les préliminaires de la paix arrêtèrent le mouvement.

La deuxième division, colonel Fœrster, était déjà à Bayeux ; la première division, général Derroja, à Saint-Lô.

Peu de jours après, les troupes régulières de l'armée du Nord étaient envoyées à Paris où la tranquillité était sérieusement menacée (1).

Là, au nombre de 8,000, elles campèrent au Trocadéro et firent admirer aux Parisiens leur bonne tenue, leur excellent esprit et leur discipline exemplaire. C'est un des régiments de l'armée du Nord, le 69ᵉ de marche, qui, oublié au Luxembourg le 18 mars, cerné par 20,000 gardes nationaux commandés par l'ancien lieutenant de vaisseau Lhuillier, sut rester inébranlable devant les sollicitations comme devant les menaces des insurgés.

N'ayant appris qu'au bout de trois jours la retraite

_______

(1) Les régiments de mobiles furent licenciés et renvoyés dans leurs foyers.

de l'armée sur Versailles, le 69ᵉ, grossi de plusieurs fractions d'autres régiments, sortit, le 21 mars, du Luxembourg, et, traversant tout Paris, tambours battants, sous les ordres du commandant Perrier, il vint se présenter à l'une des portes de la ville, que gardait un bataillon de la garde nationale. Cette troupe se flattait de corrompre les lignards, en fraternisant avec eux. Mais, pour toute réponse à l'appel des insurgés, le 69ᵉ mit la baïonnette au canon.

Les communeux s'empressèrent aussitôt de baisser le pont-levis, et le brave régiment qui, au milieu de tant de défaillances, donnait un si noble exemple de fidélité à la cause de l'ordre, fut reçu, à son entrée dans Versailles, par le président de la République et par une députation du corps législatif.

L'armée du Nord combattit, pendant le siége contre la Commune, dans les positions d'Asnières, de Neuilly et du Bois de Boulogne. Ce sont trois de ses régiments, 67ᵉ, 68ᵉ et 69ᵉ de marche, (brigade Wolf,) qui s'emparèrent des buttes Montmartre, du côté de la tour Solférino, pendant que la brigade Pradier montait à l'assaut du moulin de la Galette.

Tel est, dans un cadre forcément resserré, le récit des faits d'armes de la petite armée du Nord. Au milieu des calamités de la patrie, elle ne cessa de faire preuve d'une grande constance, d'une bravoure, d'un dévouement, d'une fidélité à toute épreuve. Ce jugement sera, nous n'en doutons pas, ratifié par l'histoire.

FIN.

*P.-S.* — Dans les pages qui précédent, nous nous sommes efforcé de rendre justice à tous, sans passion comme sans faiblesse. Mais notre tâche serait incomplète, si nous laissions dans l'ombre les services trop souvent oubliés des aumôniers militaires, prêtres séculiers, jésuites et autres religieux. Au milieu de troupes jeunes et naturellement impressionnables, ils donnèrent partout l'exemple de tous les courages. Le soldat admirait leur sang-froid sous le feu de l'ennemi, aussi bien que leur touchante sollicitude et leur dévouement auprès des mourants.

# PIÈCES JUSTIFICATIVES

(Journal officiel du 9 Mai 1872.)

## CONSEIL D'ENQUÊTE

CONVOQUÉ EN VERTU DE L'ARTICLE 264 DU DÉCRET
DU 13 OCTOBRE 1863.

*Extrait du procès-verbal de la séance du 18 avril 1872,
sur la capitulation de la Fère.*

LE CONSEIL D'ENQUÊTE,

Vu le dossier relatif à la capitulation de la place de la Fère ;
Vu le texte de la capitulation ;
Sur le rapport qui lui en a été fait ;
Ouï MM. le capitaine DE SAINT-GUILHEM, ex-commandant
du génie, à la Fère ;

PLANCHE, capitaine de frégate, ex-commandant supérieur
de la Fère ;

Baron MÉNEVAL, colonel d'artillerie, ex-directeur de l'artillerie de la Fère ;

Commandant DELMAS DE LACOSTE, ex-commandant de la
place de la Fère ;

RIGAUX, ex-commandant de l'artillerie de la place de
la Fère;

Après avoir délibéré,

Exprime comme suit son avis motivé sur la capitulation :

L'armement normal de la Fère devait être de 54 bouches à feu ; il y en avait 80 au 10 août, dont 70 en batterie.

Les munitions de guerre étaient en quantité suffisante, les approvisionnements en vivres calculés pour quatre mois.

La garnison entièrement composée de garde nationale mobile, à l'exception de 40 ouvriers d'artillerie, s'élevait, à la date du 7 octobre, à 2,711 hommes, augmentés le 6 novembre de 100 hommes formant une compagnie de francs-tireurs de la Somme.

La place fut déclarée en état de siége le 12 août. Jusqu'au 7 novembre, la mise en état de défense fut organisée par les soins du commandant Delmas de la Coste, commandant de place. A cette date, le capitaine de frégate Planche fut nommé commandant supérieur par le général Bourbaki.

L'ennemi s'était montré aux environs de la Fère le 10 septembre, mais ne s'y arrêta pas et ne revint que le 12 novembre. Le 13, il somma la place de se rendre et, sur le refus du conseil de défense, il l'investit le 15 novembre.

La garnison opéra quelques sorties pour augmenter les vivres ; le 23 novembre 70 têtes de bétail furent ramenées dans la ville.

Le 25 novembre, l'ennemi ouvrit contre la place le feu de 33 pièces de canon et le continua pendant 36 heures. La ville fut fort endommagée et les remparts furent un peu écrêtés.

Sur la demande qui lui en fut adressée par le Conseil municipal, le commandant supérieur, jugeant que les artilleurs de la garde nationale mobile, chargés du service des pièces, ne pouvaient plus tenir sur les remparts, et que dans ces conditions la défense ne pouvait être prolongée, se décida, le 26 novembre, d'après l'avis unanime de son conseil de défense, à conclure une capitulation avec l'ennemi.

Le commandant Planche mérite d'être loué pour avoir prescrit, avant la signature de la capitulation, de détruire les armes, d'enclouer les canons, de noyer les poudres, de mettre les affûts hors de service, et d'avoir ordonné la distribution aux habitants des vivres qui se trouvaient dans la place. Mais il eut tort d'admettre, contrairement à l'article 256 du décret du 13 octobre 1863, la clause relative à la faculté laissée aux officiers qui prendraient l'engagement d'honneur de ne pas servir contre l'Allemagne pendant la guerre, de se retirer dans leurs foyers, séparant ainsi leur sort de celui de eurs soldats.

Pour extrait conforme :

Le Président du Conseil d'enquête,<br>BARAGUEY-D'HILLIERS.

—

## NOTE PREMIÈRE.

NOVEMBRE.

## Instruction remise aux officiers de l'armée du Nord sur la marche des armées prussiennes.

Les armées prussiennes ont une marche extrêmement égulière qui n'a jamais varié depuis leur entrée sur le sol français.

Les armées se composent de trois, quatre ou cinq corps de 30,000 hommes chacun, échelonnés à une distance d'une journée de marche à peu près.

Cette disposition est indiquée sur le croquis ci-joint :

Chaque corps d'armée détache de petites troupes de 1200 à 2,000 hommes, marchant parallèlement au corps d'armée principal et à une distance de 15 kilomètres environ.

A 10 kilomètres en dehors sont des détachements de cavalerie de 200 à 300 hommes, et enfin, à 5 ou 6 kilomètres sur les flancs, sont placés des éclaireurs, par groupes de 3 ou 4 hommes.

Si l'on envoie contre l'ennemi une reconnaissance de cavalerie, elle ne voit que les détachements de cavalerie.

Si la reconnaissance est plus considérable, comme dans l'affaire de Toury, on trouve un ou deux petits corps avec des détachements de cavalerie.

Si l'on envoie 10,000 hommes, un corps d'armée de 30,000 se démasque comme à Arthenay.

Si des forces plus considérables s'avancent, un second corps d'armée vient seconder le premier, comme à Orléans.

Si la France oppose des forces plus grandes, toute l'armée de 150,000 hommes se montre, comme à Saarbruck et à Wœrth.

Si enfin l'on fait avancer une armée considérable, deux armées de 150,000 hommes chacune se réunissent pour la lutte, comme à Gravelotte et à Sedan.

Il n'est évidemment pas possible à des agents quelconques de pénétrer assez profondément au milieu des lignes ennemies pour apprécier la force des armées ; mais la marche des armées prussiennes est tellement régulière, qu'en voyant les 4 uhlans, on peut conclure infailliblement qu'à 5 ou 6 kilomètres se trouvent des détachements de cavalerie, qu'à 15 kilomètres se trouvent des corps de 1,200 à 2,000 hommes, qu'à 20 kilomètres, existe un corps d'armée de 30,000 hommes, et sûr, ce corps d'armée est soutenu par un, deux, et trois autres corps d'égale force, échelonnés à un jour de marche les uns des autres.

Pour que nos généraux ne soient pas surpris, il faut donc qu'ils soient convaincus, en voyant 4 uhlans, qu'ils auront affaire le lendemain à 30,000 hommes, le surlendemain à 60,000, le troisième jour à 90,000.

S'ils veulent avoir le temps de se préparer, il faut qu'ils adoptent le même système que les Prussiens, c'est-à-dire qu'ils couvrent leurs corps d'armées, à grande distance, par des corps détachés, des détachements de cavalerie, et des éclaireurs.

Il faut enfin que nos armées se composent, comme celles des Prussiens, de corps échelonnés à petite distance et pouvant rapidement se rejoindre.

Les Prussiens opèrent d'ailleurs toujours avec deux armées, celle de tête, cherchant à tourner l'armée française, et à couper le chemin qui lui amène ses approvisionnements, l'autre assurant les derrières. C'est la marche que les généraux français doivent adopter, s'ils veulent éviter l'échec de Sedan.

## NOTE II.

Amiens, le 16 Novembre 1870.

### Copie.

Par dépêche du 15 de ce mois, M. l'intendant militaire de la 3ᵉ division écrit ce qui suit à M. le général de division :

« Malgré la plus grande activité qui règne au magasin
« d'habillement de Lille, un certain nombre d'effets de
« campement ou autres, destinés aux bataillons de marche,
« pourraient ne pas leur parvenir en temps opportun, en
« raison des délais nécessités par l'entreprise des trans-
« ports en chemin de fer.

« Pour obvier à cet inconvénient, il y aurait un moyen
« très-simple, que j'ai fait employer avec succès dès mon
« arrivée à Lille, pour les départs des régiments se rendant à
« l'armée du Rhin.

« Il conviendrait de prévenir, par télégramme, chacun des
« bataillons de marche qu'il doit envoyer, à Lille, un officier
« chargé des détails avec deux fourriers et des hommes de
« corvée, pour venir chercher, dans le *magasin de campe-*
« *ment* de Lille, les effets dont ils ont besoin et qui n'au-
« raient pas été expédiés.

« Ces effets leur seraient délivrés et transportés avec eux
« au moyen d'un wagon spécial qu'on ferait au besoin ajouter
« à chaque train.

« Si vous adoptez cette proposition, il conviendrait que
« l'on ne vînt pas de tous les bataillons le même jour, afin
« d'éviter l'encombrement.

« Il faudrait aussi qu'avant de partir, l'officier chargé des
« détails de chaque bataillon fît parvenir directement, au
« sous-intendant chargé du service de l'habillement à Lille,
« un état des effets qu'il viendra demander. »

Le général commandant la subdivision de la Somme,<br>
PAULZE D'IVOY.

—

## NOTE III.

**3ᵉ DIVISION**

MILITAIRE.

—

SUBDIVISION.

Le Commandant du 2ᵉ bataillon de chasseurs à pied de marche dispose de la batterie d'artillerie en ce moment à Grandvilliers ; il a également sous ses ordres les bataillons de mobiles cantonnés à Grandvilliers et à Poix.

Il peut en modifier les emplacements de détail, occuper lui-même Grandvilliers ou un autre point, s'il le juge préférable, en restant toutefois dans les limites que le général lui a précédemment assignées. Le commandant Boschis rendra immédiatement compte des positions qu'il croira devoir prendre à ce sujet, et *relativement aussi au projet sur Beauvais.*

Amiens, le 16 Novembre 1872.

Le général commandant la subdivision,

PAULZE d'IVOY.

—

## NOTE IV.

**3ᵉ DIVISION**

MILITAIRE.

—

3ᵉ SUBDIVISION.

### Composition des troupes de l'armée du Nord. — Leurs positions.

PREMIÈRE BRIGADE.

*Général :* LECOINTE.

1ᵉʳ, 2ᵉ, 3ᵉ et 4ᵉ bataillons à Amiens.
5ᵉ et 6ᵉ bataillons dans les baraques.

7ᵉ bataillon. } Pont-de-Metz.
Salouel.

## Détail :

Lieut. colonel de GISLAIN.
- 2e bataillon de chass. à pied, comm. Giovaninelli.
- 1er bataillon de marche du 75e, comm. Aynès.
- 1er bataillon de marche du 65e, comm. Andurand.
- 1er bataillon de marche du 91e, comm. Cottin.

Lieutenant Colonel Fiollot de-Fierville. — 3 bataillons de marche de mobiles du 46e.
- 1er du Nord, Ct de Lalène Laprade.
- 2e du Nord, Ct Boitelle.
- 3e id. Ct Follet.

*Capitaine-commandant :* PIGOUCHE.

15 d'artillerie.
- 2e batterie principale.
- 2e batterie ter.
- 97 hommes.
- 73 chevaux.
- cap. comm. Grand-Mottet.
- lieutenants. Colignon. Lecesne.

DEUXIÈME BRIGADE.

*Colonel :* DERROJA.

Fouencamps, 311 habitants.
Boves, 1828 habitants.
- 1 Compagnie. 1er bat. de marc. de chass. à pied.
- 4 Compagnies.
- 3 Compagnies, 1er bat. du 24e.

Cagny, 421 habitants.
Boutillerie, 204 »
- 2 compagnies, 1er bat. du 24e.

Saint-Acheul (Abbaye).
Longueau, 770 habitants.
- 2e bataillon du 24e.

Rivery, 142 habitants.
Camon, 1537 »
- 1er bat. du 47e mob. (4e Nord.)
- 2 compagnies, 33e de ligne.

Glisy 573, habitants.
Lamotte-Brebière 177 habit.
- 3 compagnies, 33e de ligne.

Vecquemont, 283 habitants.
Daours 707 »
Bussy-lès-Daours, 443 hab.
- 2e bat. du 47e mob. (5e Nord.)

Querrieux, 823 habitants.
Pont-Noyelles, 642 »
- 3e bat. du 47e mob. (6e Nord.)

*Cavalerie.* — Blangy 420 habitants, 2 escadrons de gendarmerie.

15e d'artillerie. { Batterie bis. / Batterie quater.

### TROISIÈME BRIGADE.
*Colonel :* DUFORT du BESSOL.

Aubigny, 721 habitants. — 2 compagnies. } 2 bataillons du 48e
Fouilloy, 898 » 3 compagnies. } mob. (7e Nord.)

Corbie 3,346 { 1 bataillon du 48e de mobiles (8e Nord). / 2 escadrons de dragons.

Villers-Bretonneux. { 1 bat. du 43e de ligne, comm. Roslin. / 1 bat. d'inf. de lig. c. Pasquet de la Broue.

Vaux-sous-Corbie, 375. } 1 bataillon du 48e mobiles (9e Nord).
Hamelet, 572.

Gentelles, 714. { 1 bataillon, 20e chasseurs à pied.
Cachy, 318.

### GRAND QUARTIER GÉNÉRAL.

*Artillerie.* — 3 batteries de réserve.
*Génie.* — 2 compagnies du 2e régiment.
*Cavalerie.* — 2 escadrons de dragons du Nord.

Garnison d'Amiens ou environs, sous les ordres du général Paulze d'Ivoy.

| | | | |
|---|---|---|---|
| 2e bataillon, garde mobile de la Marne. | | | |
| 3e | id. | id. | id. |
| 2e | id. | id. | du Gard. |
| 3e | id. | id. | du Gard. |
| 4e | id. | id. | de la Somme. |
| 10e | id. | id. | du Nord. |

2 pelotons de dragons.

*Signé :* Paulze d'Ivoy.

Pour copie conforme:

de Thanneberg.

## NOTE V.

# Ordre du jour du général Faidherbe, en prenant possession de son commandement.

OFFICIERS, SOUS-OFFICIERS ET SOLDATS,

Appelé à commander le 22ᵉ corps d'armée, mon premier devoir est de remercier les administrateurs et les généraux qui ont su, en quelques semaines, improviser une armée qui s'est affirmée si honorablement les 24, 26 et 27 novembre sous Amiens.

J'exprime surtout ma reconnaissance au général Farre qui vous commandait, et qui, par une habile retraite devant des forces doubles des siennes, vous a conservés pour le service du pays.

Vous allez reprendre de suite les opérations avec des renforts considérables qui s'organisent chaque jour, et il dépendra de vous de forcer l'ennemi à vous céder à son tour le terrain.

Le ministre Gambetta a proclamé que, pour sauver la France, il vous demande trois choses : la discipline, l'austérité des mœurs et le mépris de la mort.

La discipline, je l'exigerai impitoyablement.

Si tous ne peuvent atteindre à l'austérité des mœurs, j'exigerai du moins la dignité et spécialement la tempérance. Ceux qui sont aujourd'hui armés pour la délivrance du pays sont investis d'une mission trop sainte pour se permettre les moindres licences en public.

Quant au mépris de la mort, je vous le demande au nom même de votre salut. Si vous ne voulez pas vous exposer à mourir glorieusement sur le champ de bataille, vous mourrez de misère, vous et vos familles, sous le joug impitoyable de l'étranger. Je n'ai pas besoin d'ajouter que les cours martiales feraient justice des lâches, car il ne s'en trouvera pas parmi vous.

Le 5 décembre 1870.

Le général de division, commandant
le 22ᵉ corps d'armée,

L. FAIDHERBE.

—

## NOTE VI.

Amiens, le 20 novembre 1870.

Par suite de nouvelles dispositions, un décret du 10 novembre accorde à tous Messieurs les officiers évadés depuis le commencement de la campagne une indemnité de 750 francs pour s'habiller et s'équiper de nouveau. En conséquence, et afin que je puisse vous remettre cette somme, j'ai l'honneur de vous prier de vouloir bien me faire remettre une déclaration sur l'honneur en double expédition dans laquelle vous constaterez que vous vous êtes évadés...........

Il est bien entendu, et ce sont les termes du décret, que si vous avez déjà reçu une avance en argent pour perte d'effets, elle devra être relatée dans votre déclaration, afin qu'elle soit déduite des 750 francs qui sont alloués.

Le major commandant le dépôt du 43ᵉ,
*Signé :* DE LINIÈRES.

*P.-S.* — Je crois qu'il est utile d'ajouter que vous n'avez pas prêté serment à la Prusse de ne pas reprendre les armes contre elle.

J'ai eu l'honneur d'adresser au Colonel l'état d'habillement réclamé par la circulaire du 16. C'était un état néant. Cependant je dois rendre compte que les officiers n'ont pas de cantine ni de voiture, et que nous n'avons pas de cantine d'ambulance.

NOTE DE L'AUTEUR. — L'intendance fit des difficultés parce que l'autorité supérieure n'avait pas donné *le modèle* de la déclaration. Il arriva que les officiers furent payés trop tard et partirent pour leurs cantonnements, dénués de tout, quelques-uns en bourgeois.

Lille, le 21 novembre 1870, à 6 h. 20

*Le Chef d'Etat-Major général,*
*à Préfet, Général, et Colonel du Bessol, Amiens.*

Il faut faire rompre les passages sur la Somme, entre Péronne et Combles, et interrompre entièrement communications d'une rive à l'autre, si l'ennemi s'avance en face de Nesle, vers Cambrai, mais les conserver si, suivant certaines indications, les avant-postes *(sic)* suivent la route de Nesle, Roye, Montdidier, Breteuil, ce qu'il faut savoir demain matin.

Bien reconnaître et conserver les passages sur Somme d'Amiens à Corbie. Reconnaître, pour rompre au moment opportun, les passages à l'ouest d'Amiens. Requérir ingénieurs et agents-voyers pour avoir renseignements complets et précis.

Surveiller, par francs-tireurs et fortes patrouilles, l'intervalle entre Amiens et Péronne.

*Signé :* FARRE.

NOTE DE L'AUTEUR. — Les paysans trouvèrent ces mesures gênantes et reconstruisirent ces ponts qu'il fallut détruire une seconde fois !

—

## NOTE VII.

### Série de Dépêches échangées par les Français avant la Bataille de Villers.

Amiens, le 22 novembre 1870.

*Général Farre à Colonel du Bessol,*
*Villers et Corbie.*

Le commandant de gendarmerie de Moreuil me télégraphie :

Une quinzaine de Prussiens à Domart-sur-la-Luce, et assez grand nombre à Fresnoy, venant de Roye et allant vers Amiens.

Tâchez de faire déloger cavaliers qui sont à Domart-sur-la-Luce. Occupez provisoirement Cachy et Gentelles.

Amiens, le 22 septembre 1870,
à 3 heures 20 du soir.

*Général Farre à Colonel du Bessol, Corbie*
*et Villers-Bretonneux.*

Demain, de 7 à 9 heures, arrive le 48e régiment de mobiles du Nord ; 3 bataillons de 750 hommes à placer à Corbie, Hamelet, Vaux-sous-Corbie, et le 20e bataillon de chasseurs à pied à placer à Cachy et Gentelles ; de plus deux escadrons de dragons à Corbie.

Il reste entendu que bataillons du 43e et infanterie de marine (69e de marche) occuperont Villers-Bretonneux.

Prenez vos dispositions pour vous garder cette nuit.

Amiens, le 22 novembre 1870, à 2 h. 50 du soir.

*Général à colonel du Bessol, Corbie et*
*Villers-Bretonneux.*

Sous-préfet me télégraphie ainsi qu'à préfet et au commandant du 10e du Nord :

« A dix heures, ils étaient cent cavaliers à Fresnoy-en-Chaussée.

Vers onze heures, 30 ou 40 cavaliers, laissant de côté Mézières, se détachaient pour aller à Domart-sur-la-Luce.

A midi, il arrivera quatre cents hommes à Fresnoy. »

Gardez-vous très-soigneusement.

*Général* PAULZE D'IVOY.

Amiens, le 23 novembre 1870 à 9 h. 40 du soir.

*Préfet à colonel du Bessol, Villers-Bretonneux.*

Divers avis annoncent un engagement au Quesnel.

Les francs-tireurs tiennent bon. Envoyez renfort, si vous le jugez convenable.

Amiens, le 23 novembre 1870 à 3 h. 40.

*Général à colonel du Bessol, Villers-Bretonneux.*

Reçois dépêche suivante du commandant francs-tireurs Picardie :

« Arrivé moi-même de Mézières où je suis monté dans la cheminée de sucrerie ; j'ai vu une colonne prussienne, composée de trois compagnies infanterie appuyées par deux pièces d'artillerie et cavaliers, à peu près deux cents, attaquer Quesnel, c'est-à-dire francs-tireurs du Nord. » Agissez, s'il y a quelque chose à faire, et rendez-compte.

*Général* LECOINTE.

Poix d'Amiens, le 24 novembre 1870 à 12 h. du soir.

*Général à Commandant 2ᵉ bataillon de chasseurs à Quevauvillers par Namps près Poix.*

Au lieu de rentrer à Amiens, vous descendrez à Saleux ; vous vous installerez à Saleux, Bacouel et Vers.

*Général* PAULZE D'IVOY.

Villers de Boves, le 25 novembre, à 2 h. 40 du soir.

*Commandant à M. Pittié, colonel chasseurs à Villers.*

Attaqué par des forces supérieures depuis 2 heures de temps, vais être obligé de me retirer, si je n'ai pas renfort près du bois de Gentelles.

TAILLENDIER.

ARMÉE DU NORD

1ʳᵉ DIVISION.

INTENDANCE.

Amiens, le 25 novembre 1870.

MONSIEUR LE COLONEL,

« J'ai l'honneur de vous confirmer ma dépêche de ce jour :
« Les corps de troupes sans argent pourront toucher demain
« à midi, Hôtel de l'Univers, à Amiens, la solde due jusqu'à la
« fin du mois.
« Officiers-payeurs présenteront états de solde à mon
« ordonnancement demain, à partir de 8 heures du matin. »

Veuillez agréer, Monsieur le colonel,
l'assurance de ma considération la plus distinguée.

Le sous-intendant militaire.

*Signé :* BONAVENTURE.

Note de l'auteur. — On remarquera que l'intendance ne se décida à payer aux officiers évadés la nouvelle indemnité d'entrée en campagne que la veille de la bataille de Villers-Bretonneux, alors que, dans les campagnes où l'armée était cantonnée, il n'était plus possible de se pourvoir de quoi que ce soit. Beaucoup d'officiers manquaient des choses les plus essentielles, quelques-uns n'avaient point d'uniforme, et il leur était impossible de quitter leurs troupes au moment où elles allaient peut-être être attaquées. L'intendance à Amiens se montra bien peu prévoyante.

Hangard, le 25 novembre, à 10 h. du soir.

On m'envoie à l'instant, de Mézières, les renseignements suivants avec prière de les communiquer...

Fresnoy-en-Chaussée occupé par 400 hommes dont moitié cavalerie, 4 canons.

Quesnel, ambulance importante, 12 canons et troupes prussiennes en proportion.

Mézières a été cerné par les patrouilles prussiennes toute la journée ; colonel occupait la raperie. La réquisition d'un repas pour 50 hommes faite à Mézières allait être servie, quand une panique dont on ignore la cause a saisi l'ennemi qui s'est enfui vers le soir (1).

Le maire d'Hangard :<br>L. de Morcourt.

Gentelles, le 26 novembre 1870.

## Rapport sur le combat de Gentelles.

Mon Colonel,

J'ai l'honneur de vous rendre compte que j'ai été attaqué à une heure par de l'infanterie et de la cavalerie. L'affaire s'est engagée avec ma grand'garde ; mon monde était sous les

---

(1) Panique causée par le déplacement d'une grand'garde du 20ᵉ chasseurs à Gentelles.

armes, il n'y a donc pas eu de surprise. — Mes tirailleurs ont refoulé l'ennemi de l'autre côté de la route. — La fusillade s'est fait alors entendre à ma droite, du côté de Boves.

Il n'était pas prudent de m'étendre de ce côté, j'ai cependant conduit une compagnie, qui, de la route, a tiré dans le flanc droit des Prussiens, dans la direction du bois de Gentelles.

La fusillade s'était ralentie du côté de Boves, l'ennemi est revenu sur Domart pour s'y cantonner, du moins je le suppose, car j'ai aperçu un grand mouvement sur la route. Mes trois compagnies et une du 69e de marche, précédées d'une forte ligne de tirailleurs, ont marché dans cette direction et ont eu un engagement sérieux qui n'a fini qu'à la nuit, vers 4 heures. Les Prussiens, cavaliers et fantassins, ont été obligés de quitter la route.

De mon côté, j'ai dû rentrer dans mon cantonnement.

Nous avons eu 3 tués et 6 blessés (1), plus 6 hommes manquant à l'appel, sur le compte desquels il n'a pas encore été possible d'avoir de renseignement.

Les compagnies de Cachy n'ont pas donné. Je leur ai laissé la surveillance du ravin par lequel on va de Cachy à Domart.

Elles sont maintenant avec moi à Gentelles, conformément aux ordres que j'ai reçus de vous.

Il est probable que demain matin nous serons attaqués, je prends mes dispositions en conséquence.

*Je commence à être pauvre en cartouches ; il me reste une moyenne de 4 paquets par homme.*

Le Commandant,<br>*Signé :* HECQUET.

Arras, le. . . . .

Il n'y a dans la place d'Arras que 80,000 cartouches pour fusils chassepot.

Il n'y a que 500,000 cartouches pour fusils à tabatière.

Le 5e bataillon du Pas-de-Calais est à Cambrai. Le général

---

(1) Dont un sous-lieutenant assez grièvement.

de Chargère demande que ce bataillon rentre à Arras, afin que M. Fovel puisse organiser son régiment, composé des 5e, 6e et 7e bataillons, du Pas-de-Calais.

*Signé :*

L'officier d'ordonnance du général CHARGÈRE.

Douai, le 26 novembre 1870, à 4 heures 55 du soir.

*Directeur d'artillerie à son chef d'Etat-major.*

Le général d'artillerie a informé par télégramme que j'expédiais à Amiens cinq chariots ;

Qu'on les attellerait par réquisitions, 4 contenant 187,000 cartouches pour chassepots, 4 contenant 123,000 cartouches pour tabatières.

J'envoie en barils 140,000 cartouches pour chassepots et en caisses 150,000 pour tabatières.

BRIANT.

Boves, le 26 novembre 1870, à 2 heures 25 du soir.

*Commandant à Colonel Pittié, à Villers-Bretonneux et général en chef Amiens.*

3 heures 30 minutes de combat... Envoyez, en toute hâte, cartouches, près Boves, gare. Je n'en ai plus...

... Commandant chasseurs (JEAN?) je crois, mort.

TAILLANDIER.

Amiens, le 26 novembre 1870, à 9 h. 10 du s.

*Général Paulze d'Ivoy, à Colonel du Bessol, Villers-Bretonneux.*

J'envoie immédiatement à commandant Taillendier, Boves, onze mille cinq cent vingt cartouches, dans quatre barils, et vous allez recevoir même quantité de munitions chassepot, à Villers. Je ne vous donne pas plus, parce que *je ne comprends pas votre première dépêche* (1) (à peine pour 300 hommes).

PAULZE D'YVOY.

(1) Hélas ! on s'en ressentit à la fin du combat !

Le Maire de Saint-Sauflieux a eu la visite du sergent Błouet avec un homme.

Voici les renseignements certains qu'il donne :

Trois fois les uhlans sont venus ici au nombre de 3 et 4 ; un homme envoyé exprès est allé jusqu'à leur campement à Essertaux, on les croit à 1,500 environ ; ils ont des sentinelles jusqu'à 2 kilomètres de ce village, par conséquent tout près de Saint-Sauflieux.

Saint-Sauflieux, le 26 novembre 1870.

Le Maire,
LOTH.

Le 26 novembre.

Des renseignements du chef de gare de Rosières annoncent que les Prussiens occupent Chaulnes et Roye, au nombre de *6000 :* on croit qu'il y en a environ *3000* à Bouchoir, infanterie, cavalerie et artillerie...

Le capitaine, com. la gare,
GRIMAL.

Le 26 novembre.

*Commandant Boves à colonel Pittié et à Villers-Bretonneux.*

On m'informe à l'instant, huit heures du soir, que douze mille Prussiens avec une nombreuse artillerie marchent sur Moreuil. Trois ou quatre mille à Breteuil. Dix uhlans passés à Ailly par La Faloise et allant sur Louvrechy.

TAILLANDIER,
Chef de bataillon du 24ᵉ

26 novembre.

*Colonel du Bessol à général Lecointe Amiens.*
TRANSCRIPTION DE LA DÉPÊCHE PRÉCÉDENTE.

Cette dépêche confirme tous les renseignements recueillis pendant la journée.

On nous dit tantôt 12,000 hommes à Roye, tantôt 12,000 à Moreuil venant de Montdidier.

On nous signale à l'instant 16 canons et bon nombre de fantassins à Quesnel et à Frénoy.

Pour le colonel,

R. DE COURSON.

Le 26 novembre, 10 h. 1/2 du soir.

COMMANDANT,

Demain matin vous aurez soin de faire manger la soupe à vos hommes de bonne heure, de manière à quitter vos cantonnements à 9 h. 1/2, pour aller vous joindre au 4e bataillon de la Somme, qui occupe les villages de Dury et à Heubecourt.

Vous prendrez le commandement des deux bataillons.

Vous pourrez vous porter en avant entre Heubecourt et Saint-Sauflieux.

Je ferai partir, à la même heure, le 3e du Gard, du côté de Dury, il vous servira de réserve. Conty n'est plus occupé par le 10e du Nord. Il s'est porté à Famechon pour garder la ligne du chemin de fer.

Le 2e de la Marne est toujours à Poix.

Croyez à mes bons sentiments.

Le général commandant la subdivision.

Général PAULZE D'IVOY.

Samedi, 26 novembre 10 h. 1/2 du soir.

Votre rôle n'est pas de poursuivre l'ennemi, mais bien de défendre les positions entre Heubecourt et St-Sauflieux.

Vous laisserez quelques hommes pour faire la soupe du soir ; vous rentrerez, le soir, dans vos cantonnements.

Le 27 novembre, 3 h. 45 du matin.

*Dépêche de Guyencourt.*

Francs-tireurs arrivent par la voie, refoulés par 8,000, artillerie, cavalerie et infanterie. — Faites prévenir : urgent.

Pour copie :

Le capitaine de service à la gare de Villers,

GRIMAL.

Le 27 novembre, 10 h. du matin.

## Dépêche.

Des Prussiens en masse se dirigent sur Villers, par Marché-le-Cave ; d'autres ont pris la voie du chemin de fer de Wiencourt ; nous en voyons des masses passant sur le pont de Wiencourt.

*Pour copie :*

Le capitaine commandant la gare,
GRIMAL.

Le 27 novembre.

## 1re Dépêche.

Prussiens à Moreuil.

## 2e Dépêche.

Prussiens entrent en gare à Guillaucourt.

11 heures du matin.

Le Commandant des postes de la gare,
GRIMAL.

## Dernier renseignement.

Des masses de lanciers prussiens, entrés à Guillaucourt, paraissent se diriger sur Marché-le-Cave et vouloir couper la ligne entre Guillaucourt et Villers : ce sont ceux qui étaient à Rosières. Ils évitent les villages.

GRIMAL.

—

## NOTE VIII.

27 novembre 1871

## Rapport sur la bataille de Villers-Bretonneux, par le colonel du Bessol, commandant la 3e brigade.

MON GÉNÉRAL,

J'ai l'honneur de vous rendre compte des opérations de ma brigade pendant les journées des 24, 25, 26 et 27 novembre.

Le 23 au soir, j'appris qu'une compagnie de francs-tireurs, dans une attaque contre les avant-postes prussiens, près de Villers-aux-Erables, avait constaté la présence de forces assez considérables en infanterie, cavalerie, artillerie.

Je résolus alors de faire, le lendemain, une reconnaissance offensive, afin d'empêcher l'ennemi de s'établir aussi près de mes positions. Cette reconnaissance amena le combat de Mézières, où l'ennemi fut refoulé, la baïonnette aux reins. Les bois situés en avant de Mézières et de Beaucourt furent enlevés au pas de course, après une très-vive résistance, et les Prussiens, quoique soutenus par de l'artillerie, durent se replier dans le plus grand désordre. Nos pièces de quatre tinrent à distance, par quelques coups bien pointés, un peloton de uhlans, qui s'apprêtait à charger nos tirailleurs au débouché du bois. L'ennemi ne s'arrêta qu'à Bouchoir, sous la protection des réserves établies à Roye. On ramassa des armes et des munitions jetées à la hâte; quelques prisonniers furent faits, et des villages voisins nous arriva la nouvelle qu'on avait enlevé quatre voitures remplies de cadavres et de bon nombre de blessés.

Cette journée appartient à peu près uniquement au bataillon d'infanterie de marine, qui fut appuyé, dans son attaque, par une ou deux compagnies de mobiles et une compagnie du 43e.

Les rapports prussiens ne mentionnent pas cette affaire qui est brillante pour les corps de la 3e brigade ; ils font une confusion, plus utile à leur amour-propre que conforme à la vérité, en parlant de l'affaire du Quesnel, où ils prétendent avoir fait fuir en désordre la garde mobile d'Amiens.

Il est probablement question, dans le rapport allemand, de la petite affaire de la veille, engagée par les francs-tireurs, dont évidemment le rôle n'est pas de faire une guerre de position, mais de harceler l'ennemi. Le 24, les Allemands ont fui pendant plus de deux lieues. Nous ne pouvions pas les poursuivre indéfiniment, sans nous exposer à tomber sur leurs troupes venant de Roye. Car, en même temps, peut-être une colonne, déjà signalée sur la route de Montdidier à Moreuil, nous aurait attaqués de flanc. Le but, du reste, était atteint, nous savions qu'ils étaient en nombre à Roye et Moreuil.

Le 25, toute la plaine fut battue par des uhlans. Les avant-postes en prirent ou en tuèrent vingt-cinq ou trente dans toutes les directions. Les prisonniers s'accordaient à dire qu'ils faisaient partie d'un corps d'armée, qui s'avançait sur Amiens, qu'ils étaient en nombre et qu'ils avaient été lancés pour reconnaître toutes nos positions.

Dans la matinée du 25, les avant-postes du 20ᵉ bataillon de chasseurs établis à la Tuilerie et dans le bois de Gentelles, échangèrent avec l'ennemi une violente fusillade. Bientôt le combat devint extrêmement vif, et, des renforts arrivant constamment aux Prussiens, les chasseurs se virent forcés d'abandonner le bois. La fusillade continua jusqu'à la nuit, mais, dès 4 heures environ, le 20ᵉ bataillon de chasseurs avait repris la position dont l'ennemi ne chercha plus à le déloger. Le même soir, d'après vos ordres, je renforçai le village de Gentelles, où je réunis le bataillon de chasseurs. Le bataillon du 43ᵉ fut placé à Cachy, et je ne gardai à Villers que quatre compagnies d'infanterie de marine, plus les trois bataillons du 48ᵉ régiment de mobiles.

Le soir et la nuit, les rapports des gens du pays, si rares qu'ils fussent, et tout en étant souvent contradictoires, au point de vue de la direction et du nombre, laissaient voir que de graves événements se préparaient. Les courriers avaient peine à échapper aux uhlans qui battaient toutes les routes.

Dans la nuit, on vint m'annoncer que douze mille hommes, venant de Moreuil, étaient arrivés à Domart, avec une nombreuse artillerie ; on avait compté près de quarante voitures et un grand matériel d'ambulance. Je pus apercevoir toute la nuit les feux de leur camp, à trois ou quatre kilomètres de nos grands'gardes. Je ne pouvais croire que ce corps eût entrepris une marche directe sur Amiens, sans s'inquiéter de nos troupes qui devaient le prendre de flanc ou lui couper la retraite.

J'en conclus qu'il était très-fort. En outre ces lueurs de bivouac, si contraires aux habitudes des Prussiens, quand ils préparent un mouvement, me parurent avoir pour but de nous donner le change afin de nous faire dégarnir, pour renforcer Amiens, les positions de Villers, tandis que, par un simple à droite, ils attaqueraient en masse ce dernier point, tout en envoyant canonner du côté de Dury pour y retenir les troupes qu'on y aurait envoyées.

J'écrivis alors à Amiens que le mouvement me paraissait sérieux, que j'allais probablement être attaqué de plusieurs côtés ; j'écrivis aussi à Corbie de m'envoyer les renforts dont on pouvait disposer.

La nuit fut calme, mais les courriers qui m'arrivaient, signalaient l'ennemi dans toutes les directions, depuis Bray jusqu'à Moreuil et Ailly-sur-Noye. Au Nord du chemin de fer de Ham, une colonne bivouaquait, menaçant Bray, Sailly et Corbie ; une autre occupait Harbonnières, avec une avant-garde à Lamotte-en-Santerre, prête à se jeter sur nos derrières entre Corbie et Villers. On en signalait une troisième, assez forte, venue de Rosières, et menaçant la voie. Au sud du chemin de fer, des forces considérables s'étaient établies à Marché-le-Cave, avec une artillerie nombreuse. Toutes ces colonnes menaçaient notre gauche. En face, nous avions les troupes signalées à Aubercourt, Hangard, Domart ; d'autres troupes prussiennes suivaient la route d'Amiens.

Ces corps ennemis m'avaient été annoncés depuis quelques jours. On s'accordait à les répartir de la façon suivante : dix à douze mille à Roye, dix à douze mille à Montdidier, à droite et à gauche de ces deux points, des détachements de trois à quatre mille hommes ; des avant-gardes de mille à douze cents ; le tout formant à peu près l'effectif d'un corps d'armée prussien, de trente-cinq a quarante mille hommes constituant ce qu'ils appellent la première armée.

Le 27 au matin, je reçus de Corbie le bataillon de chasseurs, commandant Giovaninelli, et un bataillon du 75e, sous les ordres du lieutenant-colonel de Gislain, ce qui, réuni à l'infanterie de marine, mit à ma disposition quatre bataillons d'infanterie, trois bataillons de garde mobile et dix-huit pièces d'artillerie.

Dès le jour, tout le monde était sous les armes dans Villers. Vers dix heures, on vint m'annoncer l'arrivée des têtes de colonnes ennemies ; une demi-heure après, la fusillade était engagée sur toute la ligne. J'avais disposé les troupes de la manière suivante :

Au nord du chemin de fer, à l'est de Villers-Bretonneux, un bataillon de gardes mobiles, appuyé à gauche par deux compagnies du 75e. Cette troupe devait faire face à la colonne qui venait d'Harbonnières par Lamotte.

Un peu plus près du chemin de fer, contre la route, se trouve un pâté de petites maisons, et un moulin que je fis occuper par les sapeurs du génie.

Un pont situé à douze cents mètres de Villers, avait été confié à une compagnie de mobiles. Une compagnie de chasseurs y fut envoyée comme renfort; malheureusement les mobiles qui y étaient de garde, crurent ou feignirent de croire que les chasseurs venaient les relever; ils abandonnèrent ce poste à l'arrivée de ces derniers : cette position était protégée par un ouvrage qui l'eût rendue imprenable si elle avait été défendue par deux compagnies.

Le bataillon de chasseurs prit position entre l'épaulement et la route de Hangard : les tirailleurs, à 500 ou 600 mètres en avant, face à Marché-le-Cave, reliant le pont à une batterie de quatre placée sur cette dernière route ; le gros du bataillon en ordre mince, en arrière, abrité par de légères ondulations de terrain. La deuxième batterie de quatre se plaça à droite de la même route, en réserve. La batterie de douze resta plus en arrière, au nord du chemin de fer, de manière à pouvoir tirer sur les colonnes qui viendraient des deux côtés de la voie.

A droite de la route de Hangard, dans la direction de Cachy, étaient déployées deux compagnies du 65e et du 75e, plus deux compagnies de mobiles. Ces troupes avaient pour soutien trois compagnies du 75e. Le gros des mobiles était en colonnes, à cent mètres en avant de la sortie du pont de Villers.

Enfin, je fis réunir les postes intérieurs et le poste de la gare, ce qui formait deux compagnies environ d'infanterie de marine, lesquelles devaient me servir d'extrême réserve.

Les têtes de colonnes prussiennes se présentèrent à peu près en même temps, dans toutes les directions, et le feu des tirailleurs s'engagea sur un arc de cercle de cinq à six kilomètres; l'ennemi fit avancer un grand nombre de bouches à feu, auxquelles les nôtres répondirent avec un avantage marqué.

Jusqu'à deux heures, on se battit sur place, sans perdre de terrain, sans avoir besoin de renforcer la ligne. Vers deux heures, les Prussiens firent un grand effort sur le pont du chemin de fer, situé à douze cents mètres à l'est de Villers-Bretonneux. Après un feu convergent de plusieurs batteries, ils firent attaquer l'épaulement par deux colonnes et parvinrent à s'en emparer. Ce mouvement produisit un grand désordre et des fuyards français arrivèrent jusqu'aux premières maisons de la ville.

Profitant de ce moment de désarroi, une colonne prussienne s'était jetée dans la voie ferrée, espérant arriver sans être vue jusqu'à la gare.

Des francs-tireurs, placés sur le pont de Villers, l'arrêtèrent, après lui avoir fait subir des pertes sensibles. Je réunis alors le bataillon de chasseurs et quelques compagnies d'infanterie de marine et de mobiles, pour former une colonne d'attaque, qui reprit le pont et l'épaulement à la baïonnette. Le bataillon de chasseurs, qui avait perdu son commandant, était un peu désorganisé. Une fois la position prise, il put se reformer et se maintenir. A la droite de la route de Hangard, tout se passait encore avec le plus grand ordre, et les troupes de soutien n'étaient pas engagées. Le lieutenant-colonel de Gislain dirigeait cette partie de la défense avec une grande intelligence et une rare énergie.

A trois heures, nouvel effort des Prussiens sur le pont et l'épaulement, qui nous sont, encore une fois, enlevés ; nouveau commencement de désordre. Après des efforts surhumains, faits pour arrêter nos fuyards, nouvelle colonne d'attaque française formée avec les débris de bataillons de chasseurs à pied et de mobiles, appuyés par la compagnie d'infanterie de marine, laquelle formait ma dernière réserve. Ces troupes, sous mon commandement immédiat, parviennent encore assez près du pont, pour que les Prussiens évacuent l'ouvrage ; mais alors mon cheval est tué, je suis renversé et un peu meurtri. L'effort des hommes est brisé, ils s'arrêtent devant un feu terrible que les Prussiens dirigent sur eux, tout en battant en retraite. Nos soldats ne parviennent pas à couronner l'ouvrage, néanmoins ils le protégent et empêchent l'ennemi de s'en servir. La situation est encore une fois sauvée.

Au moment où je revenais pour chercher un cheval qui me
permît de continuer à diriger les mouvements, je reçus un
coup de feu au côté droit ; le projectile arrêté par un corps
dur (1) me fit une blessure sans gravité, mais assez douloureuse pour qu'il me fût impossible de conserver le commandement. Je fis prévenir par mon officier d'ordonnance le colonel
de Gislain et je me dirigeai vers l'ambulance. Il était alors
trois heures et demie.

Après un premier pansement, je me fis transporter en voiture sur le champ de bataille où je vous rencontrai. La position paraissait bonne, quoique l'on vît quelques traînards de
ceux qu'on retrouve toujours derrière les armées, quand la
discipline n'a pas eu le temps de s'affermir. Les troupes étaient
en ordre et animées d'un excellent esprit ; mais toutes les
réserves avaient été engagées, l'artillerie n'avait plus de
munitions, la batterie de douze ne tirait plus depuis une heure.
Les hommes commençaient à manquer de cartouches ; on
n'était donc plus à même de soutenir un nouvel effort, et il
était sage de profiter de ce temps d'arrêt dans la lutte, pour
commencer avec ordre un mouvement de retraite.

Il est possible que les Prussiens, épuisés par l'opiniâtreté
de notre résistance, ayant subi de grandes pertes, n'eussent
pas soutenu un dernier effort de notre part (2). Mais s'il leur
était arrivé des troupes fraîches, on pouvait, en persistant à
vouloir conserver Villers, compromettre la retraite et perdre
l'artillerie et les bagages ; d'autant plus que l'aile droite de
notre armée avait abandonné ses positions de Boves et de
Longueau.

Mon général, j'avais eu l'honneur de vous écrire quelques
jours auparavant que la ligne d'Amiens à Villers-Bretonneux
me paraissait défectueuse et très-difficile à garder. Dans cette
position, notre flanc gauche était en l'air et pouvait être
tourné par l'intervalle qui sépare Villers-Bretonneux de
Corbie.

Les points de défense, en avant de Villers, sont excellents

(1) Une pièce de 20 francs.

(2) Le général Farre voulut le tenter, et loin de se retirer continua
là lutte pendant plus d'une heure. Il en résulta un grand désordre
dans la retraite.

pour une armée nombreuse, mais les têtes de défilés sont trop éloignées pour qu'on puisse les garder sérieusement, avec l'effectif dont je disposais, à moins de mettre tout son monde en grand'garde.

En outre, nous avions à dos le canal et la Somme, par suite une retraite difficile, si l'ennemi n'avait pas été arrêté par une résistance aussi vigoureuse. La position prise à Villers-Bretonneux semblait plutôt une protection accordée à des intérêts commerciaux qu'un point sérieusement militaire ; nous aurions été inattaquables entre Amiens et Corbie, couverts par la Somme dont on aurait fait sauter les ponts.

Tel est à peu près, mon général, le sens de la lettre que j'ai eu l'honneur de vous adresser. Les Prussiens du reste ne nous auraient pas laissé le temps d'opérer aucun changement. Il était trop tard. Je terminais en disant qu'après avoir signalé le côté défectueux de cette ligne, je ferais tout ce qu'il était humainement possible de faire pour la défendre.

Je crois avoir tenu ma parole, six bataillons dont trois de mobiles, armés de fusils à tabatière, ont tenu, en rase campagne, pendant sept heures, contre près de quinze mille Prussiens, appuyés par une nombreuse artillerie. Ils n'ont pas perdu un pouce de terrain, ont fait reculer toutes les attaques et n'ont commencé leur mouvement de retraite, que quand l'ordre en a été donné, ordre rendu nécessaire par le manque de munitions et les événements survenus à notre droite.

L'infanterie de marine a soutenu sa vieille réputation ; l'artillerie et le génie ont fait preuve d'une grande solidité ; les troupes de la ligne et des chasseurs, composées de soldats de quinze jours, mais conduites par de vaillants officiers, ont été *héroïques*. Les mobiles peu solides, parce qu'ils n'ont pas encore été rompus à la discipline, et qu'ils n'ont pas de chefs expérimentés, nous ont cependant énergiquement soutenus, entre autres deux compagnies du 48e de mobiles, qui se sont battues comme de vieilles troupes.

Les bataillons de Cachy et de Gentelles, qui font partie de ma brigade, mais qui se battaient, ce jour-là, en dehors de mon action directe, se sont aussi héroïquement conduits ; ils n'ont quitté leur position que la nuit, pour se conformer au mouvement général ; ne sachant pas quelle est leur position actuelle,

e vous prierai, mon général, de leur faire demander directe-
nent les mémoires de proposition<, pour les récompenses que
'ous croirez devoir accorder pour cette journée glorieuse.

N'étant pas en communication avec le corps, je me bornerai
pour aujourd'hui à vous citer le lieutenant-colonel de Gislain,
qui a eu plusieurs chevaux tués sous lui, et qui a déployé de
brillantes qualités militaires (je le crois même blessé légèrement) ; le commandant Giovaninelli, du 1er bataillon de chasseurs, blessé trop tôt, dont la vigueur bien connue avait
arrêté les Prussiens dans leur attaque sur le pont et l'épaulement, et qui aurait certainement maintenu sa position jusqu'à
la fin ; enfin, M. de Courson, mon officier d'ordonnance,
qui s'est multiplié et n'a cessé de me rendre les meilleurs services avec une intelligence et un sang-froid re-
marquables.

Pour moi, mon général, il me tarde d'avoir repris les quelques jours de repos nécessaires à ma blessure et de pouvoir
recommencer la lutte contre les ennemis de mon pays.

Lille, le 3 décembre 1870.

*Signé :* Colonel DU BESSOL,

Commandant la 3ᵉ brigade de l'armée du Nord.

—

## NOTE X.

# Capitulation de la Citadelle d'Amiens.

ARTICLE PREMIER. — La Citadelle d'Amiens, avec tout le
matériel de guerre et tous les approvisionnements, sera rendue
au général Von Gœben.

ART. 2. — Tous les officiers, sous-officiers et soldats,
composant la garnison de la citadelle, seront prisonniers de
guerre.

ART. 3. — Les gardiens, les employés de la manutention,
seront libres et resteront en possession de ce qui leur appartient en toute propriété, à l'exception de leurs armes.

ART. 4. — Le médecin de l'ambulance et les infirmiers

seront libres en vertu des décisions de la convention de Genève.

Art. 5. — Le général Von Gœben, considérant la situation pénible dans laquelle s'est trouvée la garnison de la citadelle, composée en grande partie de gardes nationaux mobiles du pays et obligée de diriger son feu sur les habitations ;

Considérant qu'après trois sommations faites, la garnison a essuyé, pendant toute une journée, le feu de l'ennemi et n'a arboré le drapeau parlementaire que dans un but d'humanité pour les habitants d'Amiens et qu'à la vue de 72 pièces d'artillerie, mises en batterie pour continuer la lutte;

Accorde aux officiers, pour leur donner un témoignage honorable, de garder leurs armes, chevaux et tout ce qui leur appartient personnellement.

Le général commandant le 8ᵉ corps d'armée allemande.

*Signé :* Von Gœben.

## NOTE XI.

### Composition du 22ᵉ Corps d'armée.

Commandant en chef, général de division : Faidherbe.

*Etat-major général.*

Chef d'état-major général, général de brigade : Farre.
Sous-chef d'état-major général.

Détachement de 25 dragons, commandés par un Officier.

*Etat-major particulier d'Artillerie.*

Commandant de l'artillerie : lieutenant-colonel Charron, chef d'état-major.

*Etat-major particulier du génie.*

Commandant du génie : colonel Milliroux.
Chef d'état-major : lieut-colonel Cosseron de Villenoisy.

*Prévoté.*

Grand Prévost : capitaine T**AILHADES**.

*Intendance militaire.*

Intendant en chef : M. R**ICHARD**.
Intendant du quartier général P**UFFENET**.

*Service de santé.*

*Médecin en chef.*

*Trésoreries et postes.*

Payeur principal : M. C**OURTIADE**.
Payeurs adjoints : MM. D**E** B**ERTIER** et Amand D**E** C**OURSON**
D**E LA** V**ILLENEUVE**.

*Troupes attachées au quartier général.*

Artillerie.  { 1<sup>re</sup> batterie mixte de 12, capitaine G**IRON**.
       { 2<sup>e</sup>    id.       id        id.    G**AIGNEAU**.

Génie.  { 2<sup>e</sup> compagnie du 2<sup>e</sup> rég. du génie, cap. A**LLARD**.
     { 2<sup>e</sup> comp. du dé\p. du 3<sup>e</sup> rég. du g., cap. M**ANGIN**.

Parc du génie, capitaine G**RIMAUD**.

Cavalerie.  { Commandant B**EAUSAINT**, lieutenant-colonel.
     { 2 escadrons de gendarm., com. D**E** C**OURCHAMPS**.
     { 2   id.    de dragons,  id.   R**OCHÉ**.
     { 1 pel. de drag. attaché à l'état-major général
        du 23<sup>e</sup> corps.

## 1<sup>re</sup> DIVISION D'INFANTERIE.

Commandant de la division, général L**ECOINTE**.

*Etat-major.*

Chef d'état-major.

*Prévôté.*

Capitaine et 12 gendarmes à cheval.

*Intendance.*

Intendant, M. BONNAVENTURE.

### 1<sup>re</sup> BRIGADE.

Commandant de la brigade, colonel DERROJA.

2<sup>e</sup> bataillon de marche de chasseurs.

| | | |
|---|---|---|
| **Lieutenant Colonel de GISLAIN.** | 1<sup>er</sup> et 2<sup>e</sup> bat. de m<sup>ch</sup>. du 75<sup>e</sup>. | 1 bat. à Lille. 1 bat. avec le gén. LECOINTE. |
| | 1<sup>er</sup> bat. de march. du 65<sup>e</sup>. | 1 bat. avec le gén. LECOINTE. |
| **Lieutenant-Colonel FOVEL.** | 5<sup>e</sup> 6<sup>e</sup> et 7<sup>o</sup> bat. de mobiles du Pas-de-Calais. | 2 bataill. à Arras. 1 bat. à Cambrai. |

### 2<sup>e</sup> BRIGADE.

Commandant de la brigade, colonel.

| | | |
|---|---|---|
| **Commandant MOYNIER.** | 17<sup>e</sup> bat. de m<sup>ch</sup>. de chass. | |
| **Lieuten-Colonel PITTIER** | 1<sup>er</sup> et 2<sup>e</sup> bat. de m. du 24<sup>e</sup> 1<sup>er</sup> bat. de m. du 64<sup>e</sup> | avec le gén. LECOINTE. |
| **Lieuten.-Colonel de FIERVILLE.** | 46<sup>e</sup> régiment de mobiles. 1<sup>er</sup> 2<sup>e</sup> et 3<sup>e</sup> bataillon du Nord. | à Valenciennes. |
| **Commandant PIGOUCHE.** | 3<sup>e</sup> batt. *bis* du 12<sup>e</sup> (pièces de 8) cap. MONTEBELLO 1<sup>re</sup> id. 15<sup>e</sup> (pièces de 4) id. RAVAULT. 2<sup>e</sup> id. 15<sup>e</sup> (pièces de 4) id. BOCQUILLON. | |

## 2<sup>e</sup> DIVISION D'INFANTERIE.

Commandant de la division, général PAULZE D'IVOY.

*Etat-major.*

Chef d'état-major, commandant ZÉDÉ, d'infanterie de ligne.

*Prévôté.*

Capitaine et 12 gendarmes à cheval.

*Intendance.*

Intendant, M. LÉTANG.

### 1<sup>re</sup> BRIGADE.

Commandant de la brigade, colonel DU BESSOL.

20° bataillon de marche de chasseurs, comm. HECQUET.

| | | |
|---|---|---|
| Lieut.-Colonel FORESTER. | 1<sup>er</sup> et 2<sup>e</sup> bat. du 43<sup>e</sup> de lig. à Béthune.<br>Bat. d'infanterie de marine à Arras. | 69<sup>e</sup> rég.<br>de marc. |
| Lieut.-Colonel de SEIGUEMORTE | Régiment de mobiles du Gard.<br>2<sup>e</sup> 3<sup>e</sup> et 3<sup>e</sup> *bis*. bat. du Gard. | 44<sup>e</sup> rég. de m.<br>à Lens. |

### 2<sup>e</sup> BRIGADE.

Commandant de la brigade : Lieutenant-Colonel.

18<sup>e</sup> bataillon de marche de chasseurs.

| | | |
|---|---|---|
| Lieut.-Colonel AYNÈS. | 1<sup>er</sup> et 2<sup>e</sup> bat. du 91<sup>e</sup> de lig.<br>1<sup>er</sup> bataillon du 33<sup>e</sup> de ligne à Arras. | à Abbeville et avec le gén. LECOINTE. |
| Lieut.-Colonel de BROUARD. | régiment de mobiles de la Somme et de la Marne.<br>4 bat. et 4 bat. *bis* de la Somme et 2 de la Marne. | Lens. |
| Commandant QUEILLE. | 2 batteries *ter* du 15<sup>e</sup> (4) cap., GRANDMOTTET.<br>3 id. *bis* du 15<sup>e</sup> (4) cap., CORNET.<br>3 id. du 12<sup>e</sup> (12) cap., CHATON. | |

### 3e DIVISION D'INFANTERIE.

Commandant de la division : Amiral Moulac.

#### *Etat-major.*

Chef d'état-major commandant Jacob, des chasseurs à pied.

#### *Prévôté.*

Capitaine — et 12 gendarmes à cheval.

#### *Intendance.*

Intendant, M. Lafosse.

#### 1re Brigade.

Commandant de la brigade : capitaine de vaisseau : Payen.
19e bataillon de marche de chasseurs, comm. Giovaninelli.

| | | |
|---|---|---|
| Cap. de frégate. | { Régiment de fusiliers marins. 3 bataillons. | } avec le gén. Lecointe. |
| Lieut.-Colonel. DEGOUTIN. | { 48e régiment de mobiles. 7e 8e et 9e bataillons du Nord. | { à St-Omer. |

#### 2e Brigade.

Commandant de la brigade : Colonel de Lagrange.
1er bataillon de mobilisés du Pas-de-Calais. { à Arras.

| | | |
|---|---|---|
| Lieut-Colonel. | { 47e régiment de mobiles. 4e 5e et 6e bataillons du Nord. | } à Lille. |
| Lieut. Colonel LEBŒUF (1). | { 48e *bis* régiment de mobiles. 10e 11e et 12e bataillons du Nord, | { à Lens et à Dunkerque. |

Le général chef détat-major général.
*Signé :* Farre.

Le 18 décembre 1871.

(1) Etait malade et à l'hôpital, je crois. Il ne parut pas à l'armée du Nord.

## NOTE XI.

## Ordre. — Composition des 22e et 23e Corps.

En exécution des ordres du ministre de la guerre, l'armée du Nord comprendra deux corps d'armée, savoir :

Le 22e corps, qui sera composé de la 1re et de la 2e division, auquel va être ajoutée une nouvelle division en formation.

Le 23e corps, qui comprendra la 3e division et la 4e division composée de gardes nationales mobilisées.

En vertu des mêmes ordres, le général de division Faidherbe commande en chef l'armée du Nord. Le capitaine du génie Richard est nommé chef de bataillon et aide-de-camp du général en chef.

Le général Farre, promu général de division, est nommé major-général de l'armée.

Le général Lecointe, promu général de division, est nommé commandant du 22e corps.

Le général Paulze d'Ivoy, promu général de division, est nommé commandant du 23e corps.

Les colonels Derroja et du Bessol sont nommés généraux de brigade et chargés du commandement de la 1re et de la 2e division du 22e corps.

L'amiral Moulac conserve le commandement de sa division, qui devient la 1re division du 23e corps, et la division des mobilisés du Nord, sous les ordres du général Robin, formera la 2e division du même corps.

Suivent différentes nominations.

Les promotions suivantes sont en outre autorisées par le ministre.

Le lieutenant-colonel du génie de Villenoisy est nommé colonel et adjoint au major-général de l'armée.

Le capitaine du génie de Peslouan et le capitaine du génie Melard sont nommés chefs de bataillon et attachés au grand quartier général de l'armée.

Le capitaine d'artillerie Bodin est nommé chef d'escadron et chef d'état-major du commandant de l'artillerie de l'armée.

Le commandant d'infanterie Marchand, major au 33e de

ligne, est nommé lieutenant-colonel et chef d'état-major général du 23e corps.

Le lieutenant-colonel de la Sauzaie est nommé colonel et conserve le commandement de la colonne volante de l'Est.

Le lieutenant-colonel d'infanterie Pittié est nommé colonel et commandant de la 2e brigade de la 1re division du 22e corps.

Le lieutenant-colonel d'état-major Fœrster est nommé colonel et commandant de la 1re brigade de la 2e division du 22e corps.

Le lieutenant-colonel d'infanterie de Gislain est nommé colonel et commandant de la 2e brigade de la même division.

Le capitaine du génie Allard est nommé chef de bataillon pour commander le génie du 23e corps.

Le capitaine Chatton est nommé chef d'escadron commandant de l'artillerie de la 1re division du 23e corps.

Les autres administrations nécessaires pour compléter les états-majors et les cadres des divers corps de l'armée du Nord vont être faites immédiatement en vertu des pouvoirs dévolus au général commandant en chef.

Le présent ordre servira de titre pour entrer en possession de leurs grades et de leurs fonctions, à partir de ce jour, aux officiers généraux et supérieurs qui se trouvent à l'armée ; les autres n'entreront en possession qu'à dater de leur arrivée.

Corbie, 20 décembre 1870.

Le général en chef,

*Signé :* FAIDHERBE.

—

## NOTE XII.

## Combat de Querrieux. — Rapport du colonel du Bessol.

22 décembre.

MON GÉNÉRAL,

J'ai l'honneur de vous adresser mon rapport sur la journée du 19 décembre.

A onze heures, l'ennemi ayant engagé dans le bois de Querrieux une vive fusillade, je fis déployer en tirailleurs la compagnie du 69e, et la compagnie du Gard, de grand'garde à Bussy-lès-Daours. Je fis placer en arrière deux autres compagnies de soutien.

Ayant été prévenu que le mouvement de l'ennemi n'était qu'une attaque sans importance sur Querrieux, je fis exécuter aux deux compagnies déployées un mouvement de conversion à droite sur le bois de Querrieux.

Les Prussiens, pris de flanc, reculèrent immédiatement. Les troupes de ma brigade engagées se sont portées vivement en avant, et elles menaçaient déjà les pièces prussiennes, quand le bataillon du 33e, les prenant pour l'ennemi, tira sur elles deux feux de peloton ; ce qui les arrêta dans leur élan.

Après quelques signaux, le bataillon du 33e comprit son erreur, mais on avait perdu du temps.

Les Allemands purent se retirer lentement et rentrer dans Amiens.

*Signé :* DU BESSOL.

—

## NOTE XIII.

### Circulaire ministérielle.

Bourges, le 13 décembre 1870.

Vu la rigueur de la saison et la nécessité d'assurer, pendant la campagne d'hiver, aux troupes en marche, des cantonnements de manière à donner aux soldats l'abri et le repos nécessaires pour refaire leurs troupes :

Arrête :

Pendant la durée de la campagne d'hiver, les généraux et les chefs de corps sont autorisés à loger chez l'habitant autant de monde que pourront en contenir les locaux qui se trouvront sur le passage des troupes.

Ce genre de cantonnement sera porté à la connaissance de tous les maires qui en assureront l'exécution.

Les chefs de corps enverront devant les troupes en marche des officiers et sous-officiers chargés de visiter les locaux et de fixer d'avance l'effectif à loger dans chaque maison.

*Signé :* GAMBETTA.

—

## NOTE XIV.

### Ordre.

22 décembre 1870.

L'ennemi ne s'est pas présenté aujourd'hui ; la force de notre position, la vigueur de nos troupes, qui ont repoussé la sortie d'hier, la confiance qui règne dans toute l'armée, le font, sans doute, hésiter.

Demain nous irons encore l'attendre, ensuite nous verrons ce que nous avons à faire.

Je recommande de nouveau de ménager les cartouches et les munitions d'artillerie, comme cela se fait dans l'armée prussienne.

On punira très-sévèrement les hommes qui tireraient inutilement, et on les enverra au feu en première ligne sans cartouches.

*Signé :* FARRE.

## NOTE XV.

### Ordre général.

Boisleux, 25 décembre 1870.

Le général commandant en chef adresse ses félicitations aux troupes de l'armée du Nord, à l'occasion de leur belle conduite à la bataille de Pont-Noyelles, qui restera pour elle un glorieux succès.

L'artillerie s'est parfaitement comportée, quelques batteries ont été admirables.

L'infanterie régulière, après avoir montré de la solidité dans sa position, sous le feu de l'ennemi, a fait preuve de la plus grande vigueur, quand elle a reçu l'ordre de l'assaillir de près.

Les mobiles et les mobilisés ont prouvé qu'on pouvait compter sur eux, et que les marches et les combats les aguerrissaient de jour en jour.

Les privations et les rigueurs de la saison sont supportées

avec résignation, quelques jours de repos et de bien-être les feront oublier ; du reste, rappelons-nous que c'est pour la patrie que nous souffrons ces dures épreuves.

Quelques hommes se sont débandés, avant et pendant la bataille : on fera des exemples sévères.

*Signé :* FAIDHERBE.

—

## NOTE XVI.

GARDES NATIONALES
MOBILISÉES
DU NORD.

## Ordre général
## des gardes mobilisés.

Les 5ᵉ et 6ᵉ régiments de marche ont reçu l'ordre de quitter Lille pour se rendre à Douai, par voie de terre, le 24 au soir.

Le départ de ces deux régiments avait été ordonné pour le 25, à huit heures et demie du matin. Un nombre considérable de gardes mobilisés appartenant à ces deux régiments, et particulièrement à un bataillon du 6ᵉ régiment que le colonel commandant les mobilisés ne veut pas désigner, a manqué le départ.

Dans la responsabilité d'un fait aussi regrettable, il est honteux de compter deux ou trois officiers d'un grade assez élevé, qui ont eu le triste courage de sacrifier leur autorité à l'inertie de misérables poltrons. Une pareille infraction, quand il s'agit de marcher à l'ennemi, de secourir les vaillants camarades qui remplissent si bien leur devoir, et de délivrer le sol de la patrie, est un acte de lâcheté que le mépris public flétrira suffisamment.

Mais, pour donner entière satisfaction au sentiment général et à la discipline, des Cours martiales immédiatement constituées livreront à l'opinion indignée le nom de ces coupables, et la gravité exemplaire de leur châtiment.

Lille, le 26 décembre 1870.

Le colonel commandant les gardes
mobilisés,

Alexis BEL.

—

## NOTE XVII.

### Ordre du 29 décembre 1870.

En vous cantonnant près de nos places fortes, je vous ai donné la possibilité de vous reposer et de vous reconforter pendant deux ou trois jours ; ce que vous n'auriez pu faire près de la place d'Amiens, occupée par l'armée prussienne. L'ennemi a profité de cela pour dire qu'il nous avait battus et poursuivis. C'est à vous de le punir de ces vanteries, quand il se présentera, ou quand nous irons le chercher.

Vous êtes débarrassés d'un certain nombre de lâches et de traînards, qui ont abandonné leurs bataillons pour retourner chez eux, ou pour aller livrer leur fusil au premier uhlan qu'ils ont rencontré. Vous n'en êtes que plus forts, en ne les ayant plus parmi vous. Ils sont, du reste, recherchés et seront punis suivant la rigueur de la loi.

*Signé :* FAIDHERBE.

## NOTE XVIII.

### Ordre.

Conformément aux ordres du général commandant en chef, le général du Bessol formera une colonne volante, comprenant les quatre bataillons cantonnés à Plouvain et une de ses batteries d'artillerie de 4. Ces bataillons seront sans sacs et ne prendront que leurs couvertures en sautoir, leurs bissacs, leurs cartouches, et un jour de vivres, ainsi que leurs ustensiles de campement pour faire la soupe et le café. Tous les malingres et les éclopés seront laissés au cantonnement à la garde des sacs, de la conservation desquels les habitants des maisons où logent les soldats seront responsables. La batterie sera également allégée autant que possible.

Les bataillons seront remplacés, dans Plouvain, par des mobiles de Somme-et-Marne, cantonnés à Fresnes, qui, eux, emporteront tous leurs bagages. Le commandant de ces mobiles prendra toutes dispositions nécessaires pour la garde de Plouvain. Il fera partir ses bataillons de Fresnes, de manière à arriver à Plouvain demain matin, 30 décembre, à 4 heures.

Aussitôt relevée, la colonne volante qui aura dû prendre

le café avant de partir, se dirigera, sous les ordres du général du Bessol, sur Fampoux, Athies, Saint-Laurent et le faubourg d'Achicourt, en contournant Arras, pour de là gagner le village d'Agny et Vailly, où elle fera la grand'halte.

Le général Derroja formera une colonne volante, comprenant 5 bataillons d'infanterie régulière, une batterie de 4 et une de 8. Ces bataillons prendront, quant à leur chargement, les mêmes dispositions que ceux de la colonne du général du Bessol. Ils seront remplacés dans leurs cantonnements par le 46e mobiles qui devra quitter Gavrelle demain, 30 décembre, de manière à arriver à Athies et à Fampoux, à 4 heures du matin, pour relever les bataillons partis.

Le colonel de Linières restera à Athies; le colonel Cottin marchera avec la colonne.

Aussitôt que le 46e mobiles aura eu pris la consigne des bataillons qu'il remplace, ceux-ci, formés en colonne, se dirigeront sous les ordres du général Derroja par Athies, Saint-Laurent, Blangy, Tilloy, Beaurains et Agny, où ils feront la grand'halte. Elle durera une heure au plus.

Les deux colonnes marcheront ensuite sur Bernaville, Warlus, d'où elles rétrograderont pour aller coucher, la colonne du Bessol à Achicourt et la colonne Derroja à Dainville, d'où elles repartiront le lendemain matin à 7 heures, pour rentrer dans leurs cantonnements.

Les deux colonnes s'éclaireront avec le plus grand soin pendant leur marche; elles n'oublieront pas qu'elles ont beaucoup de cavalerie devant elles, aborderont et fouilleront les villages avec précaution et se tiendront toujours prêtes à se protéger mutuellement. Les bataillons marcheront avec un ordre parfait, ainsi que les avant et arrière-gardes, qui ne devront laisser derrière elles aucun traînard.

Les deux colonnes seront placées sous le commandement du général Lecointe, qui recommande que toutes les instructions données soient exactement suivies.

MM. les généraux prendront, dès ce soir, toutes leurs dispositions.

Fampoux, le 29 décembre 1870.

Le général commandant le 22e corps,

Le Cointe.

## NOTE XXV.



## Ordre du 1er janvier 1871.

Demain, nous allons nous trouver en présence de l'ennemi, qui se trouve dans le pays accidenté et boisé d'Adinfer, Hannescamps, Ayettes, Boiry, etc. Tous les villages de ce pays doivent être dépourvus de tout ; nos troupes qui auront à y combattre devront avoir sur elles trois jours de vivres (demain compris). Les distributions seront faites cet après-midi, les hommes bien avertis par leurs chefs de corps qu'ils seront trois jours sans rien trouver à manger que ce qu'ils porteront sur eux.

Les convois pourront s'avancer jusqu'à Rivière, et les trains du chemin de fer jusqu'à Boisleux.

Au quartier général à Beaurains.

Le 1er janvier 1871.

Le général en chef de l'armée du Nord.

*Signé :* FAIDHERBE.

—

## NOTE XX.

### Ordre.

..... A Pont-Noyelles nous n'avons pas complété notre victoire, parce que l'ennemi s'appuyait à une place forte. Aujourd'hui, c'est nous qui avons cet avantage ; aussi je compte sur vous pour charger vigoureusement l'ennemi de près, à la française, jusqu'à ce qu'il soit mis en fuite.

La France a les yeux sur vous. Que chacun jure de vaincre ou de mourir et la victoire est certaine.

Vous serez fiers de pouvoir dire que vous étiez à l'armée du Nord, lorsqu'elle a délivré notre pays d'impitoyables envahisseurs.

(La date est omise, mais cette dépêche est du 1er janvier.)

*Signé :* FARRE.

—

## NOTE XXI.

### Achiet-le-Grand, 2 janvier 1871.

Note : *Résumé de la journée.*

Pas de nouvelles du général Robin à l'extrême gauche.
La division Payen a échoué dans l'attaque de Behagnies avec
des pertes considérables.

La 1re brigade de la division du Bessol a enlevé les villages
d'Achiet-le-Grand et de Bihucourt.

La 2e brigade du Bessol et la division Derroja n'ont pas
été engagées.

*Signé :* FAIDHERBE.

—

## NOTE XXII.

### Bapaume. — Ordre du Corps prussien.

Combles, 2 janvier 1871, 9 h. du soir.

« L'ennemi a pris aujourd'hui l'offensive vers Bapaume et
Bucquoy. La division Kummer a refusé l'attaque contre elle et
se trouve près de Bapaume. La division de cavalerie est à
Miraumont. Pour demain j'ordonne ce qui suit :

« 1. Le lieutenant-général von Kummer gardera les abords
de Bapaume.

« 2. La 3e division de cavalerie prendra l'offensive et marchera contre le flanc et les derrières de l'ennemi.

« 3. Le prince Albert se trouvera à neuf heures, avec trois
bataillons, deux régiments de cavalerie, trois batteries, le 9e
hussards, le 2e uhlans de la garde et une batterie montée,
près de Bertincourt.

« Un escadron des hussards de la garde restera à Le-
chelle.

« 4. Un bataillon de chasseurs et deux batteries montées se
trouveront à neuf heures au Translois.

« 5. Le lieutenant-général von Barnekow mettra en marche les quatre batteries de la 2e division avec trois bataillons, de manière que ces troupes se trouvent à neuf heures près de Sailly-Salissel (entre Bapaume et Péronne), sous le commandement d'un officier d'état-major capable, mis à ma disposition.

. . . . . . . . . . . . . . . . . . . . .

« Il faut envoyer pendant la nuit des patrouilles de chaque division et de chaque détachement dans la direction de l'ennemi.

« Von Goeben. »

—

## NOTE XXIII.

## Rapport par lequel le général Faidherbe rend compte de ses opérations.

3 janvier 1871.

Le 1er janvier, l'armée du Nord, sortie des lignes de la Scarpe, où l'armée prussienne n'osait l'attaquer, se cantonna à Arras.

Le 2, elle se mit en marche vers les cantonnements de l'ennemi autour de Bapaume.

La 1re division du 22e corps enleva les villages d'Achiet-le-Grand et de Bihucourt.

La 2e brigade de la 1re division du 23e corps, malgré des prodiges de valeur, échoua dans l'attaque du village de Béhagnies ; mais les Prussiens, se voyant tournés par l'occupation d'Achiet-le-Grand, évacuèrent Béhagnies pendant la nuit.

Le 3, à la pointe du jour, la bataille s'engagea sur toute la ligne : la 1re division du 23e corps enleva les villages de Sapignies et de Faurevil, appuyée à sa gauche par la division des mobilisés ; la 2e division du 22e corps entra de haute lutte dans le village de Biefvillers, qui était devenu le centre de la bataille, et enleva les positions prussiennes en arrière très-vigoureusement défendues, ainsi que le village d'Avesnes-lez-Bapaume.

La 1re division du 22e corps s'emparait en même temps de Grevilliers et de Ligny-Tilloy.

A six heures du soir, nous avions chassé les Prussiens de tout le champ de bataille couvert de leurs morts ; de très-nombreux blessés Prussiens restaient entre nos mains dans les villages où l'on avait combattu, ainsi qu'un grand nombre de prisonniers.

Quelques pelotons, emportés par leur ardeur, s'engagèrent sans ordre dans les faubourgs de la ville de Bapaume, où les Prussiens s'étaient retranchés dans quelques maisons. Comme il n'entrait pas dans nos vues de prendre cette ville au risque de rencontrer de la résistance, ces pelotons furent rappelés à la nuit.

Les pertes des Prussiens pendant ces deux jours sont très-considérables : les nôtres sont très-sérieuses.

(Signé à Achiet-le-Grand).

## NOTE XXIV.

**22e CORPS**
—
**2e Division.**

3 janvier 1871 (dans la nuit).

Demain matin, la 1re brigade de partira Grévillers à 6 h. 1/2 ; elle rejoindra à Biefvillers la 2e brigade.

Le commandant de la 2e brigade formera ses troupes sur la route de Gomiécourt et Hamelincourt, de manière à être placé à 7 heures en avant de Biefvillers.

Cette brigade tiendra, pendant toute la marche, la tête de la colonne.

La 1re brigade fournira le bataillon d'arrière-garde (1) qui sera chargé de passer dans toutes les maisons des villages où

(1) C'est le 20e chasseurs, celui qui reçut si bien la charge des cuirassiers blancs à Gomiécourt.

la division aura cantonné pour en faire sortir les traînards et les forcer à rejoindre la colonne.

Le quartier général de la 2ᵉ division sera à Boisleux St-Marc.

*Signé :* DU BESSOL.

—

## NOTE XXVI.

### Ordre à l'armée du Nord.

4 janvier 1871.

A la bataille de Pont-Noyelles, vous avez gardé victorieusement vos positions. A la bataille de Bapaume, vous avez enlevé toutes les positions de l'ennemi; j'espère que cette fois il ne vous contestera pas la victoire.

Par votre valeur sur le champ de bataille, par votre constance à supporter les fatigues de la guerre, dans une saison aussi rigoureuse, vous avez bien mérité de la patrie.

*Signé :* FARRE.

—

## NOTE XXVII.

### Ordre du Jour.

Tous les corps de l'armée du Nord qui ont combattu à la bataille de Bapaume, ont fait noblement leur devoir.

Parmi les mobiles et les mobilisés, sont mis à l'ordre de l'armée pour leur belle conduite dans des circonstances exceptionnelles :

Le 48ᵉ de mobiles ;

Le bataillon des voltigeurs et le 2ᵉ bataillon du 1ᵉʳ régiment des mobilisés du Nord.

Le 48ᵉ mobiles a eu 17 officiers tués ou blessés et des sous-officiers et soldats en proportion ; il a montré la solidité d'une vieille troupe.

*Signé :* FAIDHERBE.

—

## NOTE XXVIII.

ARMÉE DU NORD

Boivy-Ste-Rictrude, le 9 janvier 1871.

22ᵉ Corps.

Mon cher Général,

J'ai l'honneur de vous informer que je viens de recevoir de M. le major de l'armée, une dépêche ainsi conçue :

« *Décision relative à un jugement de Cour martiale.* »

Le général commandant en chef regarde comme excessives les quatre condamnations prononcées par la Cour martiale de la 2ᵉ brigade de la 2ᵉ division du 22ᵉ corps.

Dans le cas où les deux hommes du 91ᵉ de ligne auraient abandonné leur poste pendant que leurs camarades recevaient des coups de fusil, l'exécution du plus ancien des deux est *seule autorisée.*

Quant aux deux gardes mobiles, l'exécution du jugement qui les concerne, sera suspendue, ainsi que pour le plus jeune des deux hommes du 91ᵉ ·

M. le général commandant le 22ᵉ corps est chargé d'assurer l'exécution de cette décision dont il accusera réception par l'officier qui est chargé de la lui remettre.

Boileux, le 9 janvier 1871.

Par ordre.

*Signé :* FARRE.

Je vous prie donc, mon cher général, de vouloir bien donner immédiatement des ordres pour que la décision ci-dessus du général en chef reçoive pleine et entière exécution.

24.

Vous voudrez bien également m'accuser réception de la présente dépêche.

Agréez, mon cher général, l'assurance de mes meilleurs sentiments.

Le général commandant le 22<sup>e</sup> corps,

*Signé :* LE COINTE.

—

## NOTE XXIX.

Dompierre, 9 janvier.

« Péronne a capitulé. Aujourd'hui, à deux heures, nos troupes y sont entrées et ont pris possession de la forteresse. Plus de 5,000 prisonniers, environ 40 canons et une quantité considérable d'approvisionnements sont tombés en notre pouvoir.

« VON GOEBEN. »

—

## NOTE XXX.

### Ordre pour le 8e corps.

Dompierre, 10 janvier, 11 h. 1/2 du soir.

« La 16e division d'infanterie changera sa position ainsi que le général de Barnekow le jugera convenable, en occupant la rive droite de la Somme, de manière à observer l'ennemi et à maintenir les communications avec Saint-Quentin.

« Péronne doit, *à tout prix* (1), être mis en état de défense. Les prisonniers de guerre seront envoyés à la Fère sous l'escorte de deux compagnies et d'un escadron.

« En cas que l'ennemi s'avance, en donner avis au général en chef, en même temps qu'aux brigades les plus proches.

« VON GOEBEN. »

---

(1) On voit que les Prussiens comprenaient l'importance *stratégique* de Péronne.

—

## NOTE XXXI.

# Capitulation de Péronne.

Entre les soussignés : 1º le colonel de Hertzberg ; .......
et de M. le chef de bataillon Garnier, commandant de la
place de Péronne,

A été convenu ce qui suit :

Article 1er. — La garnison de Péronne, placée sous les
ordres du chef de bataillon Garnier, commandant la place de
Péronne, est prisonnière de guerre. La garde nationale sédentaire n'est pas comprise dans cet article.

Art. 2. — La place et la ville de Péronne, avec tout le
matériel de guerre, la moitié de tous les approvisionnements
de toutes espèces, et tout ce qui est la propriété de l'Etat,
seront rendus au corps prussien que commande M. le général
de division baron de Barnekow, dans l'état où tout cela se
trouve au moment de la signature de cette convention.

A onze heures du matin, demain, 10 janvier, des officiers d'artillerie et du génie, avec quelques sous-officiers, seront admis
dans la place pour occuper les magasins à poudre et munitions.

Art. 3. — Les armes, ainsi que tout le matériel, consistant en canons, chevaux, caisses de guerre, équipage de
l'armée, munitions, etc., seront laissés à Péronne à des commissions militaires instituées par M. le commandant pour
être remises à des commissions prussiennes.

A une heure, les troupes seront conduites, rangées d'après
leur corps et en ordre militaire, sur la route de Paris, la
gauche appuyée aux fortifications et la droite vers Eterpigny,
où elles déposeront leurs armes.

Les officiers rentreront alors librement dans la place, sous
la condition de s'engager sur l'honneur à ne pas quitter la
place sans l'ordre du commandant prussien.

Les troupes seront alors conduites par leurs sous-officiers.
Les soldats conserveront leurs sacs, leurs effets et les objets
de campement, tentes, couvertures et marmites.

Art. 4. — Tous les officiers supérieurs et les officiers
subalternes, ainsi que les employés militaires ayant rang
d'officier, qui engageront leur parole d'honneur par écrit de
ne pas porter les armes contre l'Allemagne, et de n'agir d'au-

cune manière contre ses intérêts jusqu'à la fin de la guerre actuelle, ne seront pas faits prisonniers de guerre. Les officiers et les employés qui accepteront cette condition conserveront leurs armes et les objets qui leur appartiennent personnellement. Ils pourront quitter Péronne, quand ils le voudront, en prévenant l'autorité prussienne.

Les officiers faits prisonniers de guerre emporteront avec eux leurs épées ou sabres, ainsi que tout ce qui leur appartient personnellement, et garderont leurs ordonnances. Ils partiront au jour qui sera fixé plus tard par le commandant prussien. Les médecins militaires, sans exception, resteront en arrière pour prendre soin des blessés et malades, et seront traités suivant la convention de Genève : il en sera de même du personnel des hôpitaux.

ART. 5. — Aucune personne appartenant à la ville soit comme simple particulier, soit comme autorité, ne sera inquiétée ni poursuivie par les autorités prussiennes pour faits relatifs à la guerre, quels qu'ils soient. — En raison de la résistance énergique de Péronne, eu égard à sa faible position et aux dégâts produits par le bombardement, la ville sera exempte de toute réquisition en argent et en nature. Les habitants ne seront pas tenus de nourrir chez eux les simples soldats allemands, jusqu'à l'épuisement de la moitié des approvisionnements qui se trouvent dans les magasins de l'Etat. Cette condition ne s'applique pas au jour de l'entrée.

ART. 6. — Les armes de la garde nationale sédentaire seront déposées à l'Hôtel-de-Ville et appartiendront à l'autorité prussienne. Quant aux armes de luxe, elles seront déposées au même lieu et resteront la propriété des déposants.

ART. 7. — Tout article qui pourra présenter des doutes sera toujours interprété à la faveur de l'armée française.

ART. 8. — Le 10 janvier, à midi, la porte de Saint-Nicolas et la porte de Bretagne seront ouvertes pour l'entrée des troupes prussiennes ; en même temps, les fortifications nommées : Couronne de Bretagne et Couronne de Paris, seront libres de troupes françaises.

Cartigny, 9 janvier 1871, onze heures du soir.

*Signé* : Von Hertzberg,
Colonel.

## NOTE XXXII.

ARMÉE DU NORD<br>—<br>620

## Ordre.

Demain les diverses reconnaissances indiquées ci-après seront exécutées après la soupe du matin : on partira à huit heures.

La 1re division du 22e corps prendra la route de Bray et reconnaîtra les positions de l'ennemi sur les bords de la Somme entre Etinehem et Suzanne. Cette division laissera une demi-brigade à la garde des cantonnements. Elle se bornera à de simples démonstrations, sans engager aucun combat sérieux avec l'ennemi.

La 2e division du même corps prendra la route d'Acheux, se portera par Bouzincourt jusque Hédauville, fera deux kilomètres environ sur la route d'Hédauville à Amiens, viendra rejoindre la route de Pont-Noyelles à Albert, en passant par Millencourt ou la Viéville, et rentrera par cette dernière route. Elle laissera une demi-brigade à la garde des cantonnements, dont deux bataillons à Albert.

Dans le 23e corps, une brigade de la division Payen fera une promenade militaire jusqu'à Albert, en passant par Contalmaison et Bécourt et en rentrant par la grande route.

La division Robin fera une promenade militaire sur la route de Bapaume à Albert, jusqu'à 7 ou 8 kilomètres de Bapaume.

Un rapport très-sommaire sera établi par chaque commandant de division et sera transmis au général en chef par les généraux commandant les corps d'armée.

Albert, le 14 janvier 1871.

Par ordre, le major-général.

*Signé :* FARRE.

---

## NOTE XXXIII.

Demain, les deux escadrons de cavalerie d'Albert feront une grande reconnaissance le long du chemin de fer vers Corbie.

Les 2 escadrons de Ligny feront également une reconnaissance dans la direction de Péronne.

Le colonel, commandant la cavalerie, chaque fois qu'il se trouve dans la résidence d'un général commandant un corps d'armée ou d'un général commandant une division, doit lui donner connaissance des rapports qu'il a recueillis.

Par ordre,

Le commandant aide major-général.

DE PESLOUAN.

—

## NOTE XXXIV.

### Ordre du jour.

Quartier-général à Amiens, 15 janvier 1871.

« Pour établir le contrôle du transport des correspondances sur la ligne de relais à Amiens, Villers-Bretonneux, Proyart, Estrée, Péronne, il sera donné, par l'intermédiaire des commandants, des feuilles de course. Ces feuilles, délivrées par le commandant en chef, seront rapportées à son état-major, à la première occasion, pour qu'il en fasse le contrôle.

« Les commandants des détachements qui font le relais, devront prendre leurs mesures pour que ce service se fasse avec plus de rapidité que par le passé. Ils doivent avoir, à cet effet, des chevaux toujours sellés, faire l'expédition sans aucun retard, et exiger des cavaliers qu'ils fassent, même par ce temps de neige et de glace, deux milles à l'heure (1). Si on tient compte de ces observations, il n'arrivera plus qu'une letttre mette dix heures, par exemple, d'Amiens à Péronne.

« La 3e division de réserve (moins la brigade de cavalerie Strantz) recevra aujourd'hui les exemplaires au 1/80,000 des sections d'Amiens et d'Arras, 26 de l'une, 13 de l'autre. En envoyer un reçu.

« VON GOEBEN. »

_______

(1) Près de quatre de nos lieues kilométriques.

## NOTE XXXV.

Amiens, le 16 janvier 1871.

« Il se trouve dans Péronne 160 chassepots pris à l'ennemi. Les détachements qui en désireraient un certain nombre peuvent les recevoir, contre quittance, au commandant de Péronne.

« Von Goeben. »

## NOTE XXXVI.

### Ordres pour les corps.

Nesle, 17 janvier, 1871, 11 h. du soir.

« Suivant les avis reçus, l'ennemi a concentré des forces considérables à St-Quentin et posé des avant-postes dans la direction de Péronne et de Ham. J'arrête ce qui suit pour demain :

« 1. La 15e division d'infanterie se met en marche à huit heures du matin sur Tertry pour Etreillers et les environs. Dès la pointe du jour, elle envoie des patrouilles sur cette route et dans la direction de Vermand.

« 2. Le détachement du général-lieutenant comte von den Goeben marche sur Vermand. A l'arrivée dans les environs de Vermand, il passe sous le commandement du général-lieutenant de Kummer, qui a pour mission de reconnaître la position ennemie.

« 3. La 16e division d'infanterie se met en marche à huit heures du matin sur Sessy, d'où elle envoie des détachements sur St-Quentin pour s'assurer si l'ennemi y est, ou bien dans quelle direction il marche. Le général-lieutenant comte de Lippe est prié de marcher sur Vendeuil et Moy.

« 4. La 3e division de réserve part à huit heures du matin dans la direction de Ham et dès la pointe du jour envoie des patrouilles sur St-Quentin. Un officier se rendra à huit heures du matin à mon quartier-général.

« 5. L'artillerie du 8e corps se dirige à dix heures du matin sur Ugny et Quivières et leurs environs.

« 6. Le train . . . . . . . . . . . . . . .

« 7. A neuf heures, je pars pour Ham où il faudra m'envoyer les rapports d'aujourd'hui.

Von Goeben. »

—

## NOTE XXXVII.

## Ordre pour la 16e division d'infanterie.

17 janvier 1871.

« Combles, Rancourt, Bouchavesne ont été occupés par l'ennemi. L'infanterie de marine se trouvait à Bellenglise. A St-Quentin, il y avait environ 4,000 hommes. La division du comte de Lippe a occupé Roupy. Il semble que l'ennémi se soit retiré des environs d'Albert et se soit dirigé sur la route de Cambrai à St-Quentin; pour s'en assurer, j'ordonne ce qui suit :

« 1. Une reconnaissance conduite par le lieutenant-colonel Reineck, avec deux bataillons, quatre canons et deux escadrons, de Tincourt sur Nurlu et Fins.

« 2. Des patrouilles multipliées par les détachements de Roisel et de Vermand.

« 3· Un bataillon, une batterie, demain matin à dix heures sur Tincourt, Bouchy.

« 4. Le bataillon de fusiliers du 70e se concentrera demain matin à dix heures à Mons-en-Chaussée, de même que la 5e batterie de grosse artillerie.

« 5. Demain matin à dix heures, le bataillon de fusiliers du 29e placera deux compagnies à chacun des deux ponts de la Somme de Brie et de Saint-Christ.

« 6. Pour faire face à toutes les éventualités, les bagages, (excepté ceux de la garnison de Péronne), seront rassemblés demain matin à neuf heures; ceux de la 31e brigade d'infanterie à Barleux ; ceux de la 32e brigade d'infanterie et de la brigade de réserve Strantz à Villers-Carbonnel; ceux de l'avant-garde de la 3e division de réserve à Flaucourt, ceux du gros de l'infanterie et du 2e régiment de lanciers de la garde a Marchelpot. Les détachements qui marcheront laisseront leurs bagages dans les cantonnements et autant que possible chargés sur des voitures. Ces voitures seront, s'il y a lieu, dirigées sur le parc de bagages. Les ustensiles de cuisine, les cartouches, doivent être emportés par les hommes.

« 7. Tous les renseignements qui parviendront et qui pourraient être utiles au mouvement en avant, dont est chargé le détachement Reineck, doivent être envoyés sans retard dans cette direction.

« 8. La 3e division de réserve de Son Altesse le prince Albert a, d'une part, la mission de garder et de défendre les ponts et passages rétablis à Feuillère et Ham. Les troupes de la 31e brigade d'infanterie, encore cantonnées sur la rive gauche de la Somme, (1er bataillon de la 29e et 5e batterie de grosse artillerie, à Biaches sous Péronne, prendront part au mouvement, sous le commandement du lieutenant-colonel d'Hymmen. Les ponts seront entièrement à détruire si l'ennemi s'avance en forces supérieures. D'autre part, la 3e division de réserve doit se tenir prête à occuper les défilés au-dessus de Péronne, pour le cas où les troupes se trouvant sur la rive droite seraient obligées de les évacuer.

« BARNEKOW. »

NOTE XXXVIII

ARMÉE DU NORD

## Ordre de marche du 18 janvier.

ÉTAT-MAJOR GÉNÉRAL

Demain 18, l'armée continuera sa marche dans la direction de l'Est, l'indication des cantonnements sera donnée dans la soirée ou demain dans la matinée.

La 1re et la 2e division du 22e corps gagneront la route de

Péronne à Roupy, à Beauvois, en passant par Caulaincourt. Toutefois, toutes les troupes cantonnées à Vermand se dirigeront sur Saint-Quentin.

La 1<sup>re</sup> division du 23<sup>e</sup> corps se dirigera également vers Saint-Quentin.

La 2<sup>e</sup> division du 23<sup>e</sup> corps se dirigera vers Saint-Quentin et ira prendre ses cantonnements à Bellenglise, Pontruet, Pontru et Berthencourt.

La brigade de mobilisés du général Pauly se portera dans la même direction vers Saint-Quentin, et s'établira à Lempire et Ronsoy, en passant par Fins, Handicourt et Epeutry.

Il est expressément recommandé à MM. les généraux commandant les divisions de réduire les convois divisionnaires au plus strict nécessaire ; ils s'entendront à cet égard avec les intendants et les prévôts, et feront rejeter rigoureusement toute voiture inutile. Ils tâcheront de faire marcher, autant que possible, les convois à part sous une escorte suffisante, de manière qu'il n'entre dans les colonnes que les troupes et l'artillerie.

Ils devront veiller, lorsque le canon et la fusillade se font entendre en tête de la colonne, à ce que les troupes en arrière accélèrent vivement leur marche. Les prescriptions les plus formelles seront faites à ce sujet à tous les chefs de corps. Dans le cas où quelqu'un d'entre eux négligerait de s'y conformer, il m'en serait rendu compte.

Les chefs de corps et les commandants de compagnie sont responsables de l'ordre dans les corps. Toutes les fois que les hommes se détacheront d'une colonne en marche, le commandant du bataillon ou de la compagnie devra être sévèrement puni.

Les réserves et les parcs, le convoi du grand quartier général, quitteront Vermand sous l'escorte des troupes qui s'y trouvent, et se dirigeront sur Saint-Quentin.

La cavalerie ira se mettre à la disposition de M. le général-commandant le 23<sup>e</sup> corps.

Le quartier-général du général Robin se trouvera à Béthencourt, celui du général Pauly à Ronsoy.

Le départ aura lieu à 7 heures 1/2.

Mot du 18 au 19 janvier.
*Coligny — Cadix.*

Vermand. le 17 janvier 1871.

Par ordre :

Le major-général,
*Signé :* Farre.

—

## NOTE XXXIX

## Ordre pour la 3e division de réserve.

11 janvier 1871, 12 heures 45 minutes
du matin.

« 1. L'avant-garde, excepté le 1er du 81e, se rend à huit heures, du Mesnil-Saint-Nicaise à Ham, par Rouy-le-Petit, Eppeville et Voyennes. Dès la pointe du jour, elle envoie des reconnaissances sur Saint-Quentin.

« 2. Le rendez-vous à neuf heures et demie du matin pour le gros de l'infanterie, y compris le 1er du 81e, le 2e lanciers de la garde et le 1er escadron de hussards de la garde, au nord d'Hombleux, dans la position de rendez-vous.

« 3. Dans ce même lieu, ordre pour l'avant-garde à neuf heures et demie, (à dix heures pour la brigade).

« 4. Le parc de voitures et bagages partent demain pour Nesle.

« 5. Je marcherai à la tête du gros de l'infanterie.

« Albert, *prince de Prusse.* »

—

## NOTE XL.

## Ordre pour l'armée.

Ham, 18 janvier 1871, 10 h. soir.

« La 15e division d'infanterie et le détachement du général comte Groeben ont, dans un combat heureux, repoussé les forces ennemies qui leur étaient opposées et pris un canon, sans avoir pu suffisamment poursuivre l'ennemi, ni arriver aux positions qui leur avaient été assignées. Il faut que demain la victoire soit complète.

« Le général Von Kummer se portera, demain matin, à huit heures, avec toutes les troupes qui sont sous ses ordres, y compris toute l'artillerie du corps, sur les routes de Vermand et d'Etreillers, et marchera vigoureusement sur Saint-Quentin.

« Les troupes réunies sous le commandement du général Von Kummer suffisent pour culbuter avec succès toute l'armée française du Nord.

« Elles ont pour mission de culbuter tout ce qu'elles trouveront devant elles, d'entourer et de prendre Saint-Quentin. A cet effet, le général comte Groeben devra s'étendre vers la gauche jusqu'à la route de Cambrai à Saint-Quentin.

« La division du comte Lippe, avec la 16e brigade d'infanterie qui lui est adjointe, et qui doit arriver demain matin à Tergnier, appuiera ce mouvement en se portant en même temps avec vigueur sur la route de la Fère à Saint-Quentin, et en tournant, autant que possible, sur la droite.

« Avec les forces qui se trouvent maintenant réunies sous mon commandement, et notre artillerie supérieure, il ne s'agit que de marcher en avant avec énergie, et de culbuter tout ce que l'ennemi peut nous opposer.

« La réserve, sous le colonel Von Bocking, se mettra en marche demain matin, de Ham sur Saint-Quentin ; elle s'adjoindra un escadron du 9e hussards qu'elle prendra à Ham, et le 2e escadron des lanciers de la garde qui doit arriver a Ham vers neuf heures, et se présentera au colonel Von Bocking.

« Au commencement de l'action, je serai avec la réserve ; c'est là qu'on doit m'envoyer les rapports. Il est probable qu'ensuite je rejoindrai la division Kummer.

« S'il arrivait que l'ennemi n'attendît pas notre attaque, il faudrait se mettre à sa poursuite avec la dernière énergie, au prix des plus grands efforts ; car l'expérience nous apprend que, contre des troupes si faiblement organisées, ce n'est pas tant le combat lui-même qui donne les plus grands résultats, mais son action dissolvante, et c'est cette action qu'il nous faut exploiter.

« Von Goeben. »

## NOTE XLI.

22ᵉ CORPS D'ARMÉE

—

ÉTAT-MAJOR GÉNÉRAL

—

Nᵒ 55.

### Ordre.

Demain, 19 janvier, les troupes du 22ᵉ corps, cantonnées à Essigny-le-Grand et au grand Séraucourt, quitteront leurs cantonnements à cinq heures du matin, et iront s'établir : la brigade Pittié à Gauchy, en passant par la route d'Essigny-le-Grand à Saint-Quentin ; la division du Bessol à Grugies et à Castres, en passant par le chemin vicinal qui part du grand Séraucourt pour aller rejoindre, à hauteur de Gauchy, la route d'Essigny-le-Grand à Saint-Quentin.

Arrivé à Gauchy, le colonel Pittié se reliera à la brigade Aynès qui est cantonnée au faubourg d'Isles.

Les chefs de corps devront veiller avec le plus grand soin à ne laisser aucun traînard en arrière, les villages abandonnés par nous devant être visités par les uhlans, aussitôt après que nous en serons sortis.

Les voitures et les bagages devront marcher au centre de chacune des deux colonnes.

Les troupes se tiendront prêtes à combattre.

Le 23ᵉ corps est établi dans les faubourgs à l'ouest de Saint-Quentin.

En arrivant à Gauchy, on s'occupera immédiatement de multiplier les moyens de passage sur le canal et la rivière, entre Gauchy et Castres.

Une distribution supplémentaire de café aura lieu le plus tôt possible.

Esisgny-le-Grand, le 18 janvier 1871.

Le général commandant le 22ᵉ corps.
*Signé :* LECOINTE.

—

25.

## NOTE XLII.

### Ordre pour l'armée.

19 janvier 1871.

« L'armée française du Nord est complétement battue; St-
ientin est occupé par la division du général Barnekow et
ır celle de Son Altesse Royale le prince Albert.

« Deux canons ont été pris dans le combat. Plus de 4,000
·sonniers sont tombés en notre pouvoir.

« J'adresse mes félicitations aux troupes que j'ai l'honneur
· commander.

« Maintenant, il s'agit de recueillir les fruits de cette vic-
·re.

« Aujourd'hui, nous avons combattu; demain, il nous faut
· rcher pour achever la déroute de l'ennemi.

» Il paraît s'être retiré d'un côté sur Cambrai, et de l'autre
·· Guise (1).

« Il faut l'atteindre avant qu'il ne parvienne à se mettre à
ıri de la ligne de ses forteresses.

« A cet effet, je pose comme règle que toutes les troupes
·ront faire environ cinq milles par jour (environ dix lieues
· ométriques.)

« L'infanterie, toutes les fois que ce sera possible, fera
nsporter les havre-sacs par des voitures.

‹ Le général Von Kummer marchera sur Cambrai, le gé-
al Von Barnekow, avec la 16e division d'infanterie, la
ision du prince Albert et le détachement Bocking,
· a été placé aujourd'hui sous son commandement, marchera
· Sequehart, sur Clary et Caudry.

‹ La division du comte Lippe sur Bohain, le Cateau-
ıbrésis.

· Je me porterai au Catelet provisoirement; j'y serai à
i, et j'y attendrai les rapports des généraux ci-dessus
· més.

« Von Goeben. »

Erreur : aucun corps français ne s'est dirigé sur Guise.

———

## NOTE XLIII.

# Ordre du jour à l'armée du Nord
# après Saint-Quentin.

Douai, 21 janvier.

« Soldats !

« C'est un devoir impérieux pour votre général de vous rendre justice devant vos concitoyens. Vous pouvez être fiers de vous-mêmes, et vous avez bien mérité du pays.

« Ce que vous avez souffert, ceux qui ne l'ont pas vu, ne pourront jamais se l'imaginer, et il n'y a personne à accuser de ces souffrances, les circonstances seules les ont causées.

« En moins d'un mois, vous avez livré trois batailles et deux combats à un ennemi dont l'Europe entière a peur. Vous lui avez tenu tête ; vous l'avez vu reculer maintes fois devant vous, vous avez prouvé qu'il n'est pas invincible et que la défaite de la France n'est qu'une surprise amenée par l'ineptie d'un gouvernement absolu.

« Les Prussiens ont trouvé dans de jeunes soldats à peine habillés et dans les gardes nationaux des adversaires capables de les vaincre. Qu'ils ramassent nos traînards et qu'ils s'en vantent dans leurs bulletins, peu importe ! Ces fameux preneurs de canons n'ont pas encore touché une de vos batteries.

« Honneur à vous !

« Quelques jours de repos, et ceux qui ont juré la ruine de la France nous retrouveront debout devant eux.

« Faidherbe. »

---

## NOTE XLIV.

Versailles, 28 janvier. 11 h. 15 du soir.

*M. Jules Favre, ministre des affaires étrangères,
à délégation de Bordeaux.*

Nous signons aujourd'hui un traité avec M. le comte de Bismarck.

Un armistice de 21 jours est convenu.

Une assemblée est convoquée à Bordeaux pour le 15 février.

Faites connaître cette nouvelle à toute la France, faites exécuter l'armistice, et convoquez les électeurs pour le 8 février.

Un membre du gouvernement va partir pour Bordeaux.

Jules Favre.

Un décret, qui sera ultérieurement publié, fera connaître les mesures prises pour assurer l'exécution des dispositions ci-dessus.

Pour copie conforme :<br>C. Laurier.

—

## NOTE XLV.

### Ordre du jour.

Amiens, le 29 janvier 1871.

« Le comte Moltke fait savoir, sous la date du 23 courant, qu'il vient d'être signé une convention d'armistice dont l'effet commencera le 31 janvier à midi.

« La cessation des hostilités devra être immédiatement accordée sur le pied du *statu quo*, si l'ennemi le demande.

« Von Goeben. »

—

## NOTE XLVI.

### Ordre du jour.

Amiens, le 30 janvier 1871.

« D'après les conditions de l'armistice, les départements du Pas-de-Calais et du Nord sont exclus de l'occupation allemande, et en général il est convenu que les avant-postes resteront au moins à dix kilomètres de la ligne de démarcation. En conséquence, la marche en avant commandée pour demain sera arrêtée en partie, et même un certain nombre d'endroits occupés par nous devront être abandonnés. Il n'y a pourtant pas lieu d'avoir égard à cette limitation jusqu'à ce que le général Faidherbe ait fait évacuer Abbeville et tout le département de la Somme. En tout cas, à partir de demain 31, à midi, il faut éviter les rencontres avec l'ennemi, et éventuellement prévenir les détachements ennemis par des parlementaires et leur faire savoir qu'on négocie avec Faidherbe.

« Von Goeben. »

—

## NOTE XLVII.

## Nominations faites par le général Faidherbe ou ses prédécesseurs.

Trois généraux de division, MM. Paulze d'Ivoy, Lecointe et Farre (confirmés par le ministre).

Deux généraux de brigade, MM. du Bessol et Derroja (confirmés par le ministre).

Soixante-quatre officiers supérieurs,
Cent soixante et onze capitaines,
Deux cent quatre lieutenants,
Trois cent vingt et un sous-lieutenants.

de toutes armes.

Les pertes en officiers, tant de l'armée régulière que de l'armée auxiliaire, en tués, blessés et disparus, ont monté, dans cette période, au chiffre de quatre cent vingt-sept.

Deux cent soixante-dix-neuf officiers, évadés de captivité, ont été incorporés dans l'armée du Nord, dont ils ont formé les meilleurs éléments (1).

(1) Tiré de la brochure du général Faidherbe.

—

## NOTE XLVIII.

Paris, le 4 juillet 1871.

MONSIEUR,

J'ai l'honneur de vous transmettre les renseignements que vous avez bien voulu me demander.

La ville de Montdidier a logé,

les 25 novembre 1870 — 3,000 hommes et 600 chevaux de l'armée allemande.

29 novembre. — 700 prisonniers français.

— 300 hommes de garde.

— 50 chevaux.

— 200 voitures avec 600 chevaux.

17 décembre. — 3,000 hommes et 500 chevaux.

18 et 19 décembre. — 4,000 hommes et 1,000 chevaux.

5 février 1871. — 4,000 hommes et 1,000 chevaux.

J'ai recueilli ces indications sur les états déposés à la mairie. Il paraîtrait qu'en outre des troupes allemandes ont traversé Montdidier, sans y passer la nuit; mais je n'ai pu avoir, sur ce point, que des renseignements assez vagues.

Je vous prie, Monsieur, d'agréer l'expression de mes sentiments très-distingués.

**A.** LABORDÈRE.

—

## NOTE XLIX.

### Préliminaires de Paix.

Entre le chef du pouvoir exécutif de la République française, M. Thiers, et

Le ministre des affaires étrangères, M. Jules Favre, représentant de la France, d'un côté ;

Et de l'autre :

Le chancelier de l'Empire germanique, M. le comte Otto de

Bismarck Schœnhausen, muni des pleins pouvoirs de S. M. l'empereur d'Allemagne, roi de Prusse;

Le ministre d'Etat et des affaires étrangères de S. M. le roi de Bavière, M. le comte Otto de Bray-Steinburg;

Le ministre des affaires étrangères de S. M. le roi de Wurtemberg, le baron Auguste de Waechter;

Le ministre d'État, président du conseil des ministres de S. A. Mgr le grand-duc de Bade, M. Jules Jolly, représentant de l'empire germanique;

Les pleins pouvoirs des parties contractantes ayant été trouvés en bonnes et dues formes, il a été convenu ce qui suit, pour servir de base préliminaire à la paix définitive à conclure ultérieurement :

Art. 1er. — La France renonce, en faveur de l'Empire allemand, à tous ses droits et titres sur les territoires situés à l'est de la frontière ci-après désignée :

La ligne de démarcation commence à la frontière nord-ouest du canton de Cattenom, vers le grand-duché de Luxembourg, suit, vers le Sud, les frontières occidentales des cantons de Cattenom et de Thionville, passe par le canton de Briey en longeant les frontières occidentales des communes de Montois-la-Montaigne et Roncourt, ainsi que les frontières orientales des communes de Marie-aux-Chênes, Saint-Ali, atteint la frontière du canton de Gorze, qu'elle traverse le long des frontières communales de Vionville, Chambley et Onville, suit la frontière sud-ouest resp. sud de l'arrondissement de Metz, la frontière occidentale de l'arrondissement de Château-Salins jusqu'à la commune de Pettoncourt dont elle embrasse les frontières occidentale et méridionale, pour suivre la crête des montagnes entre la Seille et Moncel, jusqu'à la frontière de l'arrondissement de Strasbourg au sud de Garde.

La démarcation coïncide ensuite avec la frontière de cet arrondissement jusqu'à la commune de Tanconville dont elle a atteint la frontière au Nord ; de là elle suit la crête des montagnes entre les sources de la Sarre blanche et de la Vezouze jusqu'à la frontière du canton de Schirmeck, longe la frontière occidentale de ce canton, embrasse les communes de Saales, Bourg-Bruche, Colroy, La Roche, Paine, Ranrupt, Saulxures et Saint-Blaise-La Roche du canton de Saales, et coïncide avec la frontière occidentale des départements du Bas-Rhin et du Haut-Rhin jusqu'au canton de Belfort, dont elle quitte la frontière méridionale, non loin de Vourvenans, pour traverser le canton de Delle, aux limites méridionales des communes de Bourgogne et Froide-Fontaine, et atteindre la frontière suisse, en longeant les frontières orientales des communes de Jonchéry et Delle.

La frontière, telle qu'elle vient d'être écrite, se trouve marquée en vert sur deux exemplaires conformes de la carte du territoire formant le gouvernement général d'Alsace, publiée à Berlin en septembre 1870 par la division géographique et statistique de l'état-major général, et dont un exemplaire sera joint à chacune des deux expéditions du présent traité.

Toutefois, le traité indiqué a subi les modifications suivantes de l'œuvre des deux parties contractantes : dans l'ancien département de la Moselle, les villages de Marie-aux-Chênes, près de Saint-Privat-la-Montagne et de Vionville, à l'ouest de Rezonville, seront cédés à l'Allemagne. Par contre, la ville et les fortifications de Belfort resteront à la France avec un rayon qui sera déterminé ultérieurement.

Art. 2. — La France paiera à S. M. l'empereur d'Allemagne la somme de cinq milliards de francs.

Le paiement d'au moins un milliard de francs aura lieu dans le courant de l'année 1871, et celui de tout le reste de la dette dans un espace de trois années, à partir de la ratification du présent article.

Art. 3. L'évacuation des territoires français occupés par les troupes allemandes commencera après la ratification du présent traité par l'Assemblée nationale siégeant à Bordeaux.

Immédiatement après cette ratification, les troupes allemandes quitteront l'intérieur de la ville de Paris ainsi que les forts situés sur la rive gauche de la Seine ; et dans le plus bref délai possible fixé par une entente entre les autorités militaires des deux pays, elles évacueront entièrement les départements du Calvados, de l'Orne, de la Sarthe, d'Eure-et-Loire, du Loiret, de Loir-et-Cher, d'Indre-et-Loire, de l'Yonne, et, de plus, les départements de la Seine-Inférieure, de l'Eure, de

Seine-et-Oise, de Seine-et-Marne, de l'Aube et de la Côte-d'Or, jusqu'à la rive gauche de la Seine.

Les troupes françaises se retireront en même temps derrière la Loire, qu'elles ne pourront dépasser avant la signature du traité de paix définitif. Sont exceptées de cette disposition la garnison de Paris, dont le nombre ne pourra pas dépasser quarante mille hommes, et les garnisons indispensables à la sûreté des places fortes.

L'évacuation des départements situés entre la rive droite de la Seine et les frontières de l'Est, par les troupes allemandes, s'opérera graduellement après la ratification du traité définitif et le paiement du premier demi-milliard de la contribution stipulée par l'art. 2, en commençant par les départements les plus rapprochés de Paris, et se continuera au fur et à mesure que les versements de la contribution seront effectués ; après le premier versement d'un demi-milliard, cette évacuation aura lieu dans les départements suivants : Somme, Oise et les parties des départements de la Seine-Inférieure, Seine-et-Oise, Seine-et-Marne, situées sur la rive droite de la Seine, ainsi que la partie du département de la Seine et les forts situés sur la rive droite.

Après le paiement de deux milliards l'occupation allemande ne comprendra plus que les départements de la Marne, des Ardennes, de la Haute-Marne, de la Meuse, des Vosges, de la Meurthe, ainsi que la forteresse de Belfort avec son territoire, qui serviront de gage pour les trois milliards restants, et où le nombre des troupes allemandes ne dépassera pas cinquante mille hommes.

S. M. l'empereur sera disposé à substituer à la garantie territoriale, consistant en l'occupation partielle du territoire français, une garantie financière, si elle est offerte par le gouvernement français dans des conditions reconnues suffisantes par S. M. l'empereur et roi pour les intérêts de l'Allemagne. Les trois milliards, dont l'acquittement aura été différé, porteront intérêt à 4 p. 100, à partir de la ratification de la présente convention.

Art. 4. — Les troupes allemandes s'abstiendront de faire des réquisitions, soit en argent, soit en nature, dans les départements occupés. Par contre, l'alimentation des troupes allemandes qui restent en France aura lieu aux frais du gouvernement français dans la mesure convenue avec l'intendance militaire allemande.

Art. 5. — Les habitants des territoires cédés par la France, en tout ce qui concerne leur commerce et leurs droits civils, seront réglés aussi favorablement que possible lorsque seront arrêtées les conditions de la paix définitive.

Il sera fixé, à cet effet, un espace de temps pendant lequel ils jouiront de facilités particulières pour la circulation de leurs produits. Le gouvernement allemand n'opposera aucun obstacle à la libre émigration des habitants des territoires cédés, et ne pourra prendre contre eux aucune mesure atteignant leurs personnes ou leurs propriétés.

Art. 6. — Les prisonniers de guerre, qui n'auront pas déjà été mis en liberté par voie d'échange, seront rendus immédiatement après la ratification des présents préliminaires. Afin d'accélérer le transport des prisonniers français, le gouvernement français mettra à la disposition des autorités allemandes, à l'intérieur du territoire allemand, une partie du matériel roulant de ses chemins de fer dans une mesure qui sera déterminée par des arrangements spéciaux et aux prix payés en France par le gouvernement français pour les transports militaires.

Art. 7. — L'ouverture des négociations, pour le traité de paix définitif à conclure sur la base des présents préliminaires, aura lieu à Bruxelles immédiatement après la ratification de ces derniers par l'Assemblée nationale et par S. M. l'empereur d'Allemagne.

Art. 8. — Après la conclusion de la ratification du traité de paix définitif, l'administration des départements devant encore rester occupés par les troupes allemandes sera remise aux autorités françaises ; mais ces dernières seront tenues de se conformer aux ordres que le commandant des troupes allemandes croirait devoir donner dans l'intérêt de la sûreté, de l'entretien et de la distribution des troupes.

Dans les départements occupés, la perception des impôts, après la ratification du présent traité, s'opérera pour le compte du gouvernement français et par le moyen de ses employés.

Art. 9. — Il est bien entendu que les présentes ne peuvent donner à l'autorité militaire allemande aucun droit sur les parties du territoire qu'elles n'occupent point actuellement.

Art. 10. — Les présentes seront immédiatement soumises à la ratification de l'Assemblée nationale française, siégeant à Bordeaux, et de S. M. l'empereur d'Allemagne.

En foi de quoi les soussignés ont revêtu le présent traité préliminaire de leurs signatures et de leurs sceaux.

Fait à Versailles, le 26 février, 1871.

A. Thiers.
Jules Favre.

V. Bismark,

Les royaumes de Bavière et de Wurtemberg et le grand-duché de Bade, ayant pris part à la guerre actuelle comme alliés de la Prusse et faisant partie maintenant de l'empire germanique, les soussignés adhèrent à la présente convention au nom de leurs souverains respectifs.

Versailles, 26 février 1871.

Comte de Bray-Steinburg.
Baron de Waechter.
Mittnach.
Jolly.

—

## L'Armée Prussienne.

1re armée (Manteuffel).

| | | | |
|---|---|---|---|
| 56 bataillons | = | 39,200 | |
| 56 escadrons | = | 5,000 | 50,320 hommes. |
| 34 batteries | = | 6,120 | |

Les bataillons 650 à 700 hommes.
Les escadrons 100 hommes.
Les batteries 200 à 250 hommes.

—

## NOTE LI.

### Notes critiques.

Le général Faidherbe dit, dans son projet de réorganisation d'une armée nationale, que la cavalerie ne doit servir que pour éclairer et qu'il faut en diminuer le nombre.

« A l'armée du Nord, composée de quatre divisions, il n'y avait que deux escadrons de dragons ; un peu plus de cavalerie eût été utile, pour éclairer l'armée et réprimer l'audace des fourrageurs ennemis. L'armée allemande opposée avait cinq régiments et même neuf à la bataille de Saint-Quentin, par suite de l'arrivée d'une division de cavalerie saxonne. Toute cette cavalerie n'a pas servi à grand'chose. Elle n'a servi à rien sur les champs de bataille. Les cuirassiers ont essayé une fois de charger une arrière-garde, ils ont été traités de manière à n'avoir pas envie de recommencer. »

Observations. L'on a, en général, énergiquement protesté contre ce jugement qui semble amoindrir le rôle de la cavalerie en campagne. Rien, au contraire, ne nous a été plus funeste que le manque de cavalerie. Il n'y avait dans toute l'armée qu'une voix à cet égard, depuis celle du fantassin épuisé par les grand'gardes où il jouait souvent le rôle des vedettes (ce qui est du ressort de la cavalerie) jusqu'à celle des chefs qui voyaient leurs flancs et leurs derrières toujours harcelés, et auxquels on enlevait, par milliers, les éclopés et les malades, pour peu qu'ils s'éloignassent de la colonne. La fatale marche de flanc de Vermand, pendant laquelle nos convois furent bombardés, le désastre de Saint-Quentin et sa terrible retraite qui ne fut protégée ni sur les flancs ni sur les derrières, sont là pour protester contre l'opinion du général Faidherbe. Avec un peu de cavalerie, le commandant de l'armée du Nord ne se serait pas laissé abuser si complétement sur le sort de Péronne.

## NOTE A.

## Conseil d'Enquête

CONVOQUÉ EN VERTU DE L'ARTICLE 264 DU DÉCRET DU
13 OCTOBRE 1865.

*(Extrait du procès-verbal de la séance du 7 mai 1872.)*

Le conseil d'enquête,

Vu le dossier relatif à la capitulation de la place de Péronne,

Vu le texte de la capitulation,

Sur le rapport qui lui en a été fait,

Ouï MM. le commandant Peyre, ex-commandant du génie et précédemment sous-préfet de Péronne ;

Le commandant Bonnault, ex-commandant de l'artillerie ;

Le commandant Garnier, ex-commandant de la place ;

Après en avoir délibéré,

Exprime comme suit son avis motivé sur ladite capitulation :

Au moment où l'ennemi se présenta devant la place de Péronne, ses fortifications étaient en bon état. Son armement consistait en quarante-neuf bouches à feu, chiffre inférieur, de moitié environ, à celui de l'armement normal.

Les approvisionnements en munitions, poudres et projectiles étaient de même très-insuffisants. Quant aux vivres, il en restait pour quinze jours au moment de la capitulation.

La garnison, forte de trois mille hommes environ, se composait de bataillons de garde nationale mobile et de mobilisés ; de 139 hommes du 43e de ligne et de 131 fusiliers marins. Cette dernière troupe, dans laquelle se trouvait bon nombre d'hommes habitués au service des pièces, rendit de grands services par sa discipline, sa fermeté, son instruction militaire et servit d'appui et d'exemple à la garde nationale.

Le 30 novembre, l'ennemi s'approcha une première fois de la place, lui fit plusieurs sommations de se rendre, qui furent repoussées, s'éloigna, et reparut le 25 décembre pour l'investir.

Le bombardement, commencé le 28 décembre, suspendu à plusieurs reprises par suite des mouvements de l'armée française du Nord, fut poursuivi jusqu'au 9 janvier.

Le feu de l'artillerie ennemie, auquel la place répondit d'abord avec succès, prit plus tard une grande intensité. Il fut surtout dirigé sur la ville et détruisit une partie des maisons ; les fortifications restèrent intactes.

Dès que l'incendie éclata, la garde nationale et les pompiers, effrayés des dangers que leur faisaient courir les projectiles ennemis, cessèrent tout service, et, pour comble de malheur, la rivière qui entoure la place gela par un froid très intense.

Le commandant Garnier, trop facilement impressionné par les plaintes des autorités civiles et des habitants, redoutant un assaut rendu possible par la congélation de la Somme, comptant peu sur le courage de ses troupes, qui cependant ne donnaient aucun signe de faiblesse, accueillit, le 9 janvier, et soumit au conseil de défense la proposition de l'ennemi tendant à une capitulation.

Le commandant de place, malgré les protestations du commandant du génie, malgré les recommandations récentes du général en chef de l'armée du Nord, ne tenant point compte de l'importance de Péronne dans la suite des opérations militaires, de la proximité de l'armée française, des pertes peu considérables de la garnison qui ne comptait que 16 tués et 52 blessés, et oubliant sa lettre du 28 décembre au général ennemi, dans laquelle il le prévenait qu'il défendrait la place jusqu'à la dernière extrémité, se rendit à l'avis de la majorité du conseil de défense et conclut une capitulation avec l'ennemi.

En conséquence de ces faits, le conseil d'enquête blâme le commandant Garnier d'avoir rendu la place dont le commandement lui était confié, sans s'être conformé aux prescriptions de l'article 233 du décret du 18 octobre 1863, et d'avoir accepté, dans la capitulation, la clause en vertu de laquelle les officiers qui engageraient leur parole de ne pas servir contre l'Allemagne pendant la guerre, étaient autorisés à rentrer dans leurs foyers, séparant ainsi leur sort de celui de la troupe, contrairement à l'article 256 du décret précité.

*Pour extrait conforme :*

Le président du conseil d'enquête,

*Signé :* Baraguey-d'Hilliers.

—

## Copie de la protestation des soussignés.

Péronne, le 12 janvier 1871.

« Nous soussignés, officiers de la garnison de Péronne, protestons contre la capitulation faite sous la pression de la majorité du conseil de défense, pour les raisons suivantes :

« Les menaces de l'ennemi ne paraissaient nullement justifiées.

« Les murs étaient intacts, les munitions de guerre et de bouche étaient en abondance.

« Six jours auparavant, l'armée du Nord, de l'aveu de l'ennemi, avait tenté un grand effort pour nous dégager.

« Rien n'avait été essayé avec une garnison nombreuse, pour élargir le cercle d'investissement et détruire les ouvrages de l'ennemi.

« L'état sanitaire n'avait rien d'alarmant; enfin cette capitulation douloureuse a été une surprise, et il est de notre devoir de le constater.

« En foi de quoi ont signé la présente protestation. »

Poitevin, lieutenant de vaisseau

Marion, enseigne de vaisseau.

Lohoux, adjudant faisant fonction de sous-lieutenant de marine.

Frehet, capitaine au 31e de ligne, détaché à la mobile.

Dehaussy, capitaine d'artillerie de la mobile.

Gossein, lieutenant de la mobile.

Leroy, lieutenant commandant le détachement du 43e de ligne.

Roulliez, sous-lieutenant au 43e de ligne.

Béoz, sous-lieutenant au 43e de ligne.

de Marne, capitaine à la mobile.

Ruault, capit. de la mobile.

Vermond, sous-lieutenant à l'artillerie de la mobile.

Escoffier, lieutenant de la garde nationale mobilisée.

—

## NOTE B.

## Deux mots sur les places prises dans la région du Nord, pendant la campagne 1870-1871.

*Soissons* se rendit, le 16 novembre, à la landwehr du corps de Mecklembourg. Elle avait subi quatre jours de bombardement. Les Allemands y firent 4,700 prisonniers. Ils y trouvèrent en outre 128 pièces de canon, des approvisionnements immenses, cent mille francs environ en caisse et des magasins approvisionnés pour une division pendant 5 mois !

*Ham.* — Le château-fort fut abandonné par sa garnison, sur un ordre du ministre de la guerre. Il fut occupé, le 21 novembre, par un détachement de la 3e division de cavalerie prussienne.

*Montmédy.* — Cernée par une division d'infanterie le 7 décembre, la place fut bombardée, le 12 décembre, par 62 pièces allemandes. La ville capitula le 14. Les Prussiens y trouvèrent 60 canons et y firent deux mille prisonniers.

*Mézières.* — Observée depuis les premiers jours de novembre, la place ne fut investie que le 25. Elle capitula le 2 janvier, abandonnant aux Allemands 106 canons et de vastes magasins d'approvisionnement. 1200 prisonniers tombèrent encore aux mains de l'ennemi.

---

## NOTE C.

Désignation des différents corps, régiments ou escadrons de marche et batteries de l'armée du Nord.

| | | | |
|---|---|---|---|
| | 1er bat. de marche | | (formée au dépôt du 1er.) |
| | 2e | id. | id. |
| Chasseurs à pied de marche. | 17e | id. | (formée au dépôt du 17e |
| | 18e | id. | id. |
| | 19e | id. | (formée au dépôt du 1er. |
| | 20e | id. | (formée au dépôt du 20e. |
| | 24e | id. | (formée au dépôt du 2e. |

*Régiments d'infanterie de marche de l'armée du Nord.*

33e — Un seul bataillon.

65e —       id.

67e — Composé de deux bataillons formés du dépôt du 75e et d'un bataillon formé à celui du 65e.

68e — Composé de 2 bataillons formés au dépôt du 24e et d'un bataillon formé à celui du 64e.

69e — Composé de deux bataillons du dépôt du 43e et d'un bataillon de marche d'infanterie de marine.

91e — Composé de deux bataillons formés au dépôt du 91e.

*Fusiliers-marins.* — Trois bataillons formant un régiment.

1er bataillon de voltigeurs du Nord. — Un bataillon composé d'évadés de Sedan et de Metz, ainsi que d'un bon nombre de Belges.

Nota. — A St-Quentin, il y avait en outre un bataillon du 64e et un du 33e de nouvelle formation. Ils faisaient partie, croyons-nous, de la brigade Isnard.

## Garde mobile.

44e Régiment de mobiles (du Gard). — 3 bataillons.

Régiment de Somme et de Marne (pas de no). — 3 bataillons.

46e Régiment de mobiles (du Nord). — 3 bataillons.

47e     id.          id.          id.          id.

48e     id.          id.          id.          id.

91e     id.          id. (du Pas-de-Calais).  id.

## Garde nationale mobilisée.

1er Régiment de mobilisés de la 1re légion du Nord.

3e     id.          de la 3e          id.

4e     id.          de la 9e          id.

6e     id.          de la 5e          id.

*Cavalerie.*

Dragons du Nord. — 2 escadrons et un peloton.
Gendarmes.        — 2 escadrons.
Mobilisés.        — Un petoton (dit escadron de mobilisés).

*Artillerie.*

12ᵉ Régiment d'artillerie, 3ᵉ batterie principale.
12ᵉ        Idem.        3ᵉ batterie *bis*.
15ᵉ        Idem.        1ʳᵉ batterie *bis*.
15ᵉ        Idem.        2ᵉ batterie principale.
15ᵉ        Idem.        2ᵉ batterie *ter*.
15•        Idem.        3ᵉ batterie *bis*.
15ᵉ        Idem.        3ᵉ batterie *ter*.
15ᵉ        Idem.        4ᵉ batterie *bis*.
1ʳᵉ batterie mixte de marine.
2ᵉ batterie mixte de marine.

A ces batteries régulières il faut ajouter :

Une batterie des mobiles du Pas-de-Calais.

Deux batteries *de montagne* des mobiles de la Seine-Inférieure.

Une batterie des mobilisés de la Somme.

Une batterie *de montagne* des mobilisés du Finistère.

—

## NOTE D.

Nous croyons utile, pour montrer combien étaient faibles les effectifs des bataillons d'infanterie française, de donner une situation prise au hasard ; il s'agit d'un bataillon, moyennement éprouvé, et qui comptait mille hommes, lors de son entrée en campagne :

ARMÉE DU NORD.
—
22ᵉ CORPS.
—
2ᵉ DIVISION.
—
1ʳᵉ BRIGADE.

## 20ᵉ BATAILLON DE CHASSEURS.

—

### Situation d'effectif.

| GRADES. | PRÉSENTS. | | ABSENTS. | EFFECTIF total | Observations. |
|---|---|---|---|---|---|
| | disp. | ind. | | | |
| Officiers (inscrits no-minativement). | 13 | | 3 | 16 | Tous les trois blessés à Achiet-le-Grand. (Les absents sont les tués, les blessés ou les disparus.) |
| Adjudant . . . . | 0 | | | 0 | |
| Sergents majors . . | 4 | | | 4 | |
| Fourriers. { sergents. | 4 | | | 4 | |
| { capor. | 1 | | | 1 | |
| Sergents. . . . . | 12 | 1 | 10 | 23 | |
| Caporaux . . . . | 30 | | 16 | 46 | |
| Clairons. . . . . | 9 | | 6 | 15 | |
| Chasseurs . . . . | 431 | 3 | 177 | 601 | |
| TOTAUX . . . | 504 | 4 | 212 | 710 | |

Boiry, le 4 janvier.

Le chef de corps,

*Signé :* HECQUET.

Le 4 janvier, l'effectif des bataillons de chasseurs était de 500 hommes environ ; celui des bataillons de ligne de 400 ; celui des mobiles, de 550.

*A Saint-Quentin,* le 19 janvier, les fatigues, les privations et les désertions avaient réduit, d'un bon tiers, ces effectifs. C'est ce qui explique le petit nombre de Français qui put prendre part à la bataille, ce jour-là.

—

## NOTE E.

Un journal militaire de Berlin a publié sur les forces d'artillerie entrées en lignes dans les actions principales de la dernière guerre, et sur les pertes éprouvées par cette arme, des chiffres qui constituent d'éloquentes preuves de l'acharnement de la lutte :

*A la bataille de Wœrth Reichshoffen,* — 6 août 1870. — les Prussiens avaient mis en batterie 231 bouches à feu, qui ont tiré 9852 coups. La perte a été de 12 officiers, 137 hommes et 300 chevaux.

*A la bataille de Spickeren,* — 6 août 1870. — 78 bouches à feu ayant tiré 2,374 obus. Perte : 7 officiers, 77 hommes et 105 chevaux.

*Bataille de Borny,* — 14 août 1870. — 137 bouches à feu et 2,855 coups de canon. Pertes : 12 officiers, 137 hommes et 159 chevaux.

*Bataille de Vionville,* — 16 août 1870, — 222 bouches à feu ayant tiré 20,859 coups. Pertes : 44 officiers, 682 hommes et 993 chevaux.

*Bataille de Gravelotte,* — 18 août 1870. — 616 bouches à feu ont lancé sur les lignes françaises 34,844 projectiles. Les Prussiens ont perdu, pour l'artillerie seulement, 85 officiers, 834 hommes et 1,477 chevaux. On leur a pris deux canons.

*Bataille de Beaumont,* — 30 août 1870. — 222 bouches à feu ayant tiré 6,663 obus. Pertes : 12 officiers, 140 hommes et 174 chevaux.

*Bataille de Sedan,* — 1er septembre 1870. — La plus meurtrière après celle de Gravelotte. 599 bouches à feu allemandes ont tiré 33,284 coups, dont 517 obus incendiaires. Pertes : 30 officiers, 430 hommes et 800 chevaux. Les forces françaises ne s'élevaient pas à plus de 80,000 hommes et 120 pièces de canon.

*Bataille de Noisseville,* — 31 août et 1er septembre 1870

— 180 bouches à feu et 10,692 coups de canon. Pertes : 13 officiers, 147 hommes et 191 chevaux.

*Bataille d'Amiens,* — 27 novembre 1870. — 138 bouches à feu, 6,069 obus tirés. Pertes : 11 officiers, 162 hommes et 201 chevaux.

*Bataille de Beaune-la-Rolande,* — 28 novembre 1870. — 96 bouches à feu et 2,821 coups tirés. Pertes : 2 officiers, 69 hommes et 57 chevaux. Un canon a été pris par les Français.

*Bataille de Pont-Noyelles.* — 23 décembre 1870, — 102 bouches à feu, 3,665 coups tirés. Pertes : 7 officiers, 68 hommes, 62 chevaux.

*Batailles de Villiers et Champigny,* sous Paris. — 30 novembre et 2 décembre 1870, — 150 bouches à feu ont tiré 8,868 coups de canon, dont 218 obus incendiaires. Pertes : 11 officiers, 194 hommes et 286 chevaux.

*Bataille d'Orléans.* — 2, 3 et 4 décembre 1870, — 388 bouches à feu ont tiré 31,412 coups de canon. Pertes : 33 officiers, 389 hommes et 622 chevaux.

*Batailles de Beaugency et de Cravant.* — 7, 8, 9 et 10 décembre 1870, — 293 bouches à feu ont tiré 25,755 coups de canon, dont 1,020 obus incendiaires. Pertes : 25 officiers, 280 hommes et 409 chevaux.

*Bataille de Bapaume.* — 3 janvier 1871, — 72 bouches à feu, 2,201 coups tirés. Pertes : 3 officiers, 34 hommes. 197 chevaux.

*Bataille du Mans .*— 11 et 12 janvier 1871, — 234 bouches à feu, 6,097 obus tirés. Pertes : 14 officiers, 110 hommes et 145 chevaux.

*Batailles de Belfort.* — du 15 au 18 janvier 1871, — 136 bouches à feu ont tiré 10,983 projectiles. Pertes : 9 officiers, 123 hommes et 153 chevaux.

*Bataille de Saint-Quentin.* — 19 janvier 1871, 161 bouches à feu ont tiré 7,282 projectiles. Pertes : 12 officiers, 166 hommes et 180 chevaux.

En résumé, les armées coalisées allemandes accusent seulement, pour les principales actions militaires, une perte de 332 officiers, 4,077 artilleurs et 6,252 chevaux.

Quant aux nombres de coups de canon tirés, ils représentent, pour les trois plus grandes batailles, Gravelotte, Sedan, Orléans, un chiffre plus que triple de celui que l'on atteignait pendant les plus grandes batailles du premier Empire.

—

## NOTE F.

On lit dans l'ouvrage de M. Ch. de Freycinet, intitulé : *la Guerre en province*, les lignes que voici, où l'auteur fait connuaître le discours prononcé par M. Gambetta, à Lille :

» ....... Sur les nouvelles qu'il venait de recevoir à Laval, M. Gambetta se transporta à Lille.

» Il y trouva les esprits, non celui du général Faidherbe, mais ceux de la population, en partie découragés. On y voyait la Flandre découverte, et déjà l'ennemi aux portes de Lille. Le ministre, dans une *réunion solennelle,* adressa une allocution qui échauffa les cœurs :

« Comment, leur dit-il, pendant vingt ans, Bonaparte a
» *préparé les moyens d'agression,* organisé les armées, dé-
» pensé vingt milliards. La France a consenti à tout, elle a
» tout donné, honneur et argent. Quinze jours ont suffi, et tout
» a disparu. Et nous, qui n'avions trouvé, et qui n'avons eu
» pour moyens que les ressources improvisées par l'initiative
» du pays, nous résistons depuis quatre mois, devant un
» ennemi qui multiplie ses forces, mais qui sent bien que si la
» résistance continue à embraser l'âme de la France, c'en est
» fait de l'invasion... Pas de faiblesse, ô mes chers conci-
» toyens. Si nous ne désespérons pas, nous sauverons la
» France. Faisons-nous un cœur et un front d'airain, et le
» pays sera sauvé par lui-même, et la République libéra-
» trice sera fondée!

» Quand cet heureux jour viendra, quand vos efforts, unis

» aux nôtres, auront affranchi la France entière, on verra si
» nous sommes des hommes de guerre, si nous sommes
» des dictateurs, si nous dilapidons nos finances, si
» nous ne cherchons pas, au contraire, à favoriser les
» arts qui ennoblissent l'humanité, l'industrie et le com-
» merce qui attirent les relations et enrichissent les peu-
» ples, si nous ne tendons pas de tous nos efforts vers les
» bienfaits d'une paix loyale et féconde. On verra alors si
» nous sommes des dictateurs, si notre plus grande passion
» ne sera pas de rentrer dans la foule dont nous sommes
» sortis ; de cette foule, réservoir inépuisable de toutes les
» nobles, de toutes les grandes pensées, où chacun de nous
» doit se retremper. On verra enfin que, si je suis possédé de
» la passion démocratique, qui ne souffre pas l'invasion étran-
» gère, je suis animé de la foi républicaine qui a horreur de
» la dictature. »

FIN.

AMIENS. — IMP. T. JEUNET.

# SIGNES CONVENTIONNELS
## pour toutes les cartes.

| | |
|---|---|
| 1, 2 | Infanterie française. |
| | Cavalerie française. |
| | Artillerie française. |
| 1, 2 | Colonnes françaises en marche. |
| | Infanterie allemande. |
| | Cavalerie allemande. |
| | Artillerie allemande. |
| | Colonnes allemandes en marche. |
| | Rivière. |
| | Canal. |
| | Chemin de fer. |
| | Route nationale. |
| | Route départementale. |
| | Chemin vicinal. |
| | Ville ou Village. |
| | Ville fortifiée. |
| | Bois. — Pièce d'eau. |
| | Marais. |
| | Ouvrages de fortification. |
| | Moulin à Vent. |

Chiffres italiques : *Côte de hauteur au-dessus du niveau de la mer.*

Chiffres arabes : *N.ᵒˢ indiquant les corps dans les plans de bataille.*

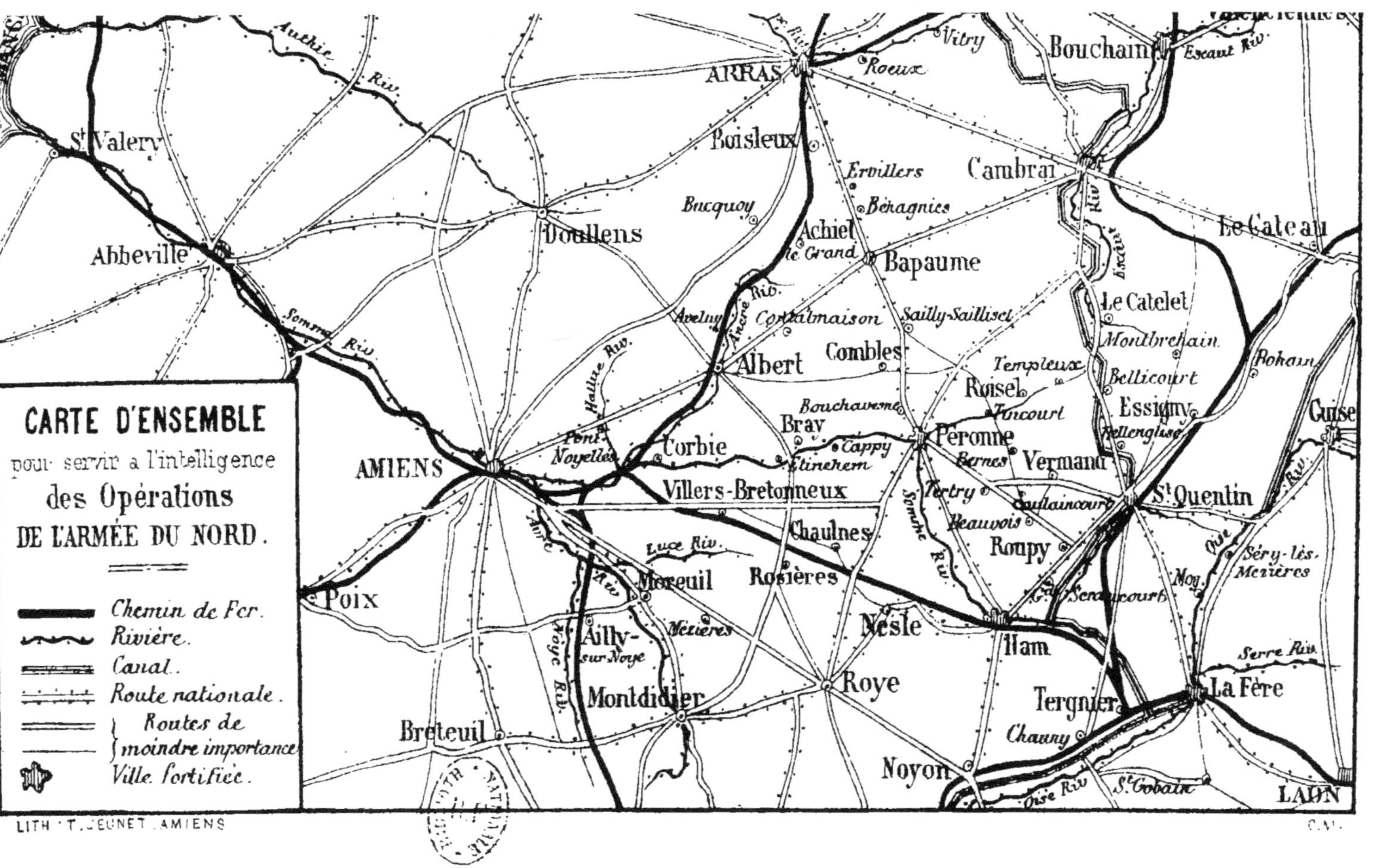

CARTE D'ENSEMBLE
pour servir a l'intelligence
des Opérations
DE L'ARMÉE DU NORD.
Chemin de Fer.
Rivière.
Canal.
Route nationale.
Routes de moindre importance
Ville fortifiée.
St Valery
Abbeville
Doullens
Bucquoy
Boisleux
Ervillers
Behagnies
Achiet le Grand
Arras
Roeux
Vitry
Bouchain
Escaut Riv.
Cambrai
Le Cateau
Bapaume
Le Catelet
Montbrehain
Bellicourt
Pohain
Sailly-Saillisel
Avelu
Contalmaison
Ancre Riv.
Albert
Combles
Templeux
Roisel
Vincourt
Essigny
Guise
Halue Riv.
Bray
Bouchavesne
Peronne
Barnes
Vermand
Bellenglise
Pont Noyelles
Corbie
Cappy
Etinehem
Somme Riv.
Tertry
Caulaincourt
St Quentin
Amiens
Villers-Bretonneux
Beauvois
Roupy
Somme Riv.
Chaulnes
Gd Seraucourt
Séry-lès-Mezières
Oise Riv.
Moy.
Luce Riv.
Moreuil
Rosières
Nesle
Poix
Avre Riv.
Mezières
Ham
Serre Riv.
Ailly-sur-Noye
Noye Riv.
Roye
Tergnier
La Fère
Montdidier
Chauny
Breteuil
Noyon
Oise Riv.
St Gobain
LAON
LITH. T. JEUNET, AMIENS

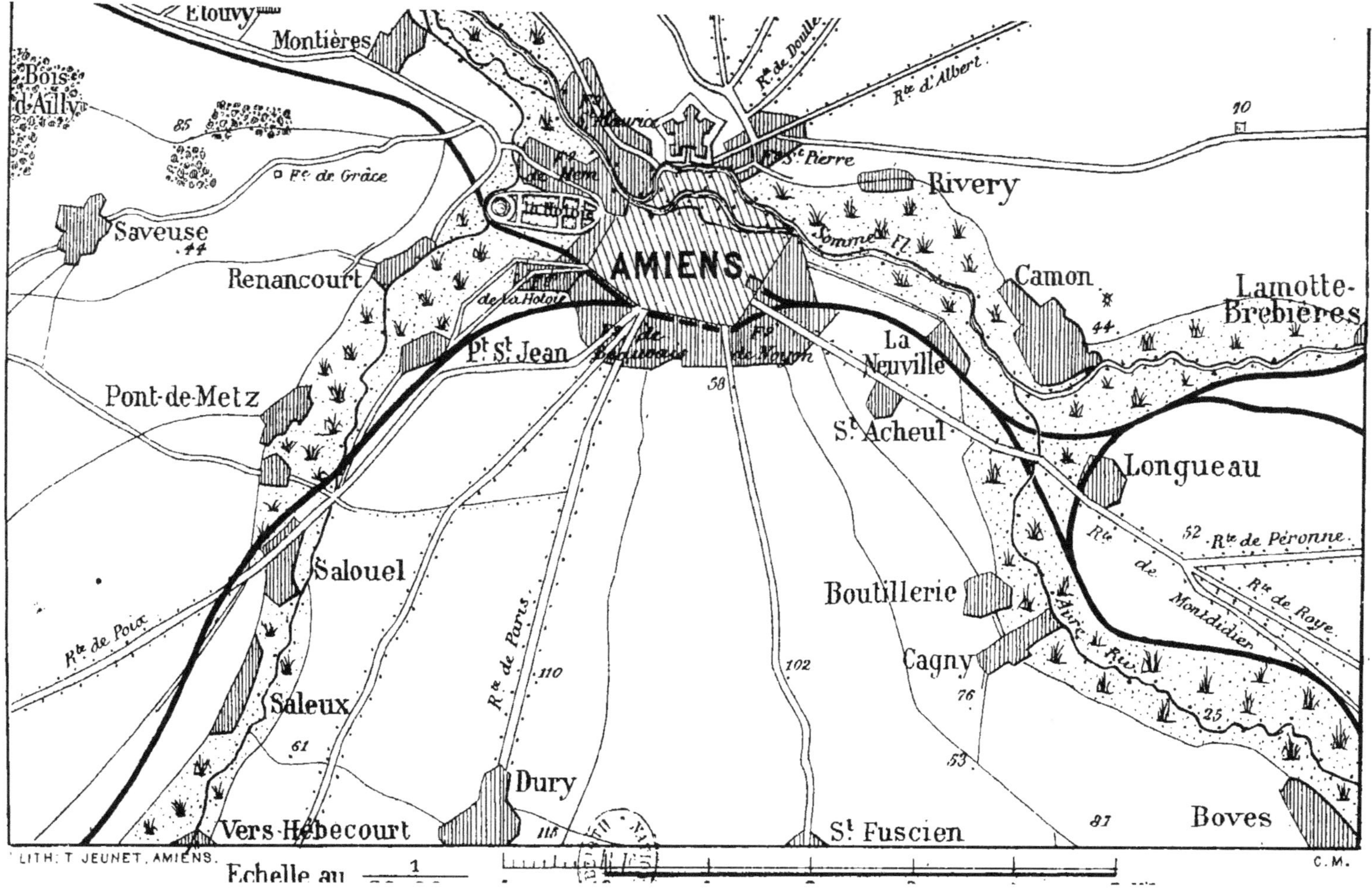

Étouvy
Montières
Bois d'Ailly
Rte de Doulle
Rte d'Albert
10
85
Fe de Grâce
Rte St Pierre
Rivery
Saveuse
44
Somme Fl.
Camon
Lamotte-Brébières
44
Renancourt
AMIENS
La Neuville
de la Hotoie
Pt St Jean
58
St Acheul
Pont-de-Metz
Longueau
52 Rte de Péronne
Boutillerie
Salouel
Rte de Paris
110
102
Cagny
76
Rte de Montdidier
Rte de Roye
Aire Riv.
25
Saleux
61
53
Dury
115
St Fuscien
81
Boves
LITH. T. JEUNET. AMIENS.
Echelle au    1
C.M.
Rte de Poix
Vers-Hébecourt

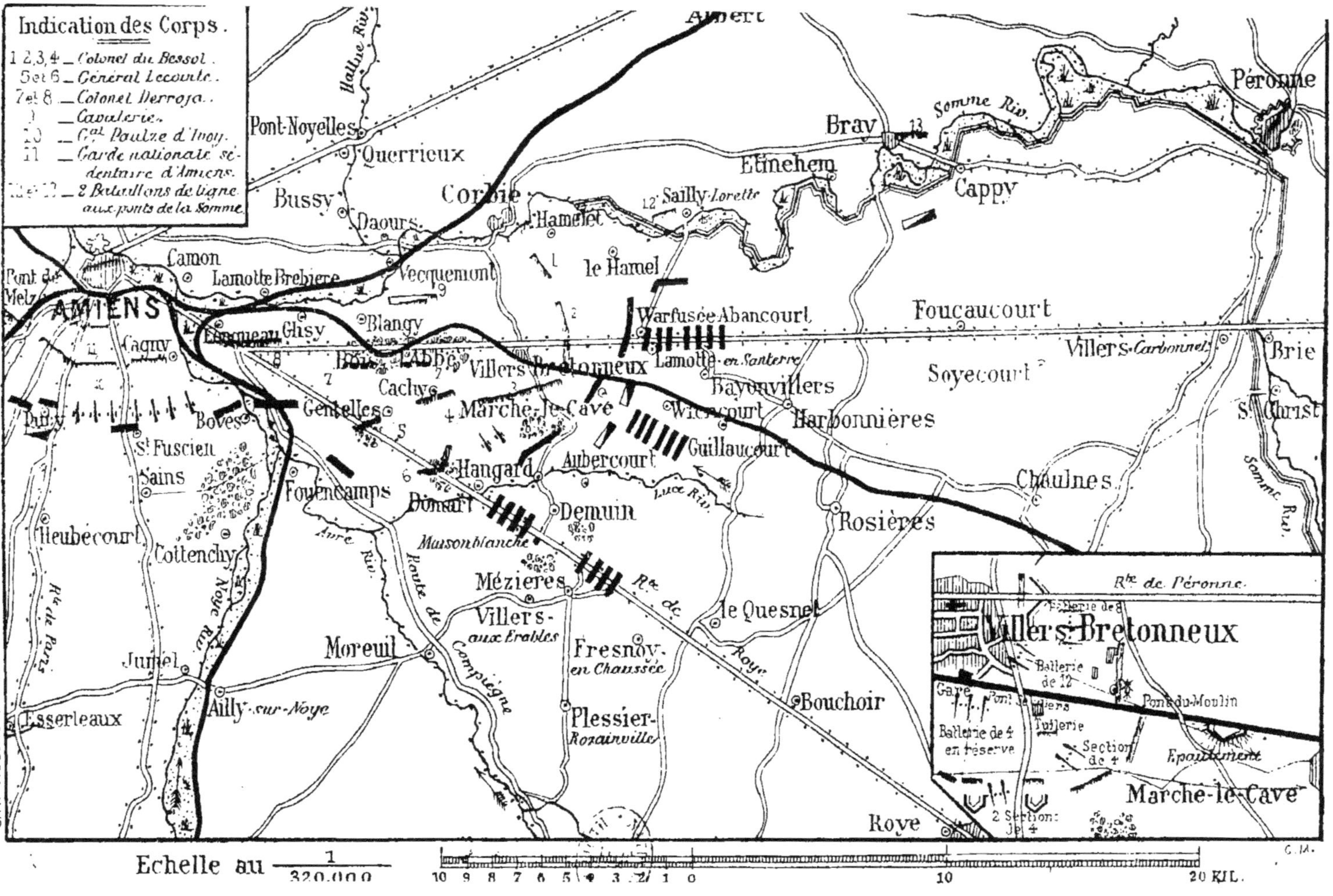

Indication des Corps.
1 2.3.4 — Colonel du Bessol.
5 et 6 — Général Lecourte.
7 et 8 — Colonel Derroja.
9 — Cavalerie.
10 — Gal Poulze d'Ivoy.
11 — Garde nationale sédentaire d'Amiens.
12 et 13 — 2 Bataillons de ligne aux ponts de la Somme.
Albert
Péronne
Brav
Somme Riv.
Etinehem
Cappy
Pont-Noyelles
Querrieux
Bussy
Corbie
Daours
Hamelet
Sailly-Lorette
le Hamel
Foucaucourt
Villers-Carbonnel
Brie
St Christ
Somme Riv.
Camon
Lamotte-Brebière
Vecquemont
Pont de Melz
AMIENS
Longueau Glisy
Blangy
Cagny
Warfusée-Abancourt
Lamotte-en-Santerre
Soyecourt
Bois l'Abbé
Villers-Bretonneux
Bayonvillers
Cachy
Marche-le-Cave
Wiencourt
Harbonnières
Gentelles
Boves
Guillaucourt
St Fuscien
Aubercourt
Luce Riv.
Chaulnes
Sains
Fouencamps
Hangard
Demuin
Rosières
Heubécourt
Donart
Maisonblanche
Cottenchy
Avre Riv.
Mézières
le Quesnel
Royc
Noye Riv.
Villers-aux Erables
Rte de Compiègne
Moreuil
Fresnoy-en-Chaussée
Jumel
Route de
Plessier-Rozainville
Bouchoir
Rte de Paris
Esserleaux
Ailly-sur-Noye
Roye
LITH T. JEUNET, AMIENS.
Echelle au 1/320.000
10 9 8 7 6 5 4 3 2 1 0          10          20 KIL.
Villers-Bretonneux
Rte de Péronne
Batterie de 8
Batterie de 12
Gare
Pont de Villers
Tuilerie
Pont-du-Moulin
Batterie de 4 en réserve
Section de 4
Epaulement
2 Section Jb 4
Marche-le-Cave

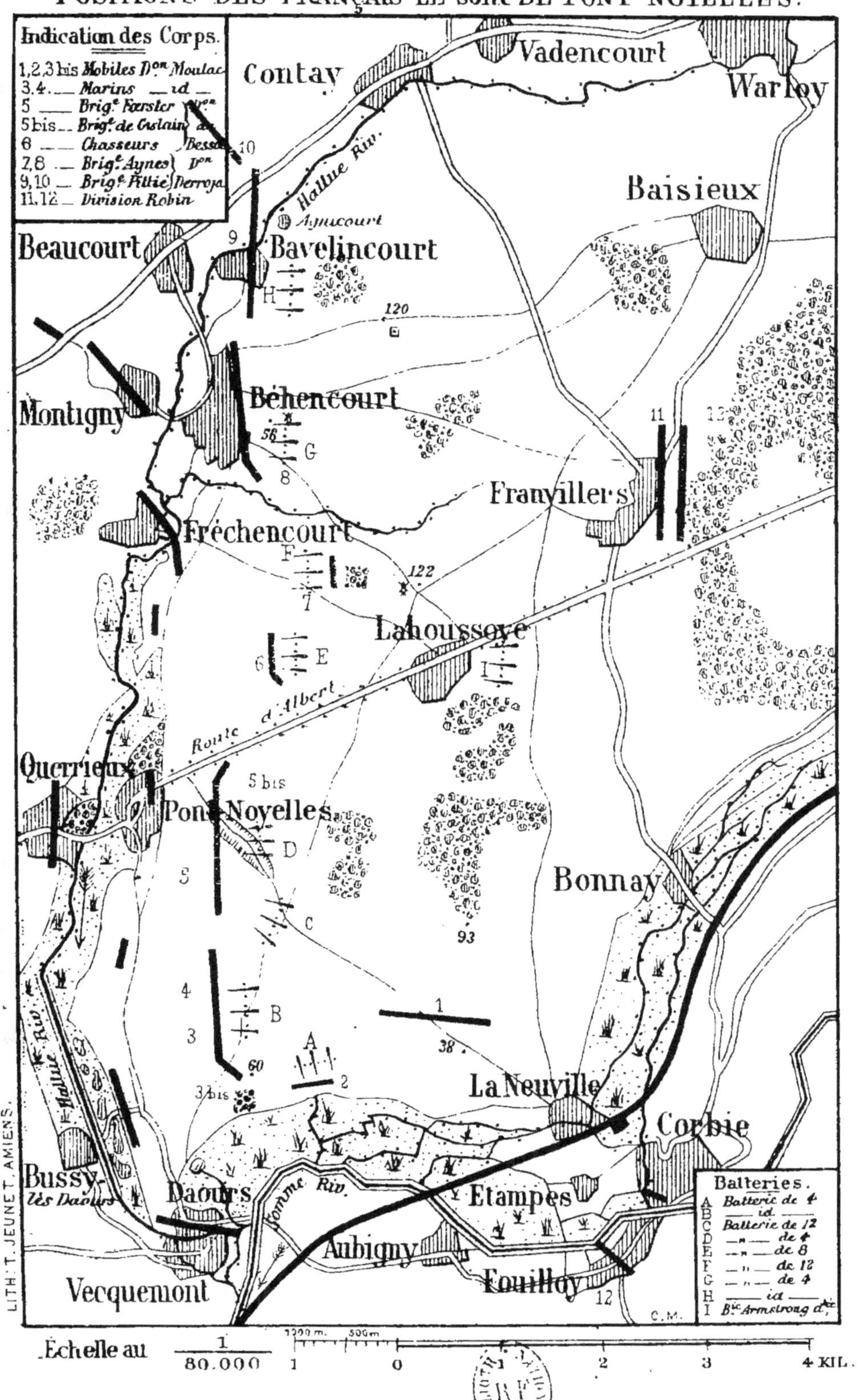

POSITIONS DES FRANÇAIS LE SOIR DE PONT-NOYELLES.
Indication des Corps.
1,2,3 bis Mobiles D.on Moulac
3.4. — Marins — id.
5 — Brig.e Foerster
5 bis — Brig.e de Gislain
6 — Chasseurs Besson
7,8 — Brig.e Aynes
9,10 — Brig.e Pittie Derroja
11,12 — Division Robin
Contay
Vadencourt
Warloy
Baisieux
Beaucourt
Bavelincourt
Aruicourt
Montigny
Béhencourt
Franvillers
Fréchencourt
Lahoussoye
Quérrieux
Route d'Albert
Pont-Noyelles
Bonnay
La Neuville
Corbie
Bussy lès Daours
Daours
Etampes
Aubigny
Fouilloy
Vecquemont
Hallue Riv.
Somme Riv.
Batteries.
A Batterie de 4
B id.
C Batterie de 12
D » de 4
E » de 8
F » de 12
G » de 4
H id.
I B.ie Armstrong d.
LITH. T. JEUNET AMIENS.
Echelle au 1/80.000
1000 m. 500 m.
1 0 1 2 3 4 KIL.
C. M.

JOURNÉE DU 2 JANVIER...

Positions à 5h ½ du soir.

1. Divⁿᵉ Robin (Mobilisés)
2. Brigᵉ de la Grange
3. ___ id ___
4. Brigᵉ Michelet
5. ___ id ___ (Marins)
6. 20ᵉ Chⁿˢ et 2 Bⁿˢ 69.
7. Mobiles du Gard
8. ___ id ___
9. 1 Bⁿ 69ᵉ 1 Bⁿˢ Mobiles
10. Brigᵉ de Gislain

Dⁿ Poyen
Dⁿ du Bessol
Corpˢ Paulze d'Ivoy
Corpˢ Lecointe

Courcelles-le-Comte
Ervillers
Mory
Ablainzevelle
Gomiécourt
Béhagnies
Sapignies
Favreuil
Achiet-le-Grand
Achiet-le-Petit
Bihucourt
Biefvillers
Bapaume
Grévillers
Bucquoy
Puisieux

Fer d'Arras
Chemin de Fer
Chemin de

LITH: T. JEUNET, AMIENS
C.M
1000m  2000m

BAPAUME, LE 3 JANVIER.

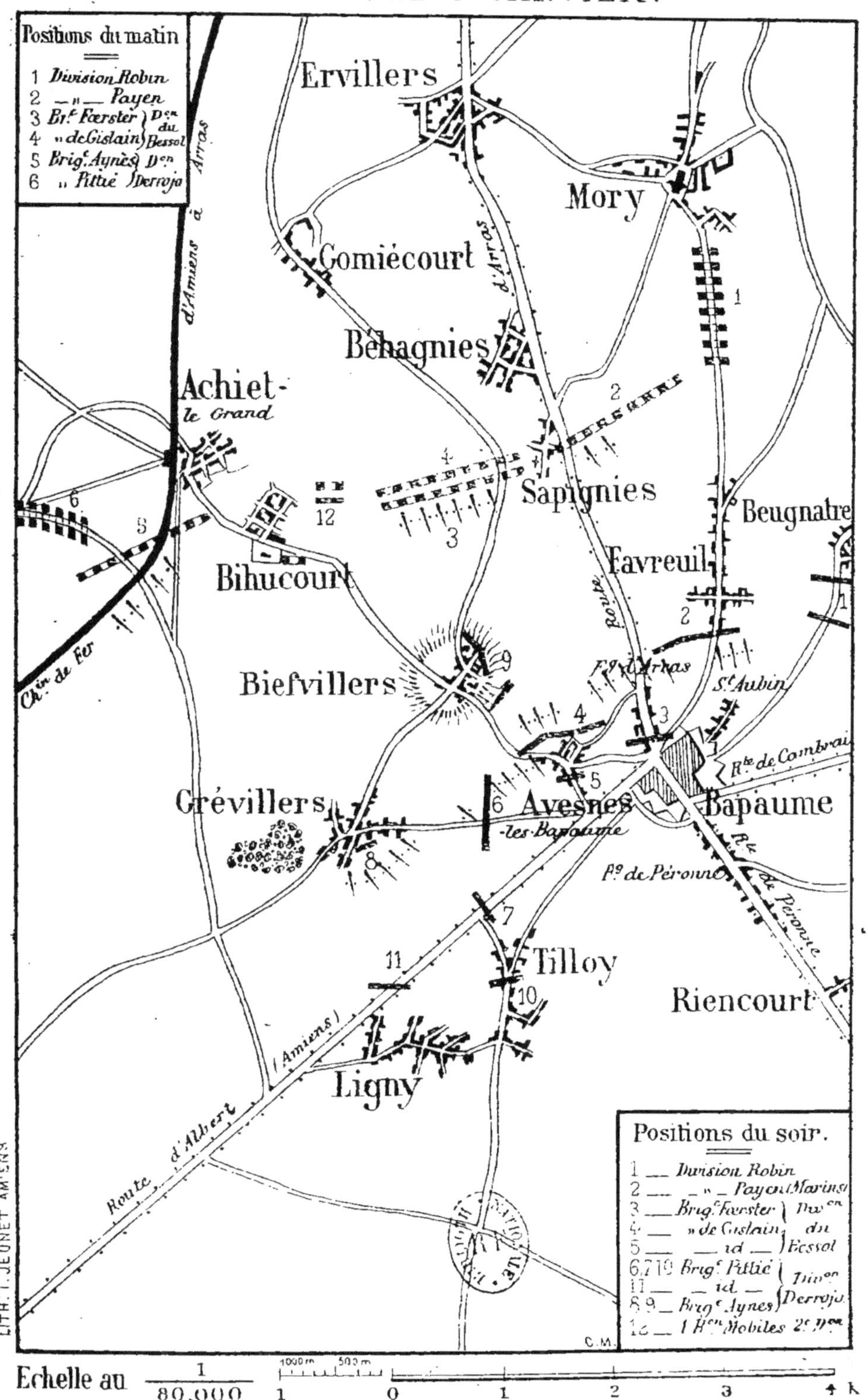
Positions du matin
1 Division Robin
2 — " — Payen
3 Br.e Fœrster ) D.on du Bessol
4 " de Gislain )
5 Brig.e Aynès ) D.on
6 " Pittié ) Derroja
Ervillers
Mory
Gomiécourt
Béhagnies
Achiet-le Grand
Sapignies
Beugnatre
Favreuil
Bihucourt
St Aubin
Biefvillers
F.e d'Arras
Grévillers
Avesnes-les-Bapaume
Bapaume
R.te de Combrai
F.g de Péronne
R.te de Péronne
Tilloy
Riencourt
Ligny
Route d'Albert
( Amiens )
d'Amiens à Arras
d'Arras
Route
Ch.in de Fer
LITH. T. JEUNET AMIENS
C.M.
Positions du soir.
1 — Division Robin
2 — — " — Payen ( Marins )
3 — Brig.e Fœrster ) Div.on
4 — " de Gislain ) du
5 — — id — ) Bessol
6.7.10 Brig.e Pittié ) Div.on
11 — — id — ) Derroja
8.9 — Brig.e Aynès )
12 — 1 B.on Mobiles 2.e Div.on
Echelle au 1 / 80.000
1000 m   500 m
1   0   1   2   3   4 k

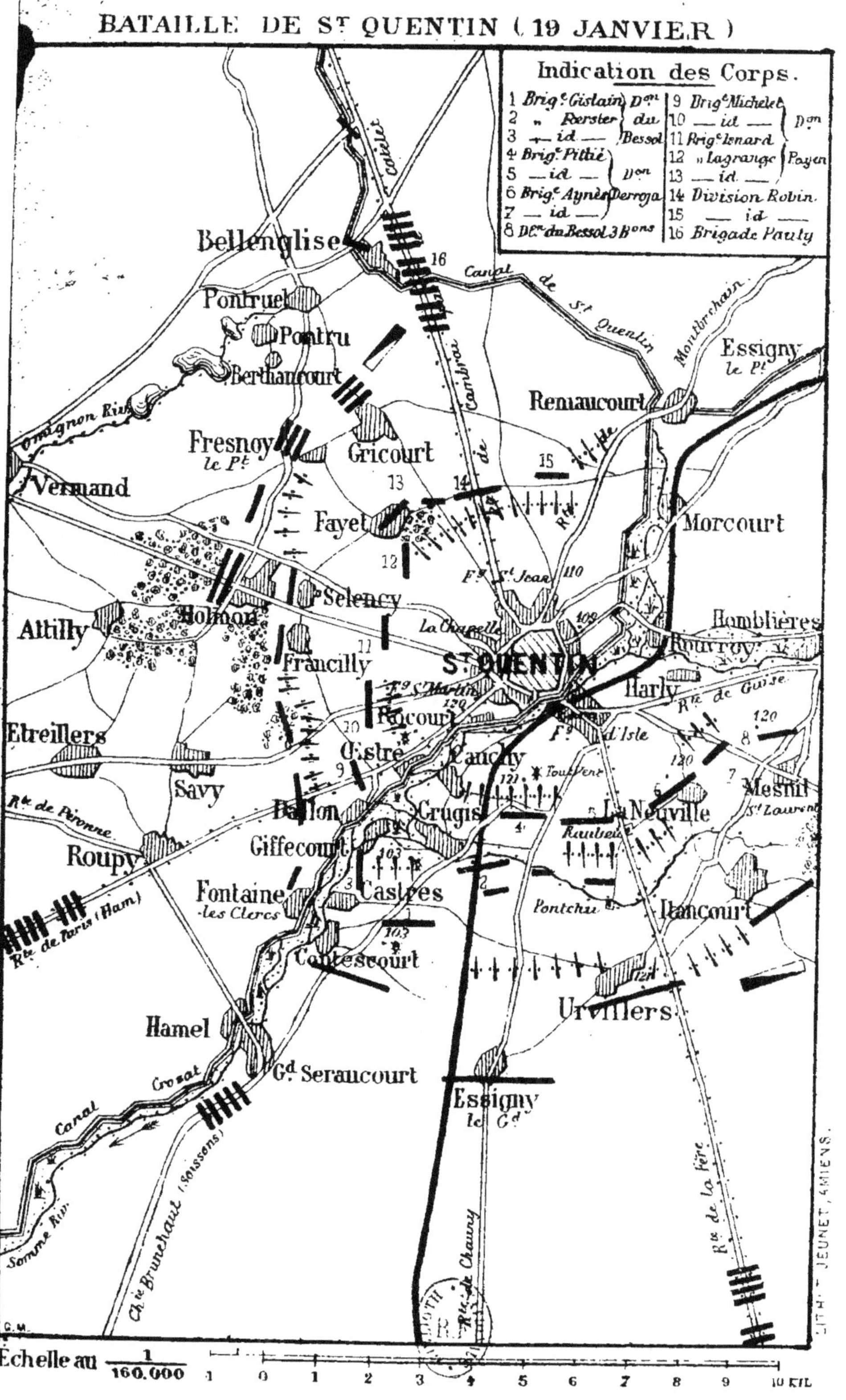

BATAILLE DE St QUENTIN (19 JANVIER)
Indication des Corps.
1 Brigade Gislain Don 9 Brigade Michelet
2 " Roerster du 10 — id — Don
3 — id — Bessol 11 Brigade Isnard
4 Brigade Pithié 12 " Lagrange Payen
5 — id — Don 13 — id —
6 Brigade Aynès Derroja 14 Division Robin
7 — id — 15 — id —
8 Don du Bessol 3 Bons 16 Brigade Pauly
Bellenglise
Pontruet
Pontru
Berthancourt
Omignon Riv
Fresnoy le Pt
Vermand
Gricourt
Essigny le Pt
Remaucourt
Morcourt
Fayet
Selency
La Chapelle
Homblières
Attilly
Holnon
Francilly
Fayet
St QUENTIN
Harly
Rte de Guise
Etreillers
Savy
Dallon
Gistre
Lanchy
Grugis
La Neuville
Mesnil St Laurent
Roupy
Rte de Péronne
Giffecourt
Fontaine les Clercs
Castres
Itancourt
Rte de Paris (Ham)
Contescourt
Urvillers
Hamel
Gd Seraucourt
Essigny le Gd
Canal
Crozat
Somme Riv
Che Brunehaut (Soissons)
Rte de Chauny
Rte de la Fère
LITH T JEUNET, AMIENS.
Échelle au 1/160.000
1 0 1 2 3 4 5 6 7 8 9 10 KIL

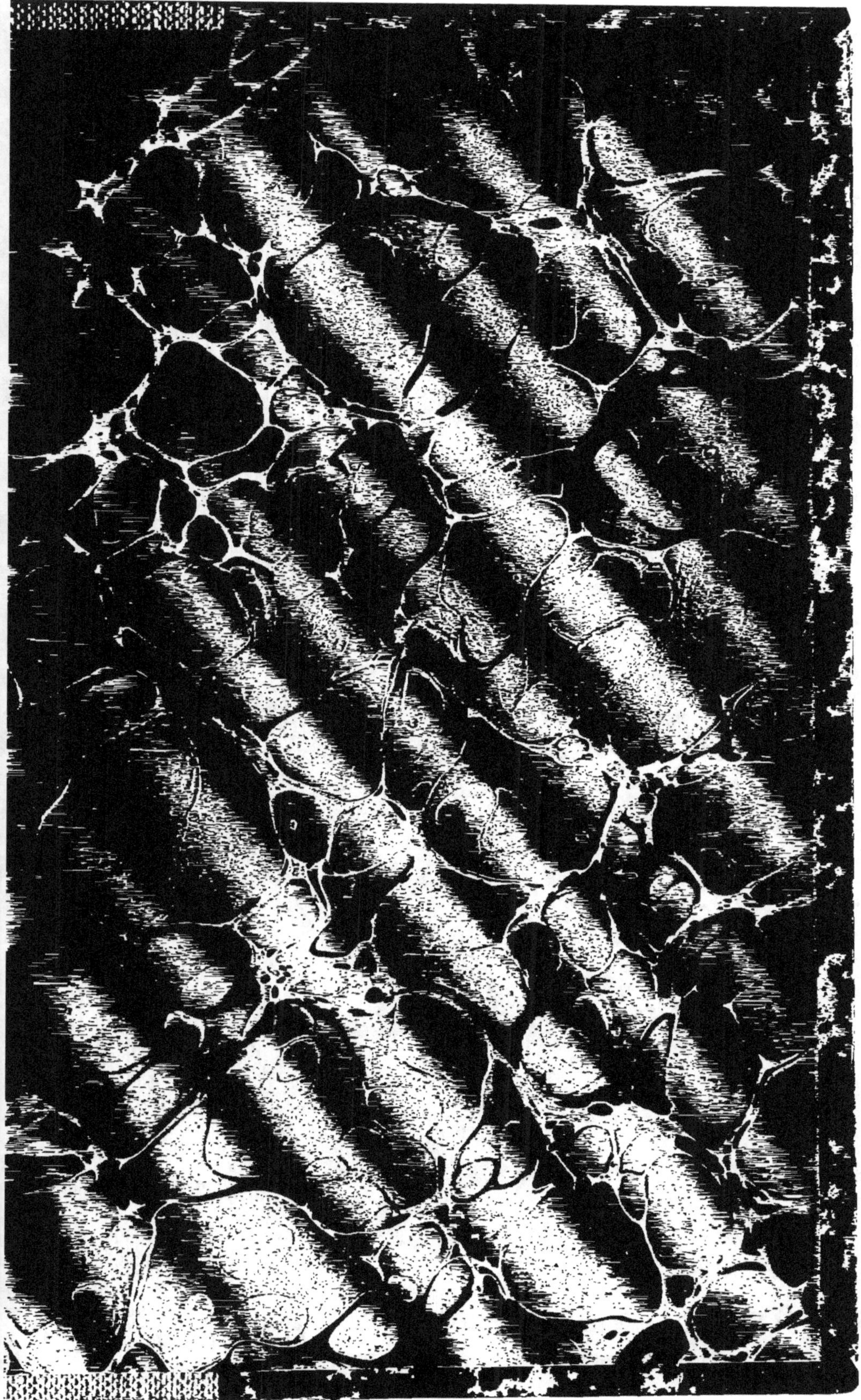

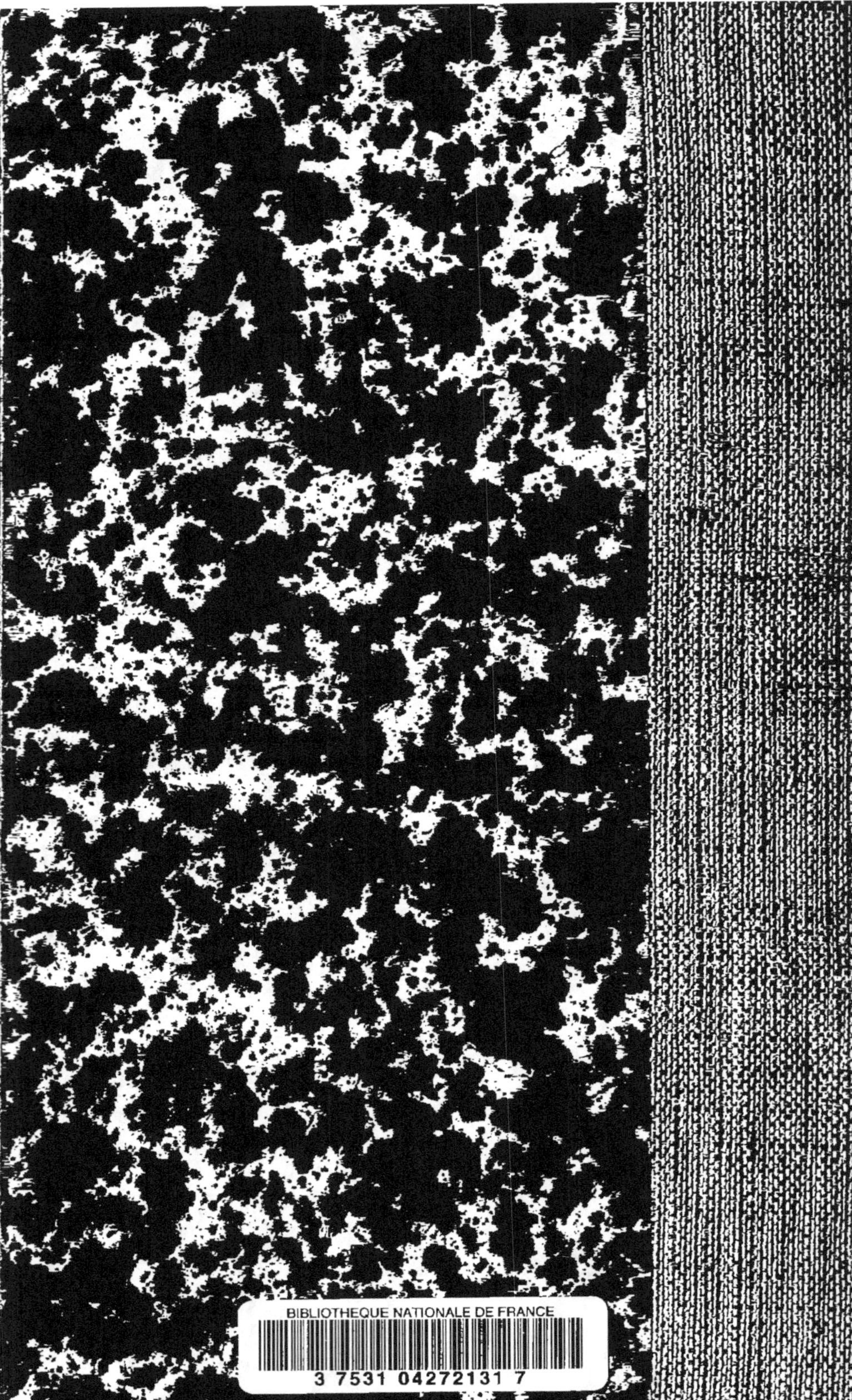